本书的出版得到了河南财经政法大学国际经济与贸易学院的资助

本著作是河南财经政法大学 2014 年度校重大研究课题“中国与拉美国家经贸战略研究”的研究成果之一

河南财经政法大学经管丛书

中国与拉美贸易战略研究

The Study of Trade Strategy between Latin America and China

任保显　著

经济管理出版社
ECONOMY & MANAGEMENT PUBLISHING HOUSE

图书在版编目（CIP）数据

中国与拉美贸易战略研究/任保显著. —北京：经济管理出版社，2015.10
ISBN 978-7-5096-4073-9

Ⅰ. ①中… Ⅱ. ①任… Ⅲ. ①对外贸易关系—中国、拉丁美洲 Ⅳ. ①F752.773

中国版本图书馆 CIP 数据核字（2015）第 289541 号

组稿编辑：杨　雪
责任编辑：杨　雪　许　艳
责任印制：黄章平
责任校对：王　淼

出版发行：经济管理出版社
（北京市海淀区北蜂窝 8 号中雅大厦 A 座 11 层　100038）
网　　址：www. E-mp. com. cn
电　　话：（010）51915602
印　　刷：北京九州迅驰传媒文化有限公司
经　　销：新华书店
开　　本：710mm×1000mm/16
印　　张：13.75
字　　数：238 千字
版　　次：2015 年 10 月第 1 版　　2015 年 10 月第 1 次印刷
书　　号：ISBN 978-7-5096-4073-9
定　　价：48.00 元

序

当前，全球经济一体化已经达到前所未有的高度。国际货币基金组织（IMF）的数据显示，1972~2012年，除去通货膨胀因素，全球实际经济规模增长了4倍，年均增长3.6%；货物贸易进出口额更是增长了12倍。2012年，全球新兴经济体和低收入国家的GDP总和占全球GDP总量的比重第一次超过了50%。在消费领域，发达经济体10亿人口的消费量在全球总消费量中占比近50%，与全球其他新兴经济体和低收入国家60亿人口的消费量基本相当。由贸易和金融联系起来的世界经济可以划分为三个板块：第一个板块是发达国家板块，主要由全球发达国家组成；第二个板块是泛亚洲全球垂直供应链，包括亚洲、拉丁美洲和非洲很多国家；第三个板块是能源板块，主要由哈萨克斯坦、沙特阿拉伯、俄罗斯、科威特等国家组成。

这个不以地理位置为标准而划分世界的方式以经济的视角诠释着新的世界经济格局，中国和拉美这两个原本距离遥远的地区被全球经济一体化拉到了同一个经济链条上。这就为本书提供了一个全新的研究背景。

拉美与中国距离遥远，不同的地理、历史和文化差异造就了两者不同的资源禀赋，生产要素空间布局的差异导致了双方各自经济活动的不同，进而形成了不同的国际分工和在全球垂直供应链中不同的地位。拉美陆地面积广阔，人口相对稀少，耕地面积广袤，农业发展潜力巨大；银、铜、铝、铁等矿产，石油、天然气等自然资源储量都居世界前列。然而，中国劳动力资源丰富，土地相对稀少，加上中国是工业制成品出口大国，自然资源储量远远跟不上经济发展的步伐。因此，中国和拉美的合作就成为必然，而且由于不完全竞争、规模经济和路径依赖的存在，这种合作关系不会在短期内消失。而双方处于泛亚洲垂直供应链的不同位置的事实说明中国和拉美之间的关系只能是互补合作，而非竞争。因此，如何建立能够维持中拉双方共同的长久利益的贸易合作方式就是一个颇具价值的研究课题。

本书采用定性分析和定量分析相结合，理论分析和实践分析相结合，实证分析和规范分析相结合的方法对中拉贸易关系进行研究。在结构安排上，第 1 章是绪论部分，主要阐述本书的研究背景、研究意义、分析构架、研究方法和创新点等。第 2 章对国内外学者在拉美经济和对外贸易发展情况、中拉双边贸易发展情况方面的研究进行梳理和总结，以争取使本书达到更高的学术水平。第 3 章对拉美国家经济发展历程和现状，拉美经济一体化，拉美与美国、欧盟、日本、印度、俄罗斯最新的贸易状况进行分析。第 4 章回顾了中拉贸易往来，深入分析了中国与拉美主要国家的贸易结构和顺逆差来源，对双边 FDI、能源合作、自由贸易区谈判等进行了分析。第 5 章依据联合国 UNCOMTRADE 数据库对产品的分类标准（SITC Rev. 3），借助于 CS，CC，RCA 和 G-L 指数对中国与拉美贸易的互补性和竞争性进行实证分析。第 6 章利用面板数据建立贸易引力模型分别对中国向拉美的贸易出口和中国自拉美贸易进口进行实证分析，对影响中国与拉美国家进出口的因素特别是政策变量进行实证。第 7 章基于前几章的研究结果提出中国与拉美国家贸易发展的对策建议。

根据以上分析，本书得出以下结论：

第一，自 20 世纪 80 年代拉美债务危机之后，拉美经济发展迅速，正成为全球经济中的一支新生力量。拉美各国正在积极参与全球经济一体化的进程，由于其独特的地理位置和丰富的自然资源，拉美的重要性应该引起中国充分的重视。目前，美国和欧盟依然是拉美的前两大贸易伙伴，但其在拉美总贸易额中所占份额正在不断下降，而日本、印度和俄罗斯等国所占份额不断增加，中国除了做好与美国、欧盟在拉美问题上的对话之外，也应该注意日、印、俄这些潜在的竞争对手，并就拉美问题处理好与这些贸易大国之间的关系。

第二，双方的贸易结构说明，中国与拉美都遵循着历史遗留的路径依赖惯性，处于泛亚洲垂直供应链的不同位置，中国与拉美处于同一个集群当中，中国处于核心国地位，是拉美参与国家分工的通道国之一。中国与拉美整体上保持贸易平衡，但具体到各个国家情况并不相同，贸易顺差主要来自中美洲，而逆差主要来自南美洲。中国自拉美进口以矿产和能源产品为主，进口受两国政治关系影响较大。

第三，从双方进出口商品的类别来看，中国与拉美贸易大体上属于贸易互补，而非贸易竞争。首先在全球市场方面，与墨西哥、哥斯达黎加、巴拿马和巴西贸易出口结构差异较小，在全球出口市场存在着一定的竞争关系；与委内瑞拉、哥伦比亚和秘鲁贸易出口结构差异较大，呈现出贸易互补态势。其次在双边贸易层面，中国与拉美整体上属于贸易互补关系；在国别层面，与墨西哥、智利和哥斯达黎加产业内贸易比重较大，与乌拉圭和委内瑞拉等国基本上完全属于产业间贸易。由此看出，从全球范围来看，中国和拉美同属于泛亚洲垂直供应链的一部分，并且，拉美处于供应链的上游，而中国处于供应链的下游。因此，在构建中国与拉美的贸易政策中，中国更应该重视自拉美国家的进口。

第四，中国与拉美国家双边贸易关系可分为三种类型：一是以巴西、智利、墨西哥和哥斯达黎加为代表的产业内贸易与产业间贸易并存的国家；特点：这些国家GDP规模及与中国的贸易规模都比较大，中国处于逆差状态。二是以委内瑞拉和乌拉圭为代表的产业间贸易为主的国家；特点：这些国家与中国的出口结构差异较大，贸易量也相对较大。三是以危地马拉、多米尼加共和国和巴拉圭为代表的与中国贸易严重失衡的国家；特点：这些国家未与中国建交，GDP规模较大，却与中国的贸易量较小，且中国存在大量顺差，双方贸易严重失衡，有较大的拓展空间。因此，由此带来的政策建议是：针对拉美不同的国家应该制定不同的国别贸易政策和贸易战略。

第五，引力模型回归结果显示，影响中国与拉美货物贸易进口和出口的因素并不相同，但双方GDP、中国人均GDP以及政策（两国关系）等变量均比较显著。中国商品在拉美市场具有较强竞争力，经济杠杆会自动调节，中国向拉美的出口并不需要过多的政治推动，中国商品凭借自身的比较优势可以自行进入拉美市场。而要想增加中国自拉美的进口，中国应加强与拉美各国的政治联系，改善与拉美各国的外交关系，从而增加对拉美各国的投资，以达到增加进口的目的。

第六，中国工业制成品凭借自身的比较优势可以自行进入拉美市场，中国向拉美的出口并不需要过多的政治推动。然而，由于拉美向中国出口商品的特殊性，政治因素起了较大的作用，中国并不能轻易地从一些拉美国家进口到石油等战略资源。因此，在全球范围内，单单通过分析两个国家或地区之间的贸易关系，进而达到向对方增加出口（进口）目的的研究已经比较狭隘。对中国与拉美贸易关系的研究以及中国与拉美贸易政策的构建必须立足于全球经济一体化的视角和双方处于泛亚洲垂直供应链不同位置的事实。中国与拉美国家贸易发展必须以增加中国自拉美进口为核心。实现这一核心目标就要加强中国与拉美各国的政治联系，改善中国与拉美各国的外交关系。

目　录

1 绪 论

1.1 研究的背景和意义

1.1.1 研究背景

（1）全球经济格局的新调整

近半个世纪以来，全球经济格局发生了巨大的变化，各大洲、各个国家之间的关联性和全球经济结构发生了重大的转变。据国际货币基金组织（IMF）的统计数据，从实际 GDP 增长来看，1972~2012 年，全球经济规模增长了 4 倍，年均国内生产总值（GDP）增长了 3.6%，这是近 300 年来 GDP 增长最快的一段时期。全球货物进出口贸易的增长速度更是远远超过 GDP 的增长，在过去的 40 年里，全球贸易增长了 12 倍。因此贸易占 GDP 的比重从 40 年前的 10%左右，增长到今天的 25%，贸易把全球连在一起。与此同时，银行的资产增长更快，过去 40 年里，金融资产增长了 14 倍，广义货币增长了 40 倍，因此，全球经济又是一个金融化的过程，是一个金融和贸易推动全球化持续增长的过程。在这个过程中的一个突出变化是全世界的经济增长重心发生了转移，未来的 5 年新兴经济体和发展中国家在全球 GDP 增长的贡献度将占到 2/3 左右。自 2006 年开始，全球新兴经济体国家的经济增长开始远远高于发达国家，2012 年，全球新兴经济体和低收入国家的 GDP 之和占全球 GDP，第一次超过了 50%，这是一个重大的转折点。在消费领域，发达经济体有 10 亿人口，新兴经济体和发展中国家有 60 亿人口，这个庞大的消费主体为全球消费需求增长所做出的贡献高达 60%~70%。60 亿人口的需求正在改变整个世界的需求结构，同时也将进一步改变世界的需求函数。

同时，各个国家在全球经济竞争格局中、在金融和贸易中的地位不同，使得各个国家的国际经济地位与40年前相比发生了根本的变化，国与国之间的关系也发生了很大的变化。目前，世界经济格局正在形成三大板块：第一大板块是发达国家。这些国家之间的经济交往紧密，有着共同的经济周期和政策周期，他们之间也在不断经历着重新组合、分化的过程。1984~1999年，在欧洲有两个中心，南部的中心是法国和意大利，北部的中心是英国。而1999年欧元区的建立，使全球的经济、金融格局发生了重大的变化，欧洲组合能力大大加强，成为一个以德国为中心的“经济”集团。同时，传统上只与北美、南美和一部分亚洲国家有经济和金融联系的美国，也开始与欧洲紧密相连。第二大板块是泛亚洲全球垂直供应链。这是一个亚洲的供应链，并且不断地把别的国家和区域拉进来。拉丁美洲的巴西、智利也属于这个链条的一部分，南美洲巴拿马运河以南的地区全部属于亚洲的垂直供应链，现在非洲一些国家如坦桑尼亚、加蓬等也被吸收到这个链条中来。第三大板块是能源板块，主要有哈萨克斯坦、沙特阿拉伯、俄罗斯、科威特等国家组成。它们享有共同的经济政策和政策周期，有很多共同的行为。

更重要的是，这些板块国家之间形成了新的互动方式。以往研究国家之间贸易关系的方法主要以双边关系或者是区域贸易关系为落脚点。而现今大量的数据分析表明，这种旧的贸易格局已经不复存在，取而代之的是网状结构、板块结构。世界是一层层递进的，区域内的中小国家，通过通道国和核心国家连在一起。每一个国家都处在一个集群里面，这个集群中的其他国家通过一个“守门员”国家的带领来到这个集群的核心国，再由核心国家把其带到全球的金融和经济市场。比如，全球制造业结构的核心国家是中国、德国、美国，这是一个三角核心区，各个国家都有自己的辐射区域。过去三十年来，每个核心国覆盖的区域在不断地扩张，重叠区域面积不断扩大，全球经济结构板块变化带来的直接结果就是让全球经济联系更加紧密。根据世界银行描绘的全球在股票市场、现金市场和债券市场相关度的曲线，2003年相关度在40%左右，目前达到了70%左右，整个金融市场的联动性大大加强，特别是在经济危机时期，垂直联动性增幅更厉害。全球五大洲股票市场的关联度中，拉美股票市场和亚洲新兴股票市场的关联度，从2003年的41%上升到2012年的82%，原因就在于拉美现在变成了亚洲垂直供应链板块的一部分。新的经济格局还出现另一个新的现象，外部的冲击对国内产出的影响变得越来越大，2008 年，外部的冲击对一国国内的工业产出的波动影响是 30%，金融危机以后达到了 60%，换句话来说，今天一个新兴市场的工业产出的波动，有 60%是由外部的冲击造成的。同样的情况发生在发达国家，之前外部冲击对发达国家一国经济的影响是 20%，如今翻了一番，达到 40%。

目前这一世界经济格局的形成，特别是拉美一些国家也成为泛亚洲垂直供应链的一部分，是由于不完全竞争、规模经济、路径依赖等因素的存在：即一些历史性、偶然性的因素导致了某种产业分布格局后，由于上述原因，即使该模式并非最理性的选择，也会因为“惯性”的存在而使其在相当长的时期内保持这种模式固有的秩序，对这种模式的改变需要付出巨大的成本。当这种模式的黏性很强时，不可能靠经济系统内部的力量来改变原来的状态，必须靠诸如战争、政变、政策变动等外部的冲击来促使固有模式的改变。不过，路径依赖的存在使经济发展不至于瞬息万变，使目前的全球经济贸易格局保持相对的稳定，从而各国制定的对内对外贸易政策在一定时期内可以保持其有效性。

（2）拉美经济的快速增长

拉丁美洲通常指称美洲大片以罗曼语族语言作为官方语言或者主要语言的地区。因为罗曼语族衍生于拉丁语，拉丁美洲由此得名。从社会政治角度说，拉丁美洲主要包括美洲西班牙语和葡萄牙语盛行的地区：墨西哥、中美洲大部分地区、南美洲以及加勒比海地区，这时它是伊比利亚美洲的同义词。本书所述拉丁美洲是指美国以南的整个美洲地区，也就是美洲大陆除美国和加拿大之外的其他国家和地区。它包括北美洲的墨西哥、中美洲和南美洲大陆，共有 33 个国家和地区以及美、英、法、荷统治下的十多个殖民地。

拉丁美洲地处北纬 32°42′和南纬 56°54′之间，东临加勒比海和大西洋，与非洲大陆的最近距离约为 2494.4 千米；西临太平洋；南隔德雷克海峡与南极洲相望；北部有墨西哥湾和加勒比海。拉美南北全长 11000 多公里，东西最宽处 5100 多公里。拉美总面积 2017.2 万平方公里，几乎相当于整个欧洲面积的 2 倍，约占全球陆地面积的 13.8%；[①] 人口 5.95 亿（2011 年），主要是印欧混血种人和黑

① 赵雪梅. 拉丁美洲经济概论. 北京：对外经济贸易出版社，2010：1.

白混血种人，其次为黑人、印第安人和白种人。

拉美农业具有巨大的发展潜力，耕地面积达到1.6亿公顷，占拉美总面积的7.7%，是全球重要的农产品生产地区，许多农业品的生产和出口位于世界前列。根据泛美农业合作研究所的统计数据，仅南美地区就提供了全球34%的油料作物、31%的肉类、25%的粮食、25%的水果、24%的牛奶和11%的块茎作物。巴西、阿根廷都是拉美的农业大国，其中阿根廷具有“世界粮仓”的美称，人均耕地面积达到0.72公顷。巴西的咖啡、香蕉和木薯产量均居世界第一位，大豆产量居世界第二位，可可产量居世界第三位；阿根廷的大豆产量和出口居世界第三位，谷物出口居全球第六位；加勒比海地区具有“世界糖罐”的美称，是世界上蔗糖的重要产区；而危地马拉、洪都拉斯和厄瓜多尔等国则是世界上的香蕉种植大国；智利和秘鲁的鱼粉出口分居世界第一位和第二位，两国产量总和占世界总产量的90%以上。

拉美地区也拥有丰富的矿产资源。20多种现代工业生产所需要的矿物质都可以在拉美找到并开发。世界上39%的银、38%的铜、29%的铝土矿、24%的锡、24%的铁矿石、20%的锌、15%的铅和镍均在拉美地区生产。[①] 拉美煤的储量约为500亿吨，主要在巴西和哥伦比亚；铁矿的储量约为1000亿吨，其中巴西已探明的储量达319吨，居世界第一位，产量和出口量均居世界第二位。智利可开采铜的储量占全球的30%，达到1.4亿吨，其产量和出口量均居世界第一位，2009年，秘鲁的白银产量居世界第一位，锌产量居世界第二位，锡产量居世界第三位，黄金产量居世界第六位，秘鲁铜产量127.3万吨，取代美国成为世界第二大产铜国。目前拉美地区已探明的石油储量为1234亿桶（约176亿吨），占世界总储量的10%，是世界第三大石油产区；截至2007年，拉美地区已探明的天然气储量约为8.1万亿立方米，占世界已探明的天然气总储量的4.6%。此外，巴西的铍、钽、铌，苏里南和牙买加的铝土，墨西哥的硫磺，智利的硝石，古巴的镍，哥伦比亚的绿宝石等储量都居世界前列。[②]

进入21世纪，拉美经济规模不断增大，在世界经济中的地位不断上升。根据世界银行的数据，2011年，拉美地区的实际GDP总额为51987亿美元，约占

① 宋国明. 拉美矿业投资环境概述. 国土资源情报，2001（11）.

② 赵雪梅. 拉丁美洲经济概论. 北京：对外经济贸易出版社，2010：5.

世界经济总量的 12.2%。经济的发展带来对外贸易的繁荣，对外贸易的增长又反过来刺激着经济的发展。自 20 世纪中叶开始，拉美对外贸易一直处于高速增长状态。1948~2011 年，拉美向世界其他国家出口年均增长 9.2%，进口年均增长 9.3%；其进出口总额占世界贸易总额的比重呈现先下降后上升的趋势，1948 年，这一比重为 11.9%，1988 年降至 3.9%，2011 年又升至 6.0%。2011 年，拉美出口 10996 亿美元，进口 10898 亿美元。

（3）中国与拉美贸易的快速增长

近年来，中国与拉美国家的贸易关系也有了新的发展，不仅表现在贸易额激增，而且合作领域广泛。20 世纪 80 年代，中国对拉美基本处于贸易逆差状态，1997 年中国对拉美出口大于进口，首次出现顺差。2005 年之后，双方贸易基本上实现均衡，2011 年中国对拉美出口额达 1217 亿美元，自拉美进口 1197 亿美元，顺差 20 亿美元。外商直接投资方面，2011 年，拉美对华实际直接投资为 125 亿美元，外商其他投资为 4.3 亿美元；中国对拉美直接投资额为 119.4 亿美元，比 2010 年增长 13.3%，截至 2011 年，中国对拉美直接投资存量达到 551.7 亿美元。与此同时，中国与拉美经贸合作也不断增强，2009 年 1 月，中国正式加入美洲开发银行，而且与美洲国家组织、里约集团等多边机构的合作也不断深化，2005 年、2009 年、2010 年，中国分别与智利、秘鲁、哥斯达黎加签署自由贸易协定。然而，贸易的增长也带来了诸如贸易摩擦等阻碍中国和拉美关系发展的负面因素，比如，1991~2011 年，阿根廷对华共启动 93 起贸易救济调查，其中，反倾销调查 86 起，在所有对华发起反倾销调查的国家（地区）中居第 3 位，另外还有保障措施案件 7 起。

因此，面对复杂的中拉贸易发展状况，面对美国再次将战略重心转向亚太的新形势，认真剖析和研究中国（作为最大的制造业大国）和拉美地区（拥有丰富的矿产资源和巨大的农业发展潜力）的贸易关系，并由此对中国与拉美国家的贸易发展提出相应的对策建议显得尤为重要。

1.1.2 研究意义

（1）理论意义

传统的比较优势贸易理论、要素禀赋理论、产业内贸易理论等固然对中国与拉美之间的贸易具有一定的解释力，但传统贸易理论都是以发达国家为驱动的，能够较好地解释发达国家与发展中国家、发达国家之间的贸易，本书致力于研究对发展中国家之间的贸易更有解释力的贸易理论和政策，并且将如何固化这种发展中国家之间长期的贸易关系作为本书的研究重点之一。中国和拉美属于泛亚洲垂直供应链中的不同位置，有着不同的国际分工，拉美的出口和中国自拉美的进口最终以中国出口的形式流向发达国家，事实上中国只是拉美向发达国家出口的中间国。因此，基于“三个板块”的划分前提，通过深度剖析中国与拉美的贸易关系，为构建适合全球化背景下同一供应链条的不同位置的两个国家（地区）的贸易理论提供前期研究。

（2）现实意义

拉美地区是一个工业发展水平较高且具有相当发展潜力的消费和投资的市场，扩大对拉美地区市场出口，提高新兴市场和发展中国家在我国出口市场中的份额，有助于我国降低出口市场集中度，也符合我国“市场多元化”的战略要求。中国作为最大的发展中国家，经济发展较快，拉美地区拥有丰富的自然资源可以为中国的发展提供源源不断的动力。因此，对中国与拉美国家贸易关系的研究具有重大的现实意义。

1.2　分析框架和思路以及研究方法

1.2.1　分析框架和思路

随着经济一体化的深入，全球经济格局深刻调整，整个世界经济正在形成三大板块：发达国家集团板块、泛亚洲垂直供应链和能源板块，拉美和南非的一些国家正成为泛亚洲垂直供应链板块的一部分，三大经济板块并存且不断发生变化。由于中国与拉美生产要素空间布局存在着巨大的差异，中国拥有丰富的劳动力，拉美拥有丰富的矿产和能源等初级产品。这种差异导致双方的生产活动也存在着区位差异，进而导致贸易结构上的不同。由于规模经济、不完全竞争、路径依赖的存在，这种经济格局在短期内不会发生重大变化。虽然从贸易战略的政治经济学角度来看，对贸易的干预与自由放任的贸易政策相比往往不利于实现经济效率最大化（帕雷托最优），理论上存在着更优的待选方案。然而理论上的最优往往在现实中难以实现，根据中国与拉美特殊的政治经济关系，可以通过对中国与拉美贸易关系的深入研究进而制定出中长期可以为双方带来“双赢”的贸易政策。

在此研究背景下，在经济全球化更加深入发展的今天，中国与拉美国家的贸易关系究竟如何？中国在目前的状况下应该采取什么样的对策？

根据这一问题，我们首先在第 2 章对国内外学者在拉美经济和对外贸易发展情况、中国与拉美双边贸易发展情况特别是引起广泛重视的中国与拉美农产品和能源产品贸易的研究进行系统的梳理和总结，以使本书的创作能够立足于前人的研究成果，达到更高的水平；然后通过第 3~6 章分析问题过程并最终在第 7 章对该问题进行了解答。在分析问题部分，本书首先对拉美的经济和对外贸易进行深入研究（第 3 章），然后重点对中国与拉美各国的贸易规模、贸易结构、贸易顺逆差来源和原因、贸易存在的障碍、双方 FDI 和 FTA 等情况进行深入细致的研究和分析（第 4 章）。做好这些基础研究之后，我们对目前存在争议的中国与拉美贸易是竞争还是互补的关系进行实证并得出最终的结果（第 5 章）。鉴于中国与拉美复杂的政治经济关系，泛泛的定性分析和规范分析不足以看清两者贸易关系的本质，在第 3、第 4 章的研究过程中也进一步提出了疑问和设想，因此需要建立计量模型对影响中国与拉美国家进出口的主要因素，比如政治关系、距离、文化等因素进行实证，考察其显著性，进而最终弄清中拉贸易关系的实质（第 6 章）。通过这一系列定性、定量和实证分析，我们可以进入解决问题的阶段——中国与拉美国家贸易关系的定性和目前适合于中国与拉美各国贸易关系发展的对策（第 7 章）。逻辑关系如图 1–1 所示。

1.2.2 研究方法

定性分析与定量分析相结合：定性分析侧重于对全球化背景的综述及其原因的解释和对中国与拉美贸易关系的分析上，定量分析主要体现在运用数据和计量模型对中国和拉美贸易现状的分析中。

理论分析与实践相结合：本书应用传统贸易理论，基于国内外学者的研究成果，同时与中国和拉美具体贸易实践相结合，从而对中国与拉美国家的贸易关系进行了详细深入的研究，并提出了目前适合中国与拉美国家贸易关系发展

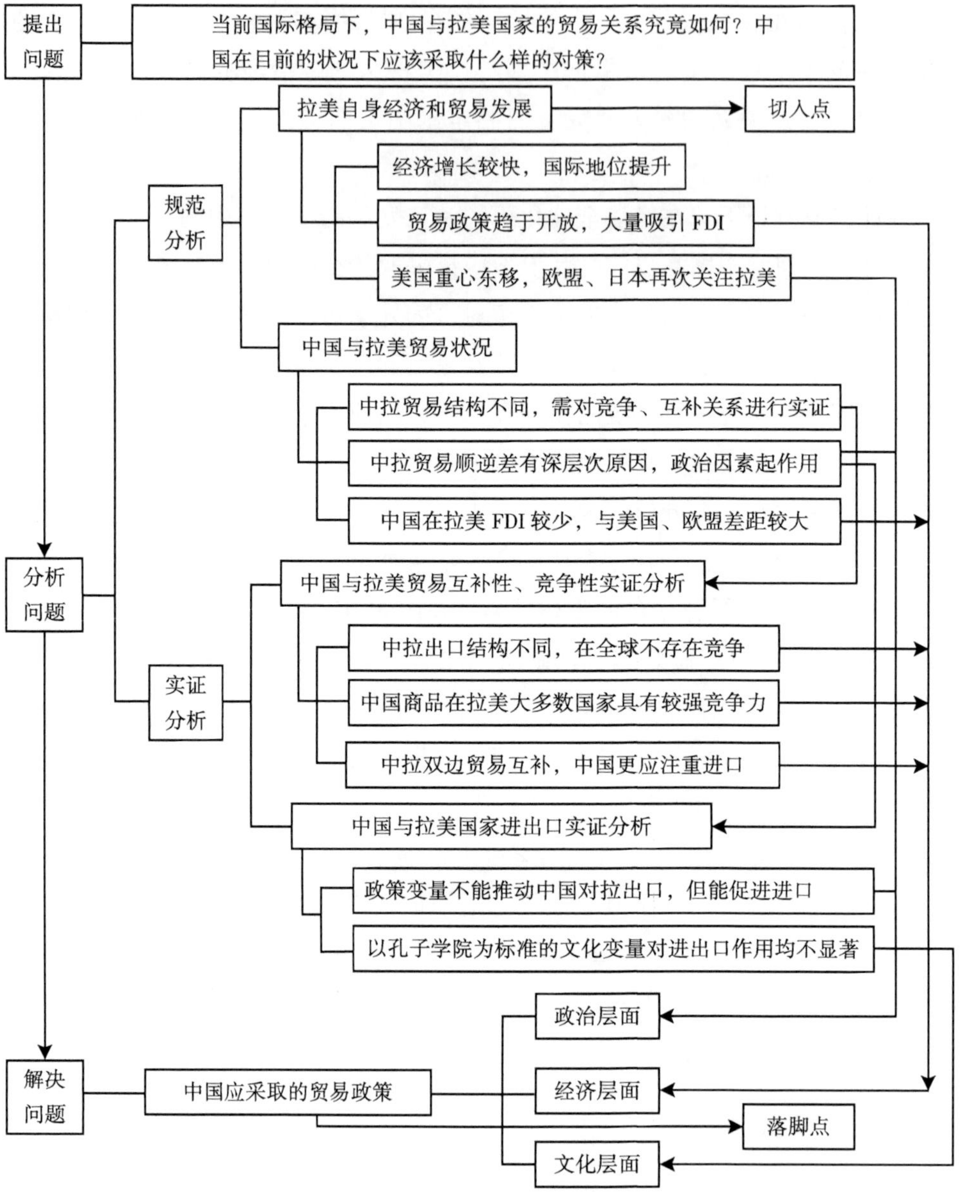

图 1-1　本书逻辑关系图

的对策。

实证分析和规范分析相结合：实证分析主要体现在运用数据和计量模型对拉美自身经济和对外贸易发展、中国和拉美贸易现状、拉美各主要国家对外贸易开放度、中国与拉美贸易促进因素的测量、中国与拉美贸易互补和竞争性的测度等方面。规范分析方法主要体现在第 1~4 章中对世界经济一体化背景的论述，拉美经济、贸易发展指标的衡量以及第 7 章中国与拉美国家贸易发展对策上。

文献分析法：充分运用与本书研究内容和研究方法相关的国内外学者已有的研究成果，并单独在第 2 章里将这些成果进行认真细致的归纳和梳理，作为本书研究的庞大基石。

1.3 创新点与不足

1.3.1 创新点

第一，本书是首次系统地对中国与拉美各国贸易关系和发展状况进行定性和定量分析研究的成果。目前，国内学者对拉美的研究主要从外交、军事、政治角度着手，从经济和贸易角度进行的研究也仅限于宏观层面的泛泛而论，没有深入的实证研究。

第二，在分析视角上，本书把中国与拉美国家的双边贸易放在由“集聚”效应形成的板块状的全球经济结构背景下，基于中国和拉美处于泛亚洲垂直供应链条上不同位置的事实进行研究。进而发现，现存的传统贸易理论、新贸易理论和新新贸易理论不能完全解释处于同一全球垂直供应链条上不同位置的两个发展中国家之间的贸易，这需要新的合适的理论进行解释。现存的贸易理论一致认为，从与对方的贸易当中获利是贸易发生的最终驱动力，而处于垂直供应链上的不同位置的两个发展中国家之间的贸易具有不同的贸易驱动机制。本书为构建适合全球化背景下同一供应链条的不同位置的两个国家（地区）的贸易理论提供前期研究。

第三，研究结论新颖。其一，基于中国与拉美之间特殊的政治经济关系，首次将政策变量引入中拉贸易引力模型，实证结果显示，政策变量（两国关系）与中国对拉美出口呈负相关关系，与中国自拉美进口呈正相关关系。其二，对中国与拉美贸易关系的后继研究以及中国与拉美贸易战略的构建必须立足于全球经济一体化的视角和双方处于泛亚洲垂直供应链不同位置的事实，中国与拉美贸易战略的构建必须以增加自拉美进口为核心。

第四，在研究方法上，对传统的引力模型进行改进，引入经过回归得到的贸易开放度、两国关系（以是否有高层互访为度量）、文化（以孔子学院的数量为度量）等虚拟变量，结果显示，改进方案符合中国与拉美贸易的实际。

1.3.2 不足之处

第一，拉丁美洲大部分国家以西班牙语和葡萄牙语为母语，因此不能了解拉美各个国家国内一些学者对中国与拉美关系的研究成果。另外，因为大部分拉美国家的地区性组织和政府机构官网的英文资料比较有限且不能及时更新，所以语言局限性使得不能够在第一时间内直接获得第一手资料。

第二，由于数据的可得性，除一些代表性大国外，一些小的拉美国家的国别数据难以查到，因此在一些章节的创作过程中，只能选取比较有代表性的一些拉美大国进行研究。

第三，虽然目前现存的贸易理论对研究和解释中国与拉美之间的贸易也具有较好的解释力，但比较优势、资源禀赋等传统贸易理论主要研究发达国家和发展中国家之间的贸易，新贸易理论和新新贸易理论又主要以发达国家为视角进行研究和实证，而真正用于研究发展中国家之间的贸易理论尚不完善。特别是对于中国和拉美处于同一个垂直供应链的不同位置的事实更难以解释。本书认为，在全球化背景之下，单单通过分析两个国家或地区之间的贸易关系，进而达到向对方增加出口（进口）目的的研究已经比较狭隘，对任何一个国家（地区）的贸易状况或战略的研究必须立足于其在全球经济区位布局中的位置。现存的贸易理论一致认为，从贸易当中获利是贸易发生的最终驱动力，而处于同一垂直供应链上的不同位置的两个发展中国家之间的贸易则有不同的贸易驱动机制。这一论点需要进一步的成熟和完善才能成为对贸易发生规律进行一般性总结的贸易理论，从而才能适应对所有处于同一供应链条不同位置的发展中国家之间的贸易行为的解释。然而，本书限于研究重点和方向，并未对这一论点进行推理和论证。

1.4 研究内容和结构安排

第 1 章是绪论部分，第 1 节主要阐述本书的研究背景、研究意义，对目前全球经济格局的形成做了理论上的解释，并从中提炼出本书研究的着眼点。第 2 节通过绘制全书的结构逻辑图，厘清本书的研究思路和分析构架、研究方法。第 3 节主要归纳本书的创新点与存在的不足之处。第 4 节明确了本书的研究内容和结构安排。

第 2 章对国内外学者在拉美经济和对外贸易发展情况、中国与拉美双边贸易发展情况特别是引起广泛重视的中国与拉美农产品和能源产品贸易的研究进行系统的梳理和总结，把前人研究的成果作为本书研究的庞大基石，争取使本书达到更高的学术水平，具有更强的实际意义。

第 3 章对拉美经济和对外贸易发展状况进行了概述。首先从拉美国家经济发展历程和现状，拉美经济一体化的状况，最新的财政政策、货币政策和贸易政策进行论述和分析；然后通过目前可获得的最新数据对拉美的对外贸易发展，特别就拉美与美国、欧盟、日本、印度、俄罗斯的贸易状况进行分析。

第 4 章深入分析了中国与拉美各国的贸易关系，首先回顾了新中国成立以来中国与拉美的贸易往来；其次就拉美主要贸易大国与中国的贸易规模、贸易结构和顺逆差来源进行深度分析；最后对与贸易密切相关的双边 FDI、能源合作、自由贸易区谈判、双方贸易存在的障碍因素等进行了综述和分析。

第 5 章利用联合国 UNCOMTRADE 数据库对产品的分类标准（SITC Rev. 3）来对中国与拉美贸易的互补性和竞争性进行实证分析。首先利用克鲁格曼专业化指数的修正版本——贸易专业化系数（CS）和贸易一致性系数（CC）对中国和拉美主要国家在全球市场上的出口贸易结构进行测度，从而对两者的竞争互补关系进行界定；其次利用显性比较优势指数（RCA）对中国商品在拉美主要国家的市场竞争力情况进行测量和分析；最后借助于产业内贸易指数（G-L）就中国与拉美国家之间的双边贸易进行竞争和互补关系测度。

第 6 章利用面板数据建立贸易引力模型对中国与拉美贸易进出口额进行实证

分析，检验了影响中国与拉美国家货物贸易进出口的影响因素，并主要考察了政策变量在双边贸易中的重要地位。

第 7 章对前 6 章的研究结果进行总结并据此提出中国应采取的发展中国与拉美国家双边贸易关系的对策。

2 文献综述

2.1 拉美经济发展

2.1.1 拉美经济的发展轨迹

出生于智利的美国经济学家 Sebastian Edwards（2007）指出，毫不夸张地说，近代拉丁美洲经济发展史就是一部增长有限、充满危机、贫困和不公平的历史。[①] 江时学（2011）却认为，拉美经济也经历过多次持续时间长短不一的快速增长期。[②] 大体上来看，拉美国家在过去一个半世纪的经济发展历史中大体经历了“外向—内向—外向”的发展历程。1870~1930 年实行以初级产品出口为导向的外向增长模式；1930~1982 年实行以贸易保护思想为基础的、以进口替代为导向的工业化内向增长模式；1982 年至今实施以新自由主义为主导，以贸易开放、资本开放为核心的外向增长模式（苏振兴，2006）。

在 1930 年之前的近一个世纪中，第一次科技革命后新的国际分工体系的形成以及 19 世纪后半期大量外国资本的进入，使奉行新古典经济学的拉美依靠初级产品的出口参与到世界经济中来。这一时期外资的进入确实加速了拉美贸易的发展和基本设施的建设，而 1929 年的经济危机迅速暴露了这一单一经济发展模式的脆弱性，进而使拉美开始了内向型进口替代工业化的发展模式。然而，20

① Edwards S. Crisis and Growth：A Latin American Perspective，Working Paper 13019，National Bureau of Economic Research，April，2007.

② 江时学. 拉美发展前景预测［M］. 北京：中国社会科学出版社，2011：50.

世纪60年代，这种模式开始失去活力，并且一度在1973年世界经济危机后陷入“负债增长”的困境。1982年由于墨西哥无力偿还外债而引发了整个拉美地区的债务危机和经济危机，内向模式的弊端使拉美重拾过去的外向增长模式：拉美进入了一个以贸易自由化为特征的新型出口导向型发展阶段。赵雪梅（2010）认为，债务危机后的拉美国家注重国际市场的作用，着力于消除贸易壁垒，降低进口关税，并取消配额制、许可证制及价格管理制度，寻求有效的出口促进机制，取消多重汇率，实行汇率制度的自由化。

苏振兴、张勇（2011）通过考察拉美地区1950年以来六十年的经济发展历程后发现，由于在某些阶段拉美国家错失经济增长方式转变的良机，造成一系列结构性失衡，最终以债务危机这种“剧痛”的形式消化失衡后果，进而导致现代化进程一路曲折。而21世纪以来拉美国家通过发展战略、经济政策和局部结构的调整，在促进经济增长方面取得了一定成效，使其平稳、顺利地渡过了2009年国际金融危机的冲击。赵丽红（2011）认为，经过数十年的改革与调整，拉美国家正成为越来越重要的全球贸易和投资目的地，21世纪初拉美地区最具吸引力的是无进口配额的限制，而目前拉美地区最具魅力之处则是区域经济的高增长率与日趋稳定的宏观经济环境。对于贸易商和投资者来说，拉美地区已成为一个充满商机的市场和资产配置战略目标。①

而且，随着贸易的快速增长，拉美地区经济一体化进程也出现新的进展，一些新的贸易发展模式不断出现，这无疑对拉美经济的发展产生了巨大的促进作用。除此之外，从拉美应对两次金融危机的表现我们也可以看出拉美经济正不断走向成熟。Bresser-Pereira、Varela（2004）通过研究20世纪80年代拉美债务危机发现，金融市场的开放和外汇储蓄的增加是拉美平稳渡过此次危机的关键，但大量的资金流入会导致偿付的问题，虽然FDI的存量能够在一定程度维持并有所增长，但根本问题并没有得到解决。而Ocampo（2009）通过2008年的美国次债危机对拉美的影响发现，贸易总额的下降和贸易条件的快速恶化是此次危机对拉美的主要负面影响，而外汇储备规模的扩大和公共债务的减少无疑使拉美国家在此次危机中得到较大的缓冲。吴国平（2012）认为，进入2011年后拉美宏观经济稳定，且保持持续较快增长，“反周期”政策作用也比较明显，不过世界经济

---

① 赵丽红. 危机后的拉美市场与中国贸易投资机遇［J］. 对外贸易实务，2011（3）.

低迷常态化也会给拉美带来新的挑战。①

2.1.2 拉美经济的发展模式及存在的问题

然而，关于拉美发展模式及效果问题的研究一直在持续。Nicola Philips 说："讨论拉美问题的核心是如何打破拉美对原材料出口依附的必要性，尤其是随着这种模式出现的'荷兰病'和其他结构性问题，在看到中国经济繁荣提供大量的出口机遇的时候，人们总会很自然地想到这种模式。"② 确实，应对未来挑战，拉美国家在转变经济增长方式方面仍有很长的路要走。齐传钧、郑秉文（2012）认为，自 1971 年开始，拉美国家先后落入"中等收入陷阱"，全要素生产率下降是其经济增长停滞的主要原因，而全要素生产率的下降主要是由市场资源配置效率过低以及创新和科研基础薄弱所致。③ 苏振兴（2008）指出，拉美的宏观经济政策与改革举措之间的互不协调，国家与市场关系处理不当，贸易自由化与提高产业竞争力之间出现脱节，利用外资没有取得预期效果，同时社会发展问题也被严重忽视。④ 周志伟（2007）指出，拉美地区一体化也面临着困境，地区内贸易在拉美地区外贸中所占份额依然较低，拉美次区域一体化组织面临分裂的危险，拉美地区关系出现分歧增多的趋势，对一体化模式的选择仍未达成共识。过强的民族主义倾向制约着拉美地区凝聚力，过强的意识形态色彩使一体化潜伏危机，受益不均使小国对一体化丧失兴趣，并且拉美地区缺少一个在地区一体化中居主导地位的国家，不容忽视的美国因素等也是导致拉美地区一体化推进举步维艰的主要原因。⑤

窦望非（2007）认为，从表面看来，美洲自由贸易区谈判停滞的主要原因在于以巴西和阿根廷为首的南方共同市场国家与美国之间的谈判中涉及的在农业补贴、市场准入、降低关税和知识产权等具体问题上的分歧，而最根本的原因在于这些问题背后反映的是一种在社会与经济发展道路和模式主张上的差异以及彼此

① 吴国平. 在变与不变中前行——2011 年拉美和加勒比形势回顾与展望［J］. 拉丁美洲研究，2012（2）.

② Phillips N. China and Latin America. *The Developing World, and the New Global Dynamic*［C］. Colorado：Lynne Rienner Publication，2010：188-189，177-201.

③ 吴白乙. 拉丁美洲和加勒比发展报告（2011~2012）［R］. 北京：社会文献出版社，2009：37.

④ 苏振兴. 对拉美国家经济改革的回顾与评估［J］. 拉丁美洲研究，2008（4）.

⑤ 周志伟. 当前拉美一体化现状及陷入困境的原因［J］. 拉丁美洲研究，2007（5）.

之间的信任危机。[①] 因此，如何促进出口多元化，提高出口产品的国际竞争力，加强与亚太国家的产业内贸易，通过产业政策促进产业结构有序升级，加强人力资本投资和技术研发等是拉美国家目前应该考虑的问题。[②] 同时，浦军、李荧琳（2010）通过对拉美国家服务业现状以及金融危机中拉美国家服务业的主要变化的分析，提出拉美国家应通过鼓励社会多元投资和竞争、简化企业开办程序、吸引关键性人才创业与发展、鼓励创新和研发、培育本土国际性大企业以及加强监管等手段，进一步清除金融危机的负面作用，从而不断恢复和提升服务业的发展。[③]

2.1.3 拉美经济开放度和经济增长

（1）关于拉美经济开放与保护的争论

关于拉美经济的开放度问题，不同学者从不同的角度得出了不同的结论。高德步、王珏（2005）指出，19 世纪下半叶到 1914 年，拉美国家主要实行的是高关税的贸易保护政策，J. H. Coatsworth 和 J. G. Williamson（2004）通过对拉美经济史的研究，也重新确认了该时期内拉美一直实行高关税保护的历史事实。而根据前文苏振兴（2006）的分类和判断，这一时期拉美实际处于与世界接轨的“开放”阶段，Mar Rubio（2006）认为，这一时期是拉美通过出口矿产等初级产品不断与世界接轨的最为开放的一段时期，特别是 1870~1914 年被誉为是拉美资本主义的“美好时代”（Belle époque），很多国家利用这一段时期实现了经济的快速增长；[④] 而另一种观点认为正是这一时期所实行的自由的贸易政策形成了拉美依附型经济的特点。[⑤]

同期，美国同样实行的是高保护主义的贸易政策，英国、德国、日本等国家在经济崛起时也同样采取了高关税的贸易保护政策，但拉美的保护主义措施没有像美国一样实现经济腾飞和工业化。杨威、贾根良（2011）认为，造成这种差异

① 窦望非. 解读美洲自由贸易区谈判的停滞——从拉丁美洲的视角进行分析［D］. 北京：外交学院，2007.

② 苏振兴，张勇. 拉美经济增长方式转变与现代化进程的曲折性［J］. 拉丁美洲研究，2011（10）.

③ 浦军，李荧琳. 拉美国家发展服务业的政策［J］. 拉丁美洲研究，2010（3）.

④ Mar Rubio. Protectionist but Globalized? Latin America Custom Duties and Trade during the pre-1914 Belle Epoque［R］. Strasbourg：BETA-workshop，2006：2.

⑤ 黄卫东. 选择和崛起：国家博弈下的中国危机［M］. 北京：中国人民大学出版社，2009：192.

的原因，一则是拉美国家实行高关税的目的在于增加政府收入，而不是发展自身民族工业；二则是拉美国家这一时期遵循的是初级产品出口导向型战略：出口原材料、进口资本品和奢侈消费品；三则是对外国资本特别是外商直接投资的依赖严重。[①] 因此，拉美这段时期的高关税政策背离于汉密尔顿和李斯特所提倡的“保护幼稚产业论”的真正目的。赵丽红（2010）通过对 1965~2007 年全球各地区 GDP 增长率进行比较，认为资源丰裕并没有给拉美地区带来较高的经济增长，反而使拉美自 20 世纪 90 年代开始就落入“资源诅咒”的陷阱，拉美依然在重复 19 世纪依靠初级产品出口的发展模式，因为从整个经济发展历程来看，拉美 GDP 增长率最高的时期，恰恰是拉美国家从靠初级产品出口发展模式转变为进口替代工业化发展模式的那段时期。[②]

（2）拉美经济开放度与经济增长关系的不同实证结果

有些学者就拉美经济开放程度与其经济增长关系进行了实证研究。王玉华、赵平（2010）利用贸易开放度和投资开放度两个指标测算了新自由主义改革以来巴西、阿根廷和墨西哥三个拉美国家经济开放度的变化，结果表明，三个国家的经济开放度虽然存在一定的波动，但总体而言，还是呈现出不断提高的趋势。他们进而运用 VAR 模型的实证研究结果表明，三个国家的贸易开放度分别是这三个国家经济增长的格兰杰原因，说明贸易开放程度越高，对经济增长的拉动作用越强。然而，巴西和墨西哥的投资开放度不是其经济增长的格兰杰原因，只有阿根廷投资开放度是其经济增长的格兰杰原因。另外，从不同的时间段进行考察，贸易开放度对拉美国家经济增长的作用存在明显的时间波动性，投资开放度对拉美国家经济增长的作用明显存在正负两种不同的影响，说明在考察贸易开放度、投资开放度对经济增长的作用时有必要进行具体的时段区分，比如阿根廷在投资开放初期，投资开放度对经济增长具有正面冲击效应，随着经济的愈加开放，这种正面冲击作用逐渐减弱，并变为负面影响，接着这种负面影响逐渐加强，之后又趋于减小并再次转变为正面影响，最终又变成负面影响。[③]

钟熙维、Alejandro Dabat（2007）对 Feder（1983）关于出口和经济增长关系

---

① 杨威，贾根良. 拉丁美洲贸易保护主义的是与非——对拉美 19 世纪高关税低效益现象的分析 [J]. 拉丁美洲研究，2011（2）.

② 赵丽红.“资源诅咒”与拉美国家初级产品出口型发展模式 [M]. 北京：当代世界出版社，2010.

③ 王玉华，赵平. 拉美国家经济开放度与经济增长关系的 VAR 分析 [J]. 拉丁美洲研究，2010（6）.

的模型进行修改和扩展，利用拉美国家 1960~1995 年的进出口数据分阶段进行多重回归，结果未发现出口与经济增长之间有明显的相关关系，特别是在 1990~1995 年拉美地区大规模进行经济结构调整、推进区域性贸易协定的时期，没有任何实证结果表明出口对经济的增长有促进作用，而投资和劳动力则在整个考察区间内与拉美地区的经济增长之间有显著的相关关系。[①] 柴瑜（2011）选取亚洲 7 个国家作为参照对象，以巴西、阿根廷、墨西哥、秘鲁、哥伦比亚、智利和委内瑞拉 7 个拉美国家为研究对象，得出 1995~2009 年拉美 7 国的贸易开放度。数据显示，研究区间内，7 个拉美国家的贸易开放度出现显著且稳步的上升，然而与亚洲国家相比拉美国家的贸易开放程度仍然略低，阿根廷在经济衰退时期的贸易开放度指数却很高，因此她认为开放度的高低不能成为判断经济状况是否良好的唯一标准。[②]

2.2 拉美国家对外贸易

第二次世界大战后，拉美国家的对外经济关系也经历了几个不同的发展阶段，“二战”后到 20 世纪 60 年代末拉美国家的主要经济合作对象是美国，这一时期，美国凭借其独有的地理位置优势和强大的经济实力，取代了老牌的欧洲殖民国家，而 1969 年在智利通过的《比尼亚德尔马协议书》中，拉美国家提出了要对其与美国的经贸关系进行变革。20 世纪 70 年代至 80 年代末，拉美国家加强了与西欧和日本的经贸关系，也初步启动了与前苏联、东欧等国家的贸易往来，这一时期，特别是债务危机爆发之后，拉美国家在对外经贸关系中表现出较强的独立意识。20 世纪 90 年代开始，拉美国家对外经济关系进一步向多边方向发展，逐步加强了与中国、日本、印度等亚洲国家的经贸联系。

1999 年，拉美国家和欧盟国家元首及政府首脑在巴西里约热内卢举行首次峰会，两大地区的领导人决定建立“战略伙伴”关系。目前，欧拉峰会已形成固

① 钟熙维，Dabat A. 贸易政策、出口和经济增长——基于拉美国家实证数据的研究［J］. 国际贸易问题，2007（1）：62.

② 柴瑜. 拉美国家的贸易开放度研究［J］. 拉丁美洲研究，2011（8）.

定的机制，拉丁美洲与欧盟通过这种区域、次区域和国家间制度化对话机制建立了两大地区之间多层次、多领域、多角色的“战略伙伴”关系，自 1999 年至今，欧盟与拉美共成功举行了七次双边峰会，取得了丰硕成果。张凡（2007）认为，这一被称为“对话”的地区间关系模式是全球力量平衡和国际秩序建构的组成部分，也是地区间政治、经济和文化互动的主要途径和方式，其发展的主要动力来自两大地区内部，同时对双方各自的国际定位和内部演变以及两大地区以外的国家具有重要的影响。①

美国是拉美国家对外贸易的重要组成部分。然而，“9·11”事件之后美国对拉美的关注开始减少。Peter Hakim（2006）认为，进入 21 世纪，美国和拉美的关系达到“冷战”之后的最低点，美国在拉美的利益正在快速流失，双方关系正在发生着实质性的恶化，只有少数一些拉美国家依然认为美国是其可以依靠的伙伴。② 黄乐平（2011）认为，美国对拉美的影响力走过了一个“U”型的轨迹，19 世纪“门罗宣言”的出台标志着其当时的影响力达到顶峰，在 20 世纪 80 年代债务危机时跌至谷底，而后以北美自由贸易区（NAFTA）的实施为标志再次出现高峰。20 世纪 90 年代，美国建立大美洲自由贸易区的梦想破灭，谈判陷入僵局，同时，拉美“左派”崛起，离美情绪高涨，加上全球化的进一步深入，拉美国家对外贸易向着多元化方向发展，而奥巴马政府倾向于抵制自由贸易协定，将拉美政策的重点更多地放在非贸易领域，使得美国对拉美经济和政治的控制不断减弱，拉美各次区域组织与美国的经济联系程度的差别也越来越大。③ 魏红霞、杨志敏（2007）指出，目前美国对拉美地区的外交关系逐渐形成了 3 个长期目标：一是排除非美洲国家在西半球的势力和影响；二是利用自己的政治、经济、军事优势，保证自己在西半球的霸主地位；三是促进拉美国家的政治和社会稳定，发展拉美国家的依附型经济，以此保护自身在拉美的经济利益。④

① 张凡. 欧洲联盟与拉丁美洲的对话［J］. 欧洲研究，2007（5）.

② Hakim P. Is Washington Losing Latin America?［J］. Foreign Affairs，2006（1）：39-53.

③ 黄乐平. 试析自“门罗宣言”出台以来美国对拉美经济影响力的变迁［J］. 拉丁美洲研究，2011（12）.

④ 魏红霞，杨志敏. 中拉关系的发展对中美关系的影响从美国政策的角度分析［J］. 拉丁美洲研究，2007（6）.

2.3 中国与拉美双边贸易

2.3.1 中国与拉美贸易的互动模式

一种观点认为，中国与拉美贸易的发展、中国对拉美投资的不断增加是以中国对拉美矿业、能源及农业领域大宗商品的需求为动力的。陈懋修（2011）说："拉美不是简单地享受中国过去 30 年经济奇迹带来的好处，与之相反，拉美把握住了中国每一个特定的发展阶段，这个阶段在几个关键领域不同于其过去的发展模式。中国对来自拉美及其他资源富国的大宗商品需求的不断增长与中国国内发展模式的转变，即从劳动密集型和轻工制造业向资本密集型和重工业转变同时发生。"① 郑秉文、孙洪波、岳云霞（2009）提出，1949~2009 年，中国和拉美的经济关系呈现出独特的"累积—跨越式"发展特点，20 世纪处于积累阶段，21 世纪出现了跨越式发展。② 谌华侨（2011）则根据中国与拉美双方政治、经济关系发展状况，在地域上将中国与拉丁美洲国家关系划分为三种类型：中国与北部墨西哥呈现政治关系稳定经贸存在竞争，与中部中美洲和加勒比国家呈现政治关系滞后经济交往缓慢，与南部南美洲国家呈现政治关系稳定且经贸不断发展三种不同的发展态势。③

美国国会研究服务中心（CRS）（2005）研究的结果认为，中国在拉美的利益不断增长，对美国在拉美地区的影响力构成威胁，中国在经济上主要是想从拉美获取自己所需要的资源，比如原油、铜、大豆和铁矿石等；在政治上是想说服目前仍与中国台湾保持外交关系的 12 个拉美国家改变政策立场，从而达到孤立其的目的。一些拉美国家对中国投资很欢迎，但另一些拉美国家认为中国是其潜在的竞争对手，对其经济构成威胁。Eduardo Lora（2005）指出，中国的经济增长，吸引外资的能力，丰富的廉价劳动力，在运输、电力和通信方面的扩张，创

① 陈懋修. 中国与拉美关系：长期繁荣还是昙花一现［J］. 国际政治科学，2011（26）.
② 郑秉文，孙洪波，岳云霞. 中国与拉美关系 60 年：总结与思考［J］. 拉丁美洲研究，2009（10）.
③ 谌华侨. 中国与拉美地区国家间关系的地域性考量［J］. 社会主义研究，2011（4）.

新能力以及在出口方面的巨大成功引起了拉美企业界和政府的担心，中国的表现却也使得拉美国家必须考虑经济结构的调整升级从而使自己在国际市场上立足。①Peter Hakim（2006）认为，中国在拉美的利益越来越大，并且不断扩张，拉美已经成为中国原材料和粮食的重要来源。虽然一些拉美国家的官员认为中国低成本的商品将减少其本国的商品销售和利润，但另一些特别是在南美洲以粮食和矿产生产为主的国家还是把中国看成一个潜在的贸易和投资伙伴，而且很多拉美人民把中国看成是在经济和政治上对美国在美洲地区霸权的替代，因此，包括巴西总统卢拉（Lula）在内的领导人都在谋求与中国建立战略合作关系。

2.3.2 中国与拉美贸易的实证研究

Ambrogio Cesa-Bianchi 等（2011）通过建立 GVAR 模型分析了中国和美国经济对世界特别是对拉美国家的影响。模型采用季度数据，样本区间从 1979 年第二季度到 2009 年第四季度，模型中包含 25 个新兴经济体和欧元区国家，涵盖了全球 90%的 GDP，另外包含五个大的拉美国家（阿根廷、巴西、智利、墨西哥和秘鲁）。实证结果表明，从长期来看，中国经济增长对拉美五国的经济具有很强的冲击，自 20 世纪 90 年代以来影响力增加了 3 倍，而同期美国对拉美经济的影响却减少了 50%；中国 GDP 的冲击对拉美的影响主要来自中国与拉美传统贸易伙伴，如美国和欧元区国家的贸易关系，而非随着商品价格上升的中国与拉美本身双边贸易的增长。同时 Ambrogio 指出，拉美国家开放度依然较小，抗外部冲击能力依然很弱，更没有能力去影响世界经济周期的波动。②

Ernesto López-Córdova 等（2005）的实证结果则表明，由于庞大的经济规模和充足的劳动力，中国在世界市场的崛起确实值得拉美国家关注，但其原因不是中国对世界市场的争夺，而是拉美自身经济增长率较低的原因所致，因此，拉美国家要想在世界市场上具有强大并且持久的竞争力，就不能仅寄希望于国际层面的经济政策的改变，而是要致力于自身的经济增长和结构升级。Ernesto 假设了三种情形下中国和拉美国家对美国出口的变化，第一，假设人民币升值 20%，中

① Lora E. Should Latin America Fear China [R]. Washington, DC: Inter-America Development Bank, 2005.

② Cesa-Bianchi, Pesaranm H., Rebucci A., et al. China's Emergence in the World Economy and Business Cyclesin Latin America [R]. Washington DC: Inter-America Development Bank, 2011.

国向美国出口可能减少 20%的情况下，拉美对美国的出口只可能增长 0.5%；第二，如果美国取消纺织品进口配额，中国向美国的纺织品出口可能猛增 75%，但拉美在美国的纺织品市场份额只会下降 10%（2.5 个百分点），中国市场份额的增加主要来自其他国家和地区份额的减少；第三，即使美洲自由贸易区成功建立，拉美对美国的出口只会增长 3%左右，而且主要来自中美洲国家出口的增加（21%的增长），也就是说，美国对拉美国家进口关税的减少不会导致拉美对美国出口的增长。①

2.3.3 中国与拉美是互补、竞争还是依附关系

快速发展的中拉贸易关系激发了学术界对中国和拉美经济关系是互补、竞争还是依附的争论。互补性意味着平衡与稳定：拉美丰富的自然资源为中国不断增长的经济发展提供原材料；竞争性则意味着中国的经济发展在某种程度上将对拉美在全球市场上的扩张产生阻碍；依赖性则意味着不平等和不可持续性，意味着当中国依靠不断发展的制造业实现自身工业化时，拉美将会重新回到 19 世纪时期依靠出口初级产品的单一发展模式。

（1）宏观层面的贸易关系研究

2006 年，经济合作和发展组织（OECD）发展中心利用联合国贸易和发展会议（UNCTAD）数据库中的 620 种商品对中国的进出口结构进行研究，通过建立修改后的专业化系数和相似度系数，比较分析了 1998~2004 年中国对 34 个经济体（其中 15 个位于拉美）的影响，结果表明，在美国市场上，中国和拉美的产品之间不存在竞争关系。但作为一个出口大国，不管是在纺织品行业还是在其他一些高附加值的工业品行业，中国的出口正在经历着一个从劳动密集型和低技术含量产品向知识密集型和高科技产品转化的过程，这对像墨西哥一样的发展中国家来说确实是一个挑战。② 贾利军（2005）运用贸易结合度、出口产品相似度指数和互补性指数等工具，通过对 1998~2003 年中国和拉美国家的贸易数据，实证分析了双边贸易的产品结构后指出，中国与除墨西哥以外的其他拉美国家之间的

① Lopez-cordova E., Micco A., Molina D. Competing with the Dragon: Latin America and Chinese Exports to the US Market [R]. Paris: OECD, 2006.

② Blazquez-Lidoy J., Rodriguez J., Santiso J. Angel or Devil? China's Trade Impact on Latin American Emerging Markets [R]. Paris: OECD Development Centre Working Paper, 2006.

贸易存在越来越强的互补性，并且指出在化学制品及相关产品和轻工制成品(SITC 中的第 5 和第 8 类）上，中国的出口和拉美主要国家的进口具有极强的吻合度，主要表现在中国出口此类产品具有较强的比较优势，此外，中国出口动植物的油、脂、蜡（第 4 类）到乌拉圭有很明显的比较优势。[①] Sanjaya Lall 和 John Weiss（2005）运用拉美 18 个主要国家 1990~2002 年对外贸易进出口数据对中国在工业制成品方面对拉美的竞争性威胁进行了实证分析。结果表明：在对第三国市场的出口方面，中国对拉美的威胁很小，中国和拉美国家的贸易结构具有很强的互补性。在中国和拉美的双边贸易中，拉美主要出口资源密集型产品，而中国出口技术密集型工业品，中国在技术密集型产品方面的成功对拉美工业产品技术升级具有很强的外部学习效应，从而可以改善拉美单一产品的出口模式。[②]

Tony Volpon 是主张依附论的代表人物。Tony（2010）认为，中国与拉美现有的贸易模式反映了两个地区日益增大的不对称性，这种不对称性加剧了拉美历史上经历的对低附加值大宗商品出口的依赖，因此，这种关系实际是一种“北南”关系。具有讽刺意味的是，拉美和加勒比经委会曾经一度是主张拉美经济“依附论”的大本营，而如今却成为中国与拉美贸易“互补论”的认可者，并且还不断为这种大宗商品与制成品间的贸易传递着积极的信息。Mauricio Mesquita Moreira 也认为中国对拉美构成竞争和威胁。Mauricio（2006）指出，中国资源禀赋、规模、快速的经济增长以及政府职能的组合使得中国成为拉美制造业的强劲竞争对手。[③]

实际上，在拉丁美洲的不同国家，中国与拉美经济是互补还是竞争是不能一概而论的。例如，由于中国对铜、铁矿石、大豆和其他初级产品的需求导致这些产品价格的上升，南锥体国家可以从与中国的贸易中获益；而中美洲和加勒比国家却因为中国在世界纺织品市场上的竞争力会受到冲击。而且，一个国家内部也会出现不同的反应，比如，巴西的农民对中国的崛起持乐观态度，而巴西的制造业主却呼吁贸易保护政策的出台以打击中国的不公平竞争。

---

① 贾利军. 中国与拉美主要国家贸易互补性实证分析［J］. 世界经济研究，2005（11）：B36.

② Lall S.，Weiss J. China and Latin America：Trade Competition，1990~2002［R］. Paris：OECD，2005.

③ Moreira M. Fear of China：Is There a Future for Manufacturing in Latin America［J］. World Development，2007（3）：355-376.

(2) 国别层面的贸易关系研究

汤碧 (2005) 认为，中国和巴西已经建立了牢固的合作基础和合作构架，虽然两国的贸易额占双方各自贸易总额的份额仍然较小，但双边贸易额增长速度较快，两国发展贸易关系的巨大潜力还有待进一步发掘。Marshall (2007) 指出，巴西对中国出口加快是因为中国对巴西自然资源的大量需求。Ribeiro (2007) 认为，中国在投资及劳动力成本等方面较之巴西均有优势，尤其是在汽车工业方面，有可能会对巴西的汽车出口造成冲击，因为巴西在低端车市场上占有一定的份额。

罗云 (2010) 利用显示性比较优势指数、出口产品相似度指数、产业内贸易指数和贸易专业化指数对中国和墨西哥的贸易竞争性和互补性进行研究，结果表明，中墨贸易主要以产业内贸易为主，双方都有处于比较优势地位的产业部门，另外，中国在机械运输设备、家具、箱包、服装和鞋袜、旅行用品上处于优势地位，而墨西哥在资源类产品上凸显出比较优势，比如在饲料及烟类部门、动植物油脂、非食用原料等部门具有绝对优势，在非食用原料部门中的纸浆及废纸 (25类)、纺织纤维 (羊毛条除外) 及其废料 (26类) 和金属矿砂及金属废料 (28类) 上的比较优势非常明显。在化学成品及相关产品，特别是在无机化学品精油、按原料分类的制成品等部门，双方互有优劣，竞争激烈。同时，由于资源禀赋的不同，中墨两国在自然资源密集的初级产品部门存在着产业互补，由于双方市场对差异产品的需求、两国跨国公司的经营战略、产业内的水平分工、资本的流动等原因，中墨两国在机械及运输设备、食品和资本密集型制成品方面也表现出较大程度的产业内互补。[①] 在双方各自的出口市场上，两国出口市场的竞争主要在美国，其他地区双方市场交叉度较低，因此，中国并未构成对墨西哥的现实竞争威胁，仅对其市场拓展存在潜在约束。

2.3.4 中国和拉美的双向投资及对国际 FDI 的竞争

(1) 中国与拉美之间的 FDI

中国和拉美国家贸易合作的加深，改变了以往单一的贸易方式，向着贸易、投资和工程承包等多样化趋势发展。曲佳璐 (2010) 认为，中国公司在拉美投资

① 罗云. 中国与墨西哥贸易竞争性与互补性研究 [D]. 北京：对外经济贸易大学，2010.

可以分为寻求资源型、占领市场型和融资型三种类型。[①] 赵雪梅（2007）的研究结果显示，中国企业在拉美的投资金额不论从流量上还是从存量上看，主要集中在世界著名的避税地——开曼群岛和英属维尔京群岛，而流向其他拉美国家的实际投资金额并不大；且拉美国家大都是矿产资源丰富、拥有巨大市场潜力的国家，因此，中国企业在拉美国家的投资前景是被看好的。[②] 关于拉美利用 FDI 的外部性问题，颜岩（2008）通过计量模型验证了中国对 10 个拉美主要国家直接投资的贸易效应，结果表明中国对拉美投资的增加，一方面促进了中国对拉美出口的增长，另一方面也增加了中国从这些国家的进口。[③]

Saint Louis Wilma（2010）利用 2003~2009 年中国和拉美主要国家之间的双向 FDI 流量和行业分布并进行分析后得出，从 FDI 存量的洲际分布来看，拉美及加勒比地区一直是继亚洲之后中国第二大 FDI 流向地区。中国对拉美地区的投资主要集中在开曼群岛、英属维尔京群岛、巴西、墨西哥、阿根廷、秘鲁、巴拿马、委内瑞拉、圭亚那、厄瓜多尔、智利 11 个国家和地区，而中国所吸引的 FDI 也主要来自以上国家和地区。双方相互投资关系具体表现为：中国对委内瑞拉、秘鲁、开曼群岛、阿根廷、厄瓜多尔的 FDI 要高于该国（地区）对中国的投资，而中国对巴拿马、智利、墨西哥、维尔京群岛、巴西的 FDI 要远远小于该国（地区）对中国的投资。此外，双方 FDI 所进入的行业差异较大，中国流入拉美的 FDI 主要分布在油气资源开发、制造业、采矿和钢铁业，而拉美对中国的投资主要集中在食品和饮料、采矿、钢铁业和制造业领域。[④]

（2）中国与拉美对国际 FDI 的竞争

针对中国作为一个 FDI 接受大国是否对拉美国家造成影响，是否减少了拉美国家对外资的引进的问题，Busakorn Chantasasawat 和 K.C. Fung 等（2004）利用 1990~2002 年的数据并选取了 16 个拉美国家建立计量模型，并把中国的外资流入量作为“中国效应”考虑进模型当中。结果表明，“中国效应”变量对于拉美国家吸引外资的数量影响并不显著，由于中国和拉美经济体的出口结构相似度并

① 曲佳璐. 中国企业在拉丁美洲的直接投资分析［D］. 北京：对外经济贸易大学，2010.

② 赵雪梅. 浅析跨国公司在拉美经济中的扩张趋势［J］. 拉丁美洲研究，2007（2）.

③ 颜岩. 中国对拉丁美洲直接投资的贸易效应实证分析［D］. 广州：暨南大学，2008.

④ Louis W. S. Analysis on FDI in Latin America and the Caribbean Area［D］. Jinan：Shandong University，2010.

不太大（Lall 和 Weiss，2005），因此，“中国效应”也没有出现负的结果。而拉美国家吸引 FDI 的水平却可以用其他变量来解释，诸如，市场规模、经济增长率、全球 FDI 的供应量和进口贸易壁垒等。但是，“中国效应”与拉美国家在发展中国家中利用 FDI 的份额呈现显著的负相关关系，虽然相比较而言，市场规模、人均收入和贸易保护等其他解释变量的系数更大。① Alicia Garcia-Herrero 和 Daniel Santabárbera（2005）的实证结果表明，从 1984~2001 年较长区间来看，两者之间没有任何关联；但考察 1995~2001 年这一时间区间，中国对 FDI 的引入影响到墨西哥和哥伦比亚两国对 FDI 的吸引，而对其他拉美主要经济体（阿根廷、巴西、智利、委内瑞拉）没有影响。② 而 Jose Luis De la Cruz Gallegos 等（2008）利用美国经济分析局 1966~2006 年年度数据，通过建立 VAR 模型和 VECM 模型，得出在利用美国 FDI 上中国和拉美具有替代效应。③

2.3.5 中国与拉美的农产品贸易和能源合作

拉美农业具有巨大的发展潜力，耕地面积达到 1.6 亿公顷，占拉美总面积的 7.7%，是全球重要的农产品生产地区，许多农产品的生产和出口位于世界前列。目前，在农产品贸易上，中国长期处于逆差状态，拉美是中国重要的农产品进口来源地，进口主要来自巴西、阿根廷和秘鲁等国，而中国对拉美的出口主要流向巴西和委内瑞拉等国。同时，拉美地区拥有丰富的自然能源和矿产资源，中国经济的高速稳定增长需要寻求除了中东、北非及中亚之外的能源合作对象，这就要求中国能源企业“走出去”，进而推动中国和拉美在能源方面的合作。

（1）农产品贸易研究

马建蕾、秦富、刘岩（2012）研究发现，中国和拉美国家农产品贸易发展迅速，且具有巨大的发展潜力，主要原因是双方农业资源互补性较强。然而双方农产品贸易发展不平衡，这主要表现在拉美国家向中国的出口不均衡、双方贸易仅集中在少数几个国家和少数产品上等方面，同时也面临着跨国公司控制、贸易成

① Lall S., Weiss J. China's Competitive Threat to Latin America: an Analysis for 1990~2002 [J]. Oxford Development Studies, 2005.

② Garcia-Herrero A., Santabárbera D. Does China Have an Impact on Foreign Direct Investment to Latin America? [R]. Bank of Spain, 2005.

③ Gallegos J. L. D. L. C., Boncheva A. I. Ruiz-Porras A. Competition between Latin America and China for US Direct Investment [J]. Global Economic Journal, 2008 (2).

本高昂、拉美国家农业投资环境不理想等方面的挑战。[①] 远铜、孙东升（2010）用显示性比较优势指数、产业内贸易指数、相对贸易优势指数对中国与拉美主要国家的农产品贸易进行实证分析发现，中国与拉美的农产品贸易存在着互补关系，双方主要以产业内贸易为主，中国和拉美分别在劳动密集型农产品和资源密集型农产品上具有比较优势。[②]

出口方面，张洁、刘合光（2008）利用 1995~2004 年数据建立引力模型来估计和预测中国对拉美国家的农产品出口，结果显示，中国农产品的供给能力、进口国 GDP 和距离都是影响贸易量的重要因素，乌拉圭市场已经得到充分的发展，而阿根廷、委内瑞拉和厄瓜多尔 3 个国家的农产品市场还有进一步发展的空间。进口方面，耿晔强（2010）运用市场占有率和排名、贸易强度指数、贸易相似度指数对拉美国家在中国市场的表现及竞争状况进行了分析，结果表明，拉美国家在中国农产品市场已占有较大的份额，仅巴西和阿根廷两国就占到中国农产品进口的 20%以上，拉美国家的农产品在中国市场上有较强的竞争力。因为中国和拉美国家农产品存在着各自不同的比较优势，中国对拉美国家农产品的进口是长期的，而且具有不断上升的趋势。[③]

（2）能源合作研究

为实现其国内能源自足、确保国内电力供应及增加石油出口附加值，拉美大多数国家正进行新一轮能源产业结构调整，工程技术服务和资金需求较大。这就给中国相关能源企业提供了新的机遇。金燕（2011）认为，中国能源企业可以利用自身的资本和技术优势加强与拉美能源企业的合作，深化和延伸合作的深度和广度，参与到拉美一些国家的能源基本设施建设和产业结构升级中去。[④] 同时，她指出中国与拉美的能源合作不仅要考虑到短期内的企业经营风险，还要从战略高度看待合作潜力及影响。根据当前双方能源合作的情况，中拉能源合作应制定多重战略目标，可定位为市场进入与占有、投资保全与盈利、原油进口与生物技

① 马建蕾，秦富，刘岩. 中国与拉丁美洲国家农产品贸易前景与挑战——从中国角度对问题与机遇的分析［J］. 世界农业，2012（1）.

② 远铜，孙东升. 基于比较优势的中国——南美农产品贸易增长潜力研究［D］. 北京：中国农业科学院，2010（12）.

③ 耿晔强. 拉美主要国家农产品在中国市场表现及竞争力研究［J］. 中国农村经济，2010（1）.

④ 金燕. 国际能源合作研究：中国与拉美合作案例分析［D］. 北京：财政部财政科学研究所，2011：118-119.

术吸收等。①

王志浩（2011）通过对中国和巴西能源合作问题的研究，认为同样作为发展中大国，中国和巴西在能源方面的合作有较强的必要性和可行性，但同时也存在着一定的障碍，主要表现在双方能源贸易额较小、合作的深度不够、合作的范围也比较狭隘，很多协议只是停留在合作的意向上，没有落到实处，而且曾经遭受过殖民之苦的巴西对与中国的能源合作也持比较谨慎的态度等，因此，发展与巴西这一拉美大国的能源合作，必须要加大技术合作力度，排除国内外干扰因素，加强与能源相关的基础设施建设，从而提高合作效率和效果。②

2.4 中国与拉美贸易发展的对策

拉美和加勒比地区是世界上具有重大战略意义的地区之一，对中国当前的战略利益和未来发展有着不可忽视的影响，中国经济的迅速发展也给拉美和加勒比地区带来了历史性机遇，然而，中国对拉美的贸易政策并不是十全十美的。于峰、孙洪波（2009）认为，首先，中国对拉美的政策制定相对滞后，缺乏预见性，且针对性明显不足，贸易促进工具缺乏整合性，效果评判视角缺乏全局性，且缺少政府的发展基金支持，优惠政策落实不力，市场开拓服务体系不能充分发挥作用；其次，在与拉美的贸易中，国有企业或大型企业占主体地位，政府对私营企业和中小企业扶持不够。③

基于中国与拉美各国的贸易现状，国内外学者特别是中国学者纷纷从不同的角度提出不同的对策。沈安（2009）认为，发展中国与拉美国家经贸往来，在通盘制定和实施对拉美地区的战略和政策时应注意提高中拉之间高层合作的档次和形式，除了高层互访之外，还应将高层对话机制制度化，协调好与其他大国，如俄罗斯、印度、南非，特别是美国等在拉美事务方面的利益关系。在全球化背景

① 金燕. 中国与拉美能源合作：机遇与障碍［J］. 中国石油石化，2010（2）：42-43.

② 王志浩. 中国—巴西能源合作：现状、问题及解决途径研究［D］. 武汉：华中师范大学，2011（5）.

③ 于峰，孙洪波. 新兴市场与中国地区贸易政策——拉美与非洲的比较［J］. 宁夏社会科学，2009（11）.

下，制定在拉美地区的投资战略，并且加强和扩大与拉美国家的包括金融业务往来和设立金融机构分支在内的多种形式的金融合作，积极与巴西、墨西哥和阿根廷等拉美大国展开 FTA 的谈判，积极推动与美洲开发银行、南方共同市场等地区性一体化组织的谈判和合作。[①] 腾智艺（2010）认为，中国应在战略上重视中拉贸易关系，进一步巩固和深化与拉美的友好关系，加快与拉美主要国家建立自由贸易区的步伐，鼓励、引导中小企业加强与拉美贸易往来，并努力消除贸易壁垒对双边贸易关系的损害。[②]

郑秉文、孙洪波、岳云霞（2009）认为，经济发展是中国和拉美双方发展的重点，实现中国和拉美双边经济良好互动，应该有效扩大资源型产业投资，妥善处理贸易摩擦，提升中国在拉美地区的“软实力”并通过高层互访深化双方战略互信。[③] 左品（2009）提出，中国要促进出口产品升级，优化产业结构，从而有效避免与拉美国家的贸易摩擦，同时积极推动与拉美国家的服务贸易和对拉直接投资，借助 FTA 的方式进入拉美市场。[④] 程洪、于燕（2010）指出，发展中拉关系，应该重视美国因素的存在，中国对拉美地区要走出“微观调整”的阶段，制定长久的战备目标，提升中国在拉美和美国的“软实力”，建立“中美拉”三方会谈机制。[⑤]

① 沈安. 关于中国未来对拉美外交战略的思考（上、下）[J]. 拉丁美洲研究，2009（8，10）.
② 滕智艺. 当前中国与拉丁美洲经贸关系分析 [J]. 特区经济，2010（9）.
③ 郑秉文，孙洪波，岳云霞. 中国与拉美关系 60 年：总结与思考 [J]. 拉丁美洲研究，2009（10）.
④ 左品. 影响中国与拉美贸易发展的问题与对策. 对外经贸实务，2009（8）.
⑤ 程洪，于燕. 试述中拉关系中的美国因素（2001~2010 年）[J]. 拉丁美洲研究，2010（10）.

3 拉美经济与对外贸易

拉美国家过去150年的经济发展历程可以1929年第一次世界性的经济危机和1982年开始的拉美债务危机为转折点分为三个时期，1870~1929年实行以初级产品出口为导向的外向增长模式；1930~1982年实行以贸易保护思想为基础，以进口替代为导向的工业化内向增长模式；1983年至今实行以新自由主义为主导，以贸易开放和资本开放为核心的外向增长模式（苏振兴，2006）。研究拉美国家的经济和对外贸易的发展历程和现状，有利于我们从整体上把握拉美国家的对外经贸关系，进而为中国与拉美贸易关系的发展提供前期的基础研究。

3.1 拉美经济发展历程及现状

3.1.1 拉美经济发展的历程

拉美国家的农业现代化进程从20世纪40年代开始起步，在20世纪60~70年代的时候达到高潮，并在农业机械化和土地化肥化上取得一定的进步，同时，拉美也实现了“绿色革命”等技术的变革。然而，截至目前拉美农业还没有完成向现代化农业模式的转变，由于土地占有制度的不合理，大量的小户农民享受不到现代技术进步带来的好处，因此，农业经济中依然存在着二元经济现象，高生产效率的农业现代化与生产率低下的小农经济并存。拉美国家的工业化经历了早期工业化和进口替代两个不同的阶段，19世纪末到20世纪30年代的工业化时期为早期工业化阶段，主要是初级产品出口带动下的雏形工业化，这个时期的工业化也不是各个国家的主导战略。“二战”后到20世纪80年代初期的工业化是以进口替代工业化战略为核心的内向型工业化，这一时期的工业化是以阿根廷经济学家劳尔·普雷维什（Raul Prebisch）的思想为主导，主要以国内投资、消费的增长和发展本国制造业为推动力，以国产制成品取代进口品来满足国内市场的需求，具有明显的内向型特点。在经济曲折前行的过程中，拉美服务业也实现了快速的发展，服务业产出和就业在整个经济中的比重不断上升，目前已经接近发达国家水平，大大超过其他发展中国家。然而，服务业也存在着结构不合理、效率低下、生产服务不足而生活服务比重过高的问题。

20 世纪 80 年代，由于拉美地区储蓄率不高，并追求资本密集型投资，导致对外债的过度依赖，在出口得不到提高和国际资本市场利率提高的双重作用下，最终导致了债务和经济危机的爆发，并经历了拉美历史上“失去的十年”，直到 20 世纪 90 年代，拉美才重新回到经济增长的轨道上来。根据世界银行的数据，1961~1981 年，拉美实际 GDP 平均增长率高达 5.3%，人均 GDP 增长率达到 2.7%，债务危机爆发后，1982~1990 年，拉美 GDP 年均增长率仅为 1.4%，人均 GDP 更是出现负增长，下降 0.6%。进入 90 年代，拉美经济逐渐恢复，1990~2011 年，拉美经济增长率达到 3.4%，人均 GDP 增长率达到 1.9%。在 2000~2011 年，除 2002 年和 2009 年分别受美国“9·11”事件和金融危机影响而出现经济下滑外，其他年份均实现正增长，年均增长 3.7%，高于同期全球 2.7%的增长水平；GDP 总量占全球 GDP 的比重也从 6.6%上升到 7.2%，表明拉美正在进一步融入全球化进程。2011 年拉美地区人均 GDP 达到 5199 美元，增长 3.5%；GDP 总额达到 3.1 万亿美元，增长 4.6%，高于同期全球平均 2.5%的增长水平（见图 3-1）。

3.1.2 拉美经济发展现状

2011 年拉美各国 GDP 总量排在前 7 位的国家分别为：巴西、墨西哥、阿根廷、委内瑞拉、哥伦比亚、智利、秘鲁，这 7 个国家是拉美经济最强的经济体，对外贸易进出口额也处在拉美国家的前列，2011 年 7 国 GDP 总和占拉美经济总量的 87.1%。这 7 个国家处在拉美经济的第一梯队里，与排名第 8 位及以后的国家显现出巨大的差距，如 2011 年排名第 8 位的多米尼加共和国的 GDP 仅为 420 亿美元，不及第 7 位秘鲁 GDP 总量（988 亿美元）的 1/2（见表 3-1）。

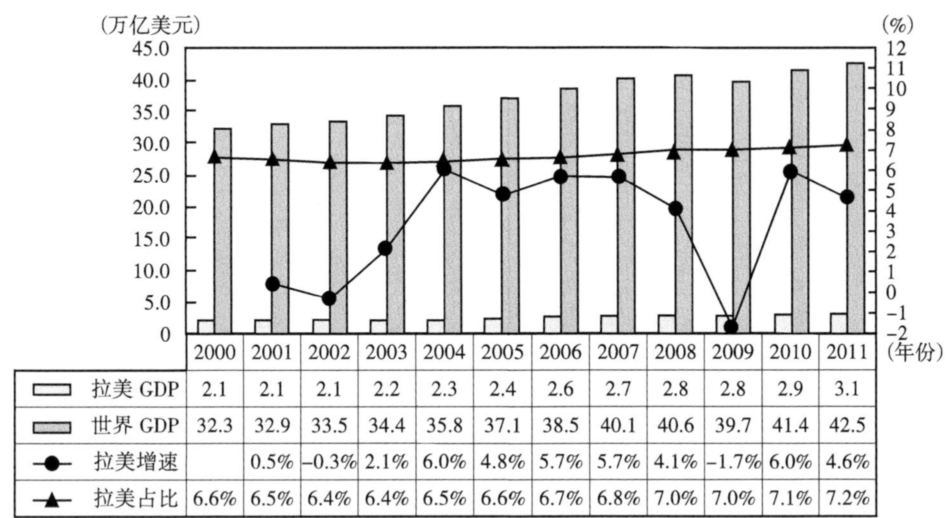

	2000	2001	2002	2003	2004	2005	2006	2007	2008	2009	2010	2011
拉美 GDP	2.1	2.1	2.1	2.2	2.3	2.4	2.6	2.7	2.8	2.8	2.9	3.1
世界 GDP	32.3	32.9	33.5	34.4	35.8	37.1	38.5	40.1	40.6	39.7	41.4	42.5
拉美增速		0.5%	-0.3%	2.1%	6.0%	4.8%	5.7%	5.7%	4.1%	-1.7%	6.0%	4.6%
拉美占比	6.6%	6.5%	6.4%	6.4%	6.5%	6.6%	6.7%	6.8%	7.0%	7.0%	7.1%	7.2%

图 3-1　2000~2011 年拉美 GDP 增速及占世界 GDP 比重

注：GDP 数额是以 2000 年美元价格为基期的实际 GDP。

资料来源：World Bank Database。

表 3-1　1960~2011 年拉美主要经济体 GDP 总量情况

单位：十亿美元

国家	1960 年	1970 年	1980 年	1990 年	2000 年	2010 年	2011 年
巴西	105.3	191.1	430.4	501.8	644.7	919.5	944.6
墨西哥	94.4	181.0	345.6	413.3	581.4	694.7	721.9
阿根廷	108.3	158.6	212.1	182.2	284.2	434.4	472.9
委内瑞拉	41.1	67.3	87.8	95.3	117.1	159.4	166.1
哥伦比亚	19.0	31.7	54.3	77.2	99.9	149.0	157.8
智利	14.1	21.1	28.0	40.5	79.3	116.1	123.0
秘鲁	16.4	27.4	39.1	36.1	53.3	92.5	98.8
多米尼加共和国	3.0	5.3	10.5	13.3	24.0	40.2	42.0
乌拉圭	10.6	12.2	16.4	16.3	22.8	30.5	32.3
危地马拉	4.0	6.8	11.8	12.9	19.3	26.8	27.8

注：GDP 数额是以 2000 年美元价格为基期的实际 GDP。

资料来源：World Bank Database。

从经济增长情况来看，阿根廷经济增长最为迅速，2003~2011 年均增长率达到 7.8%，其次为秘鲁和委内瑞拉，分别达到 6.5%和 4.9%。2011 年，阿根廷经济增长率更是达到 8.9%，秘鲁和智利也分别达到 6.8%和 6.0%，巴西和墨西哥表现欠佳，分别增长 2.7%和 3.9%，低于同期拉美整体平均增长率和全球经济增长率（见表 3-2）。

表 3-2　2001~2011 年拉美主要经济体 GDP 增长率

单位：%

国家	2001 年	2002 年	2003 年	2004 年	2005 年	2006 年	2007 年	2008 年	2009 年	2010 年	2011 年
拉美总体	0.5	−0.3	2.1	6.0	4.8	5.7	5.7	4.1	−1.6	6.0	4.7
巴西	1.3	2.7	1.1	5.7	3.2	4.0	6.1	5.2	−0.3	7.5	2.7
墨西哥	−0.2	0.8	1.4	4.1	3.2	5.2	3.3	1.2	−6.0	5.5	3.9
阿根廷	−4.4	−10.9	8.8	9.0	9.2	8.5	8.7	6.8	0.9	9.2	8.9
委内瑞拉	3.4	−8.9	−7.8	18.3	10.3	9.9	8.8	5.3	−3.2	−1.5	4.2
哥伦比亚	1.7	2.5	3.9	5.3	4.7	6.7	6.9	3.5	1.7	4.0	5.9
智利	3.3	2.2	4.0	6.0	5.6	4.6	4.6	3.7	−1.0	6.1	6.0
秘鲁	0.2	5.0	4.0	5.0	6.8	7.7	8.9	9.8	0.8	8.8	6.8
多米尼加共和国	1.8	5.8	−0.3	1.3	9.3	10.7	8.5	5.3	3.5	7.7	4.5
乌拉圭	−3.8	−7.7	0.8	5.0	7.5	4.1	6.5	7.2	2.4	8.9	5.7
危地马拉	2.3	3.9	2.5	3.1	3.3	5.4	6.3	3.3	0.5	2.9	3.9

资料来源：World Bank Database。

3.1.3　拉美经济一体化状况

拉美区域经济一体化进程至今已经走过 60 多年的历程，根据每个时期不同的发展特点，可以划分为三个阶段：20 世纪 50~80 年代为一体化的起步和探索阶段，90 年代为调整和发展阶段，进入 21 世纪以来为扩展阶段。

1949 年，联合国拉美经贸委员会（ECLAC）的第一任秘书长劳尔·普雷维什（Raul Prebisch）提出了区域经济一体化的理论和指导思想。根据这一思想，一体化可以解决进口替代工业化过程中国内市场狭小的问题，它的主要目标是通过地区大市场来弥补国内小市场的不足，进而解决拉美各国在实施进口替代战略中遇到的困难和存在的问题。[①] 1951 年，ECLAC 在墨西哥举行第 4 次会议，中美洲五国签署了一项拟实现区域一体化的文件，标志着拉美地区经济一体化的开始。1958 年五国又签署了中美洲自由贸易和经济一体化多边条约及中美洲一体化工业体系协定，1959 年 5 月拉美经贸委正式提出建立拉美共同市场的计划，1960 年 2 月，巴西、墨西哥、阿根廷、智利、秘鲁、巴拉圭和乌拉圭 7 国签署了《蒙得维的亚条约》，成立了“拉美自由贸易协会”，随后，哥伦比亚、厄瓜多尔、委内瑞拉和玻利维亚 4 国先后加入该协会。在该协会的推动下，1960~1979 年，拉

① 宋晓平. 西半球区域经济一体化研究. 北京：世界知识出版社，2001：36-37.

美出口总额增加了 7.2 倍，而地区内贸易总额增加了 14.4 倍。

20 世纪 70 年代末至 80 年代，拉美各区域一体化内部矛盾加剧，拉美一体化进程陷入停顿。1978 年“拉美自由贸易协会”在墨西哥举行会议，因难以协调的内部矛盾不得不更名为“拉美一体化协会”，1969 年成立的“安第斯共同体”因成员国内部矛盾重重而进展缓慢，“中美洲共同市场”也是举步维艰，各成员国间也存在着严重的分歧和争论。最终，以 80 年代的债务经济危机为标志宣告经济一体化第一阶段的失败。90 年代开始，国际环境发生重大变化，欧洲一体化进程稳步向前推行，欧洲、日本和美国的竞争使美国也将全球贸易战略向多元化方向调整，1990 年美国提出了“美洲倡议”，以期建立以自己为中心的西半球区域经济一体化联盟。拉美各国此时也进入了以市场为主导的出口外向型发展模式，拉美地区一体化进程进入一个新的发展时期。

进入 21 世纪，拉美经济一体化显现新的特征，地区合作规模不断加大，谈判也开始向贸易之外的诸如能源和金融等领域拓展，新型的区域合作组织形式开始出现，各大地区经济一体化组织展开新的合作，吸引更多的成员国，组织机构也不断升级。目前拉美地区主要的次区域经济组织如表 3-3 所示。

表 3-3 拉美地区主要经济一体化组织

单位：亿美元

组织名称	成立时间	现有成员国	2011 年 GDP 总额	占拉美总 GDP 比例	2011 年对外贸易总额	占拉美总贸易额比例
南方共同市场（MERCOSUR）	11/29/1991	阿根廷、巴西、巴拉圭、乌拉圭、委内瑞拉	33097	57.0%	8275	37.8%
安第斯共同体（CAN）	10/16/1969	玻利维亚、哥伦比亚、厄瓜多尔、秘鲁	6002	10.3%	2585	11.8%
中美洲共同市场（CACM）	08/02/1962	哥斯达黎加、萨尔瓦多、危地马拉、洪都拉斯、尼加拉瓜	1376	2.4%	941	4.3%
加勒比共同体和共同市场（CARICOM）	08/01/1973	安提瓜和巴布达、巴哈马、巴巴多斯、伯利兹、多米尼克、格林纳达、圭亚那、海地、牙买加、蒙特塞拉特、圣基茨和尼维斯、圣卢西亚、圣文森特和格林纳丁斯、苏里南、特立尼达和多巴哥	648	1.1%	519	2.4%

续表

组织名称	成立时间	现有成员国	2011 年 GDP 总额	占拉美总 GDP 比例	2011 年对外贸易总额	占拉美总贸易额比例
美洲玻利瓦尔联盟（ALBA）	12/14/2004	安提瓜和巴布达、玻利维亚、古巴、多米尼加、厄瓜多尔、尼加拉瓜、圣文森特和格林纳丁斯、委内瑞拉	4180	7.2%	2325	10.6%
拉美及加勒比国家共同体（CELAC）	12/02/2011	拉美 33 个独立主权国家	55966	96.5%	21824	99.8%
太平洋联盟（PA）	06/06/2012	墨西哥、哥伦比亚、智利、秘鲁	19122	33.0%	10992	50.2%

资料来源：根据相关 ECLAC 网站资料整理；GDP 数据来自 World Bank Database；贸易数据来自 WTO Datebase。

从表 3-3 可以看出，从 GDP 总量来看，南方共同市场是拉美地区第一大经济组织，2011 年 5 个成员国的 GDP 总量占整个拉美总 GDP 的 57.0%，对外贸易额占对外贸易总额的 37.8%。2012 年 6 月 6 日，墨西哥、哥伦比亚、智利和秘鲁 4 个国家正式签署《太平洋联盟框架协议》，根据 2011 年数据，联盟 4 国成员 GDP 总量占到拉美地区 GDP 总量的 1/3，而对外贸易总额已经占到拉美地区总额的 50%。值得一提的是拉美及加勒比国家共同体，该组织于 2011 年 12 月在委内瑞拉举行的第三次拉美及加勒比国家首脑会议上宣告成立，虽然目前该组织还是一个区域性政治组织，但表现出拉美各国独立并振兴经济的决心，将对拉美经济一体化进程起到重要的推动作用。

（1）南方共同市场（MERCOSUR）

南方共同市场（以下简称南共市）是南美地区最大的经济一体化组织，也是世界上第一个完全由发展中国家组成的共同市场。1991 年 3 月 26 日，阿根廷、巴西、乌拉圭和巴拉圭 4 国总统在巴拉圭首都亚松森签署《亚松森条约》（条约于同年 11 月 29 日生效），宣布建立南方共同市场。1995 年 1 月 1 日，南共市正式启动，关税联盟开始生效。此后，南共市先后接纳智利（1996 年 10 月）、玻利维亚（1997 年）、秘鲁（2003 年）、厄瓜多尔（2004 年 12 月）和哥伦比亚（2004 年 12 月）等国为其联系国。2012 年 7 月 31 日南共市成员国总统在巴西利亚举行特别会议，正式接纳委内瑞拉为第 5 个成员国，12 月 7 日在第 44 届首脑会议上，玻利维亚总统签署了加入南共市的议定书，为成为该组织成员国迈出重要一步。2013 年，南共市 5 国的 GDP 年均增长率为 4.6%。①

该组织的宗旨是通过有效利用资源、保护环境、协调宏观经济政策、加强经济互补，促进成员国科技进步，最终实现经济政治一体化。成立以来，南共市取得了令人瞩目的成绩，目前已成为世界第四大经济集团。而且，该组织的合作范围还在向其他领域，特别是政治、外交领域拓展。共同市场理事会是南共市最高决策机构，由成员国外交部长和经济部长组成。共同市场小组是执行机构，负责实施条约和理事会做出的决议，就贸易开放计划、宏观经济政策协调、与第三国商签署经贸协定等提出建议。南共市贸易委员会是区内贸易事务机构，下设税务和商品名录、海关事务、贸易规则、保护竞争力等 8 个分委会。南共市议会是立法机构，议会实行一院制，由各成员国共 18 名议员组成，总部设在乌拉圭首都蒙得维的亚。南共市秘书处是行政机构，常设仲裁法院是司法机构，解决成员国间争端。

随着近些年南共市内部一体化的加强，成员国之间的贸易总额已由 1990 年的 41 亿美元，增长至 2011 年的 1049 亿美元。根据巴西外交部提供的数据，随着委内瑞拉的加入，南共市将拥有 33000 亿美元的国内生产总值，占整个南美地区的 83.2%，拥有人口 2.7 亿人，占该地区全部人口的 70%。在加强内部合作的同时，南共市还积极发展同本地区及世界主要国家和集团的合作。近年来，南共市先后启动了与安共体、欧盟、海湾合作委员会及亚非一些国家的自由贸易谈判，并取得重要成果。目前，南共市已同中国、欧盟、日本、俄罗斯和韩国等建立了对话或合作机制。统计数据显示，近年来南共市成员国和其他国家的贸易额增长也非常明显，年均增长速度从 2003 年的 15%增至 2007 年的 31%，与其他国家的贸易总体保持顺差，贸易盈余从 2003 年的 401.7 亿美元提高到 2007 年的 506.6 亿美元。

与此同时，2008 年金融危机的发生，也使得南共市采取了一些贸易保护的行为。2011 年 12 月 21 日南共市委员会通过一项新的对外关税机制，即允许成员国临时提高 100 个税号的产品的进口关税，有效期为 12 个月，有效期之后可延长相同的期限。该项机制与南共市现有的一项措施类似，即“对外共同关税特例清单”，唯一的不同在于“对外共同关税特例清单”中允许成员国提高或降低

① 根据世界银行提供的 5 国 2013 年实际 GDP 数额与当年 GDP 实际增长率加权平均计算而得。

100种商品的进口税。目前，在巴西的特例清单中有65种产品降低关税，35种产品提高关税。根据规定，各成员国将向南共市委员会递交一份清单，说明哪些进口产品的数量大幅增加以及对国内工业造成的损失。递交之后，其他成员国有权在15个工作日内对该清单提出异议，如无异议，则立即生效。巴西发展工业和外贸部副部长达迪亚纳表示，这项新的举措有利于南共市各成员国应对全球金融危机。

（2）安第斯共同体（CAN）

安第斯共同体（以下简称安共体）是拉美地区一个重要的区域经济一体化组织，总部设在秘鲁首都利马。1969年5月，安共体的初始成员国玻利维亚、哥伦比亚、厄瓜多尔、秘鲁和智利的代表在哥伦比亚的卡塔赫纳城举行会议，讨论小地区经济一体化问题，26日在圣菲波哥大签署了《小地区一体化协定》，后称《卡塔赫纳协定》。同年10月16日，该协定生效。因成员国均系安第斯山麓国家，故称安第斯集团或安第斯条约组织。1973年2月13日，委内瑞拉加入。1976年10月30日，智利退出。1992年9月，秘鲁中止对伙伴国承担经济义务，1994年5月，5国达成了于1995年1月1日建成安第斯自由贸易区的协定。1995年9月5日，安第斯集团总统理事会第七次会议决定建立安第斯一体化体系。1996年1月，秘鲁政府宣布全面加入安第斯一体化体系，承担成员国所有义务。1996年3月9日，改名为安第斯共同体。2006年4月，委内瑞拉因秘鲁和哥伦比亚与美国签订自由贸易协定而退出该组织。故现有成员哥伦比亚、秘鲁、玻利维亚和厄瓜多尔4个国家。巴拿马和墨西哥为长期观察员，智利被接受为伙伴成员国，但还不是正式成员国。巴西、阿根廷、智利、巴拉圭和乌拉圭为联系国。现在巴拿马亦有意加入安共体。

安共体的宗旨是充分利用本地区的资源，促进成员国之间平衡和协调发展，取消成员国之间的关税壁垒，组成共同市场，加速经济一体化进程，并规定对玻利维亚和厄瓜多尔给予优惠待遇。总统理事会为安第斯共同体最高决策机构，确定共同体一体化进程的方向，每年举行一次会议。外长理事会由成员国外长组成，负责协调成员国的对外政策，每年至少举行两次会议。总秘书处是安第斯共同体的执行机构，有权代表安共体同其他一体化组织对话。委员会由各成员国总统任命的全权代表组成，同外长理事会一同负责制定一体化政策，协调和监督该政策的落实。1979年10月25日成立的安第斯议会是安共体的咨询机构，由每

个成员国议会各派五名议员组成，任期不得超过五年，每年召开一次例会。

进入 21 世纪，安共体一体化程度不断加深，并积极开展对外贸易和投资活动。2003 年 12 月，秘鲁、哥伦比亚、厄瓜多尔和委内瑞拉外长出席了南共市第 25 届首脑会议，与南共市正式签署自由贸易协议，商定在未来 10~15 年内逐步取消关税，并自 2004 年 4 月开始制定减免关税产品清单。2010 年 2 月，玻利维亚、哥伦比亚、厄瓜多尔和秘鲁等安共体四国外交部长和外贸部长在利马举行会议，通过了安第斯地区一体化进程指导方针及加强地区合作的战略议程。战略议程涉及地区一体化和边境地区发展、环境保护、旅游、文化、能源和自然资源一体化及安共体体制建设等内容。据安共体统计处公布数据，2012 年 1~9 月，安第斯共同体 4 国对外出口总额为 954.32 亿美元，同比增长 4.7%。玻利维亚、厄瓜多尔和哥伦比亚的出口额分别为 73.33 亿美元、157.9 亿美元和 413.13 亿美元，增幅分别达 23.4%、14.9%和 6.9%，秘鲁是共同体内唯一一个该数据下降的国家，出口额为 309.97 亿美元，下降 5.6%。目前，美国是安第斯共同体的第一大贸易伙伴，2012 年上半年安共体对美国贸易顺差 70 亿美元，对欧盟顺差 11.89 亿美元，对印度逆差 7.23 亿美元。同期，安共同体自华进口 100.87 亿美元，对华出口 60.06 亿美元，逆差 40.8 亿美元，同比增长 19.7%，中国是安第斯共同体第一大贸易逆差来源国。

在吸引外国直接投资方面，2006~2011 年（见表 3-4），安共体吸引的 FDI 从 109.75 亿美元增加到 224.94 亿美元，年均增长 15%，其中哥伦比亚是吸引 FDI 的大国，2011 年占安共体吸引外资总额的 58.8%。

表 3-4　2006~2011 年安第斯共同体国家吸引 FDI 情况

单位：亿美元

国家	2006 年	2007 年	2008 年	2009 年	2010 年	2011 年
安第斯共同体	109.75	156.88	198.09	129.59	149.85	224.94
哥伦比亚	66.56	90.49	105.83	72.01	67.6	132.34
秘鲁	34.67	54.91	69.24	47.6	71.47	76.59
玻利维亚	5.82	9.53	13.02	6.87	9.15	10.33
厄瓜多尔	2.71	1.95	10.01	3.12	1.64	5.68

资料来源：SGCAN 统计。

（3）中美洲共同市场（CACM）

1960 年 12 月 13 日中美洲 4 国签订了《中美洲经济一体化总条约》（以下简

称《马那瓜条约》)，1962年8月2日，哥斯达黎加、洪都拉斯、尼加拉瓜、萨尔瓦多、危地马拉5国在哥斯达黎加首都圣约瑟签订建立中美洲共同市场协议，并正式成立中美洲共同市场。1963年8月巴拿马作为准成员国参加活动。该组织的宗旨在于：促进中美洲的经济一体化，协调各成员国的经济政策，逐步取消各成员国之间的关税，统一对外关税，最终实现地区贸易自由化，建立自由贸易区和关税同盟。中美洲经济理事会是该组织最高权力机构，由成员国经济部长组成，总体负责成员国之间的经济协调与合作。执行理事会负责执行总条约的规定和经济理事会的决议。

中美洲共同市场建立后，各成员国之间逐步取消关税壁垒，实行统一的对外关税。到1969年区域内已给予95%的关税项目以自由贸易地位，其余的5%都是由国际性协议或其他专门协议所安排的商品。因此，各成员国之间现已实现关税互免。在对外贸易方面，对进入该地区的98.4%的商品实行统一的关税。5个成员国1960~1980年国内生产总值年均增长5%，出口总额由4亿美元增加至45亿美元，相互间出口占总出口的比重由7%增至25.4%。

1969年洪都拉斯和萨尔瓦多发生武装冲突，两国中断外交和贸易关系。洪都拉斯还关闭了连接五国的泛美公路，并宣布退出共同市场，使该组织面临严重危机。1973年洪都拉斯回到共同市场，同年8月，5国成立了“重建共同市场高级委员会”。1975年10月5国总统和巴拿马首脑共同研究制定了《中美洲社会和经济共同体方案》。1980年，5国和巴拿马外长又发表《圣何塞宣言》，决定加紧研究恢复中美洲共同市场。但是由于政治动乱和外债负担沉重，成员国为维持各自贸易平衡、节省有限的外汇，破坏了共同关税制度，使地区间贸易逐年大幅度下降。20世纪80年代以来，5国举行了一系列会议和磋商，并呼吁国际社会支持中美洲的发展计划和为实现经济一体化所做的努力。1986年《埃斯基普拉斯协议》签订后中美洲共同市场重新焕发了生机。90年代，中美洲共同市场致力于实行对外统一关税和农业行动计划，建立自由贸易区，争取尽早建成经济共同体，并积极发展区域贸易及与美国、欧盟等国的经贸关系。

（4）加勒比共同体和共同市场（CARICOM）

加勒比共同体和共同市场是根据巴巴多斯、圭亚那、特立尼达和多巴哥及牙买加总理1973年7月签署的《查瓜拉马斯条约》于1973年8月1日正式建立的。加勒比共同体和共同市场取代了1968年成立的加勒比自由贸易协会。秘书处设在圭亚那首都乔治敦。目前，共同体共有 15 个成员国：安提瓜和巴布达、巴哈马（共同体成员，但不是共同市场成员）、巴巴多斯、伯利兹、多米尼克、格林纳达、圭亚那、海地、牙买加、蒙特塞拉特（未独立）、圣基茨和尼维斯、圣卢西亚、圣文森特和格林纳丁斯、苏里南、特立尼达和多巴哥。

共同体的目的是促进本地区的经济合作，实现地区经济一体化。主要任务是通过加勒比共同市场进行经济合作；协调成员国外交政策；在卫生、教育、文化、通信和工业等领域提供服务和进行合作。宗旨是提高生活和劳动水准；实现充分就业并充分发挥其他生产要素的作用；促进经济的加速、持续、协调发展和趋同；扩大与第三国的经贸关系；提高国际竞争力；加强组织，以提高生产和生产力水平；在与第三国、国家集团或任何性质的实体交往时，更有效地发挥成员国经济杠杆的作用；加强协调成员国的外交政策和对外经济政策。政府首脑会议是最高权力和最终决策机构，由成员国政府总理组成（圭亚那和苏里南为总统，蒙特塞拉特为首席部长）。部长理事会的权力仅次于政府首脑会议，由各成员国负责共同体事务的部长或其他部长组成。专业部长理事会主要包括贸易与经济发展理事会、外交与共同体事务理事会、人文与社会发展理事会、金融与计划理事会等。专门委员会主要有法律事务委员会、预算委员会和中央银行行长委员会。秘书处设秘书长和副秘书长各 1 人。秘书长是共同体的首席行政长官，由政府首脑会议根据部长理事会的推荐任命。

（5）美洲玻利瓦尔联盟（ALBA）

美洲玻利瓦尔联盟（以下简称玻盟）是一个以拉丁美洲及加勒比地区政治、经济、社会一体化为宗旨的地区性合作组织。玻盟的前身为美洲玻利瓦尔替代计划。该计划由委内瑞拉总统查韦斯于 2001 年提出，2004 年在古巴首都哈瓦那成立，旨在加强拉美和加勒比地区国家间的经贸合作和一体化进程，抵制美国倡导建立的美洲自由贸易区。2009 年 6 月，根据委内瑞拉的倡议，该组织更名为美洲玻利瓦尔联盟。目前，玻盟成员国包括安提瓜与巴布达、玻利维亚、古巴、多米尼克、厄瓜多尔、尼加拉瓜、圣文森特和格林纳丁斯、委内瑞拉 8 个成员国，洪都拉斯原为其成员国，2010 年 1 月退出。2011 年，该组织成员国人口共计近 7000 万，领土总面积 250 万余平方公里，国内生产总值合计超过 6300 亿美元。

玻盟主旨公正、互助、平等、合作、互补和尊重主权，以南美解放者玻利瓦尔的一体化思想为指导，通过“大国家”方案，加强地区政治、经济和社会合作，发挥各国优势解决本地区人民最迫切的社会问题，消除贫困和社会不公，推动可持续发展，实现人民的一体化和拉美国家大联合，抵制和最终取代美国倡议的美洲自由贸易区。玻盟的最高领导机构是总统理事会，下设部长理事会和社会运动理事会，另设政治、社会、经济、投资金融、能源、环境、青年等委员会。2009 年 10 月第 7 届峰会决定成立地区主权和防务常设委员会。上述机构定期召开会议，研究成员国间及与本地区其他国家发展与合作的相关问题。截至 2012 年 7 月，美洲玻利瓦尔联盟共举行了 11 届峰会。

为推动经济一体化，美洲玻利瓦尔联盟设立了美洲玻利瓦尔替代计划银行等地区融资机构，2009 年 10 月玻盟成员国决定创立新货币“苏克雷”，用于地区内部贸易往来并逐步减少对美元的使用，推动地区一体化。2010 年 1 月 27 日，经过数月的准备工作，玻利瓦尔美洲联盟的共同货币体系“苏克雷”正式投入使用。“苏克雷”为地区统一结算体系的西班牙语简写，开始仅作为一种“虚拟货币”通过电子方式交易，仅为成员国央行之间的清算工具和记账单位，并将逐步成为进口商和出口商之间的结算工具，其最终目标是成为成员国内部流通的、具有支付和储备功能的共同货币。

（6）拉美及加勒比国家共同体（LACC）

2008 年 12 月，首届拉美及加勒比国家首脑会议在巴西举行，开始筹备成立拉美及加勒比国家共同体（以下简称拉共体）（Latin American and Caribbean Community）。这是 200 年来这一地区第一次举办没有美国、加拿大和欧洲国家参加的领导人会议。此后这一设想逐渐接近现实。2010 年 2 月，该地区国家首脑在墨西哥坎昆召开第二届全体会议，决定成立拉共体，委内瑞拉被指派为筹办国。2011 年 12 月 2 日，第三次拉美及加勒比国家首脑会议在委内瑞拉举行，拉美各国重点讨论了区域内部合作、强化地区一体、维护地区团结、反对外来干涉等问题以及在经济和金融、社会发展、环境保护、能源合作等方面细化措施。来自拉美 33 个国家的首脑或代表一致通过《加拉加斯宣言》、《2012 加拉加斯行动计划》和《拉美及加勒比国家共同体执行章程》，并宣布成立了拉美和加勒比地区史上最大的一体化组织——拉美及加勒比国家共同体。这是首个没有美国和加拿大参加的拉美地区组织，拉美及加勒比国家维护独立、主掌内部事务、深化一体化将得到组织形式的保障。拉共体成员由不包括美国和加拿大的美洲（拉美及加勒比地区）33 个国家组成，智利为第一任轮值主席国。

拉美及加勒比国家共同体有33个成员国，涵盖了除仍处于美、英、法、荷统治下的十多个殖民地之外的拉美所有的主权国家，拥有2016.1万平方公里的土地，共有5.91亿人口（2011年），国内生产总值达2.95万亿美元。该共同体成立后将成为世界第三大经济体。这一组织还拥有3380亿桶的石油储量、全球第三的电力生产能力和全球第一的粮食生产能力以及丰富的矿产资源。2008年以来，拉美和加勒比国家成功抵御了欧美经济危机的影响，2011年经济增长率达到4.7%，是全球增长最快的地区之一。拉共体的成立有助于实现地区主权独立，有助于拉美及加勒比国家在国际舞台扮演更重要的角色。

布鲁金斯学会拉美研究中心主任凯文·卡萨斯认为，拉美及加勒比国家共同体的成立是美国在拉美地区的又一次失败。他认为从2005年起，由美国倡导了15年的建立一个“美洲自由贸易区”的提议最终在委内瑞拉、阿根廷、巴西、巴拉圭和乌拉圭等国的强烈反对下被埋葬，拉美地区摆脱美国影响的立场就越来越明确，以往美国的“老大”形象也一再被颠覆，这导致由美国主导的目前美洲最大的区域组织——美洲国家组织也遭遇了尴尬的境地。这与拉美地区政治形势发生的剧烈变化分不开。进入21世纪以来，美国输出的新自由主义经济主张所造成的恶果使拉美社会反美情绪不断高涨，政局也一度动荡。此后，中左派政党和政党联盟先后在巴西、阿根廷、乌拉圭等国大选中获胜，拉美左翼势力崛起。在这一背景下，一些拉美国家领导人公开表示，不能按照美国规定的模式出牌。

3.2 拉美目前财政、货币和贸易政策

3.2.1 财政政策

过去，拉美地区的财政政策一直是非周期性的，且常常是顺周期的：即当经济状况好时，财政支出增加，当经济状况恶劣时，政府削减支出。这违背了传统教科书中的宏观经济管理建议，即建议反周期的财政政策，利用政府支出减缓经济衰退的严重影响。虽然在实施反周期政策中有政治因素在起作用，但更重要的

是存在着特殊的经济问题，这包括在拉美自动稳定器的作用不大，且实施相机抉择财政政策的空间相对较小。各种对其他经济体起作用的“自动稳定器”对拉美几乎不会产生影响，因为从收入方面来说税基很小，从支出方面来说失业救济金很低。因此，反周期的财政政策依赖于相机抉择的措施。商品出口收入与经济周期往往有很高的关联和正相关关系，即便是暂时的，也对财政账户产生显著的影响。而实施相机抉择财政政策的空间通常又受到由商品出口收入的下降而导致的衰退期财政账户严重恶化的限制。事实上，许多拉美国家所面临的是“自动的财政赤字”，而非“自动稳定器”，这进一步限制了实施反周期措施的空间。

根据 OECD 对 8 个拉美经济大国 1990~2008 年的净结构财政余额①的研究，在阿根廷和乌拉圭，所实施的相机抉择财政政策很明显是顺周期的，这一特征在 2001 年危机期间最为明显。在 2001 年危机中，这两个国家的政府没有财政空间去抵制经济崩溃：财政资源及获得的资金均大幅减少，导致采取了痛苦的顺周期性财政政策。其他 6 个国家（巴西、墨西哥、哥伦比亚、智利、秘鲁、哥斯达黎加）的相机抉择政策是非周期性的。大多数拉美国家在经济景气期缺乏预防性财政政策，在随后的经济衰退期，便无法获得信贷。②

2008 年金融危机的到来使拉美国家考虑去打破这种模式，寻求新的财政政策。因为无法依靠自动稳定器来实现结构性预算平衡目标，拉美各国政府需要一个顺周期的结构盈余，把各种自动稳定积累的所有资产聚集起来，将经济景气期的预防性财政盈余用于经济衰退期。智利和秘鲁在危机前几年正是这样做的，在商品出口繁荣期保持了一个正的结构性平衡。这就是大多数拉美国家危机爆发后的经济刺激方案没有危及其政府信誉的原因：平时所积累的资金可用于减少政府债务，也可以创建储备或预防性基金，这些基金可以在流动性不足期间提供流动资金，这就为自然形成的资本不足或利率上升提供了一种担保。但在现实中不仅会遇到政治上的阻力，而且在技术上难以确定经济繁荣时期的产出增长中有多少是固定不变的（影响潜在增长），有多少是周期性的，这是一个复杂的问题，通常导致过分乐观的预测。在预测任何一国经济时，都存在着这种不确定性，但在

① 结构性财政余额是指 GDP 处于潜力水平，不存在周期性缺口的情况下的财政余额。如果其他收入和支出以潜在增长的速度平稳增长，那么结构性预算余额保持不变。因此，结构性余额的减少可以理解为一个净的“相机抉择政策”的刺激（源于税收增长的减少或财政支出高增长的减少）。

② 经济合作与发展组织发展中心. 2011 年拉丁美洲经济展望［R］. 北京：当代世界出版社，2011：39.

预测新兴经济体时，由于其产出水平和贸易条件的波动更大，这种不确定性因而更突出。另外，紧缩积累了资金，但这些是有限的，实施反周期措施耗尽了这些资金，尤其是在持续时间较长的危机期间。

尽管如此，2009 年底的财政政策比 20 世纪 80 年代危机初期更具适应力。目前，拉美国家依然坚持危机后执行的“反周期”财政政策，整个地区实行了谨慎稳健的财政政策，放缓了固定资本形成的增幅，由 2010 年的 13.4%下降到 2011 年的 8.1%，政府支出继续削减，但投资占 GDP 的比重仍创下了近 30 年的新高。上述措施有力地保证了近两年财政形势没有因国内外经济环境的变化而出现大的波动，对整个地区宏观经济的稳定和可持续起到了积极作用。具体而言，拉美不同国家的财政政策也存在明显的差异。拉美初级产品生产国受国际初级产品价格上涨的影响，出口收入有明显增加，使得这些国家税收有较大幅度的增加。如阿根廷、智利和厄瓜多尔的财政收入增幅都超过了 GDP 的 1%以上，使得这些国家财政政策的回旋余地相对较大；墨西哥和中美洲及加勒比国家的出口收入增加较少，对整个财政收入产生一定的影响，这些国家都在不同程度上更多地依靠削减财政开支保持财政平衡，如墨西哥继续依靠压缩行政经费以减少政府财政赤字，高额债务则依旧对加勒比国家的财政构成很大的压力。在财政支出方面，多数南美国家为刺激国内需求、拉动经济增长而加大投入。如阿根廷政府加大了社会开支，包括对公共交通、军警人员养老金和国家行政人员的工资补贴，2011 年阿根廷固定资本形成占 GDP 的比重达 26.4%，是 21 世纪以来的最高水平；为刺激本国经济增长，厄尔多瓜扩大了投资计划，巴拉圭推出了基础设施项目和针对住宅、学校的维修计划，两国的投资率都达到了近 10 年来的最高纪录。

另外，拉美国家根据国内外形势的变化及时调整自己的财政政策，并积极调整债务结构，减缓公共债务的负担，控制债务风险。2011 年拉美和加勒比外债总额达到了 10328.44 亿美元，不少国家的外债总额都创下了近 10 年的新高，但外债占 GDP、商品和劳务出口的比重则连续三年呈现下降的趋势，两者分别为 19.2%和 86%，远低于 21 世纪初阿根廷危机时的水平。而且拉美国家的债务结构出现了明显的变化，固定利率的债务比重、本国居民持有的债务额和本币债务比重都有不同程度的增加，外债占公共债务的比重有所下降。拉美国家的国内主权债务的平均到期年限由 2003 年的 4 年提高到 2010 年的 8 年，2011 年新发行的国内主权债务的平均年限为 14 年。

3.2.2 货币政策

从 20 世纪 90 年代起，拉美国家开始抑制普遍存在的高通货膨胀，因为它损害了拉美国家的长期经济发展。实现这种转变的机制是相同的——紧缩的财政政策以及央行的独立性，因为央行一个明确的职责就是控制通货膨胀。根据弹性汇率，采取通货膨胀目标制度以锁定通胀预期。一般来说央行允许汇率在中期具有灵活性，货币当局采取放松外汇储备管理政策，旨在消除可能引发流动性危机的任何潜在的、具有破坏性的短期资本流动或经常性账户的剧变。

2007~2008 年，汇率上升的压力使央行储备明显增加，这些储备在应对 2008 年 9 月之后的全球流动性短缺中发挥了作用。对外部门盈余的稳定性，加之弹性汇率政策，使许多拉美国家 2009 年开始采取了卓有成效的扩张性货币政策，2010 年 1 月至 2011 年 10 月，拉美地区平均利率下降了 200 多个基点。从 2009 年利率的降低可以看到货币政策的成效——利率的降低并未伴随着通胀预期的上升，控制通货膨胀意味着实际工资没有下降，这不同于以前的拉美危机。如同总体经济表现难以量化一样，现在断言量化货币政策的成效在多大程度上是由于内部因素或在多大程度上是由外部因素造成的仍为时过早。一方面是拉美地区来之不易的央行信誉，另一方面是不断改善的外部环境，包括 OECD 国家增加流动性，从而降低了世界利率。不同的拉美国家反应不同确实表明，其所获得的国内信誉，即使不是唯一因素，也对货币政策的有效性起到了很大作用。

2010 年以来，拉美国家顺应市场的变化，主动对利率政策采取不同的调整。主要表现为：一是基于防通胀而收缩银根，继而为保增长而放松银根的利率杠杆。如 2011 年，巴西、智利、哥伦比亚、秘鲁等国在上半年出于控制通胀、防止信贷增长过快、避免经济过热的需要，适度提高了中央银行的政策性利率。巴西央行在当年 6 月实行了该年度的第 5 次升息，将利息升至 12.5%。随着下半年出口收入减少、资金外流速度加快及经济增速趋缓等不利因素的影响，在通胀有所缓解的情况下，实行通货膨胀目标制的国家及时调整利率政策的导向，采取了降息措施，刺激国内消费。自下半年起，巴西央行多次下调利率，继 8 月 31 日下降了 50 个基点之后，10 月 20 日又将基准利率再次下调 50 个基点。二是针对经济复苏乏力、增长缓慢而持续降息，如加勒比国家基本保持了降息取向。三是实行兼顾增长和抑制高通胀双重目标的货币政策。如委内瑞拉保持利率相对稳定，2010年以来利率基本不变。另外，委内瑞拉中央银行适度加大了信贷扩张，截至第三季度对制造业、农业、小型企业的信贷都有较大幅度的增长，8月其流动性实际增长11.3%；其年度增长约40.6%。从实际效果看，稳定的利率政策并没有真正有效地遏制通胀的趋势，2011年委内瑞拉通胀率仍比上一年上升了1.5个百分点，达到了28.9%，高居拉美和加勒比地区之首。

3.2.3 贸易政策

从拉美经济发展的历程可以看出，1930年之前拉美实行的是以初级产品出口为导向的经济政策，这段时间主要以开放型贸易政策为主；1930~1982年拉美以进口替代为导向的工业化内向增长模式使拉美贸易保护主义严重。债务危机爆发后，拉美经历了10年的经济缓慢增长后，转而进入以新自由主义为指导，贸易和资本均开放的时期。拉美各国开始实行出口导向的贸易政策，出口本国产品以提高外汇收入。同时积极开拓国际市场，实行市场多元化策略，一则提高对国际市场环境的适应能力，二则降低过分依赖美国市场的风险。同时，拉美国家开始着手对进口限制的贸易政策进行改革，主动降低关税，减少关税种类，减少非关税壁垒措施。1985~1990年，拉美地区的平均关税税率由40%降为15%，最高关税税率也从原来的83.7%降低到41%。①

WTO成立后，拉美国家先后变成世贸组织成员国，关税水平进一步降低，到20世纪末，拉美地区通过非关税措施限制进口的产品比重大大减少，税种种类也不断下降。如表3-5所示，1995~2010年，拉美7个主要国家的最惠国关税加权平均税率总体呈献不断下降的趋势，只有阿根廷出现略微的上升，秘鲁、智利和墨西哥等国下降幅度巨大，特别是秘鲁从15.3%下降到2.9%。1995~2010年7国最惠国关税加权平均税率由12.4%下降到8.8%，其中已跟中国签订自由贸易区协定的秘鲁和智利税率最低，仅为2.9%和6.0%（见表3-5）。

① 中华人民共和国商务部世界贸易组织司校译. 世界贸易报告2003年. 北京：中国财政经济出版社，2004.

表 3-5 1995~2010 年拉美 7 国最惠国关税加权平均税率

单位：%

国家	1995 年	2000 年	2005 年	2006 年	2007 年	2008 年	2010 年
阿根廷	11.4	14.5	11.7	11.9	11.8	10.3	12.4
巴西	12.7	12.7	8.5	8.5	8.7	8.6	10.1
智利	10.9	9.0	5.9	5.9	5.9	5.9	6.0
哥伦比亚	12.2	10.9	11.4	12.0	12.3	12.2	11.2
墨西哥	11.4	15.2	12.8	11.8	—	10.9	6.2
秘鲁	15.3	12.8	9.1	6.8	6.6	2.8	2.9
委内瑞拉	13.1	13.4	13.6	14.2	14.8	16.1	12.7
7 国平均	12.4	12.7	10.4	10.2	10.0	9.6	8.8

资料来源：World Bank Database。

3.3 拉美对外贸易概况

自 20 世纪中叶开始，拉美对外贸易一直处于高速增长状态。1948~2011 年，拉美向世界其他国家出口年均增长 9.2%，进口年均增长 9.3%。分段来看，拉美对外贸易进出口额以 1973 年为转折点。1949~1972 年，拉美进出口贸易发展相对缓慢，出口年均增长 4.5%，进口年均增长 5.4%；1973~2011 年，拉美进出口贸易发展相对较快，出口年均增长 12%，进口年均增长 11.6%。1973 年第四次中东战争爆发，全球石油等能源产品价格上升，拉美对外贸易进出口总额分别增长 32.1%、38.8%，1974 年增长率更是达到 74.1%和 76.2%。拉美对外贸易进出口总额占世界贸易总额的比重呈现先下降后上升的趋势，1948 年，这一比重为 11.9%，1988 年降至最低点 3.9%，2011 年又升至 6.0%。2011 年，拉美出口 10996 亿美元，进口 10898 亿美元，贸易基本处于平衡状态（见图 3-2）。

从拉美在全球的贸易伙伴看，出口方面，2006~2011 年，美国、欧盟和中国名列拉美的第一、第二、第三大出口市场，美国依然占据较大份额；从增长速度来看，拉美对美国出口在 6 年间的增速为 4.6%，欧盟为 8.2%，而中国则高达 33.5%。进口方面，2006~2010 年，美国、欧盟和中国依然分别是拉美前三位的进口来源地，但 2011 年，中国代替欧盟成为拉美的第二大进口来源地，向拉美

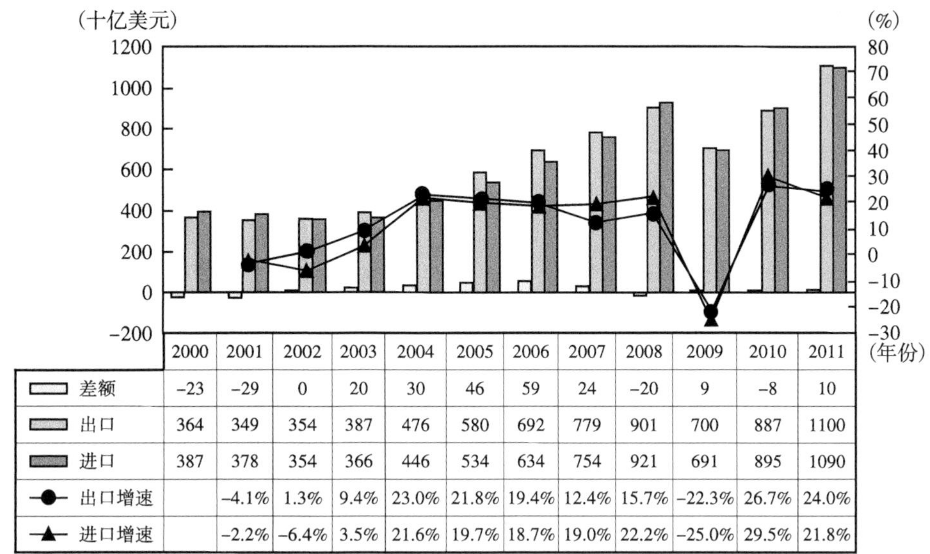

	2000	2001	2002	2003	2004	2005	2006	2007	2008	2009	2010	2011
差额	−23	−29	0	20	30	46	59	24	−20	9	−8	10
出口	364	349	354	387	476	580	692	779	901	700	887	1100
进口	387	378	354	366	446	534	634	754	921	691	895	1090
出口增速		−4.1%	1.3%	9.4%	23.0%	21.8%	19.4%	12.4%	15.7%	−22.3%	26.7%	24.0%
进口增速		−2.2%	−6.4%	3.5%	21.6%	19.7%	18.7%	19.0%	22.2%	−25.0%	29.5%	21.8%

图 3–2　2000~2011 年拉美对外贸易进出口及增长情况

资料来源：WTO Database。

出口 1400 亿美元，高于欧盟 1380 亿美元的水平；从增长速度来看，拉美自美国的进口额增速依然最低，仅为 8.4%，欧盟为 10.8%，中国高达 23.3%。因此，拉美在亚洲的贸易进出口扩展较快，不过美国所占份额依然最大（见表 3–6）。

表 3–6　2006~2011 年拉美在世界中的主要经济伙伴

单位：十亿美元

国家	2006 年	2007 年	2008 年	2009 年	2010 年	2011 年	2006~2011 年平均增长率
总出口	671	758	879	679	865	1062	9.6%
美国	335	350	381	282	354	420	4.6%
欧盟	93	110	128	92	110	138	8.2%
亚洲	65	87	107	103	144	183	22.9%
中国	22	35	43	48	72	94	33.5%
其他亚洲国家	43	52	64	55	72	89	15.6%
拉美地区内部	115	138	172	128	163	196	11.2%
世界剩余国家	62	73	91	74	93	124	15.1%
总进口	583	698	853	639	837	1011	11.6%
美国	203	277	265	200	255	304	8.4%
欧盟	82	100	123	94	117	138	10.8%
亚洲	129	161	199	158	224	270	16.0%
中国	49	67	89	76	112	140	23.3%

续表

国家	2006 年	2007 年	2008 年	2009 年	2010 年	2011 年	2006~2011 年平均增长率
其他亚洲国家	80	94	110	82	113	131	10.4%
拉美地区内部	120	143	180	132	165	205	11.4%
世界剩余国家	49	66	86	54	76	94	13.8%

注：由于统计基于国别数据，因此造成拉美地区区域内贸易进出口不等的情形。

资料来源：Rosales O. The People's Republic of China and Latin America and the Caribbean: Dialogue and Cooperation for the New Challenges of Global Economy [R]. Santiago: UNECLAC, 2012.

3.4 拉美与美国经贸关系

早在 1823 年美国总统门罗在任时期，"美洲是美洲人的美洲"便暴露了美国对拉美区域政治及经济上的整合野心。在经济全球化的大趋势下，美国和拉美各国追求经济独立及贸易自由化的努力也一直没有懈怠，这也就促成了美拉之间的各类合作。在"二战"之前，欧洲一直是拉美的第一大贸易伙伴。"二战"之后，新的世界霸主美国取代欧洲成为拉美的首要贸易对象，美国在拉美进行了大量投资，涉及石油、矿产、旅游、金融、保险等领域。不仅如此，美国与拉美地区还在共同巩固维护民主价值观、打击致命的跨国犯罪、共同开发利用未来能源等一系列共同议题上存在着共同利益。虽然美拉之间的联系是如此的紧密，美国对拉美地区高水平战略的重视程度却不断降低。《2013 年总统贸易政策议程》显示，2013 年美国贸易政策重点是继续推进五年出口计划，继续推动与亚太地区的跨太平洋战略经济伙伴协定谈判以及与欧盟商谈全面的跨大西洋贸易与投资伙伴协定，拉美显然未在重点之列。

3.4.1 货物贸易总量增加，份额下降

"二战"后，美国取代欧洲成为拉美的第一大贸易伙伴。20 世纪 50~60 年代，拉美国家进口替代工业化所需的机械设备主要从美国进口，且对美国市场形成了高度依赖。20 世纪 80 年代之后，墨西哥和中美洲以及部分加勒比国家大力推动面向美国市场的出口加工业，进一步加强了与美国的贸易关系。其中有地缘优势的墨西哥与美国关系最为密切。1994 年北美自由贸易协定（NAFTA）生效

以来，墨西哥加大了对美国的加工品出口，其对美国的出口量占自身总贸易额的2/3以上，在2000年高达89%。进入21世纪后，美国在拉丁美洲的影响力下滑，这一点在贸易上表现最为突出。2000~2011年，虽然两者的贸易额稳中有升（除去经济危机的影响），但美拉贸易在拉美总贸易中所占的比重在不断下降。这也反映出拉美和中国以及其他发展中国家贸易额的上升，说明了“南南合作”开始成为拉丁美洲一个对外经济合作的新方向（见图3-3）。

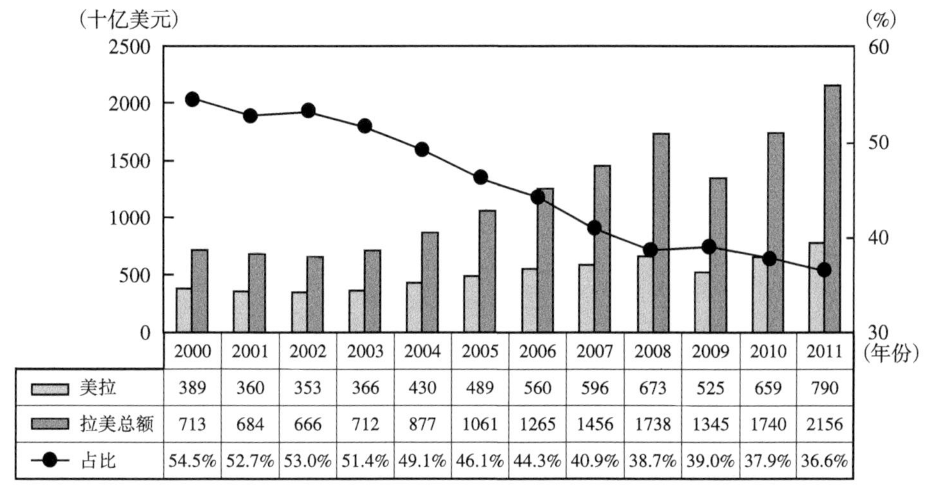

	2000	2001	2002	2003	2004	2005	2006	2007	2008	2009	2010	2011
美拉	389	360	353	366	430	489	560	596	673	525	659	790
拉美总额	713	684	666	712	877	1061	1265	1456	1738	1345	1740	2156
占比	54.5%	52.7%	53.0%	51.4%	49.1%	46.1%	44.3%	40.9%	38.7%	39.0%	37.9%	36.6%

图3-3 2000~2011年拉美与美国贸易额及其占拉美总贸易额的比重

资料来源：WTO Database。

拉美与美国之间的贸易集中在拉丁美洲的几个主要国家。美国在拉美最大的贸易伙伴是墨西哥，排名第二位的是安第斯国家，位居第三位的是南共市国家。2011年，墨西哥对美国出口2747.1亿美元，比上年增长15.2%，占墨西哥出口总额的78.6%；自美国进口1743.6亿美元，增长20.2%，占墨西哥进口总额的49.7%；美国对墨西哥逆差1004亿美元，是美国在拉美地区最大的逆差来源。根据表3-7所示的拉美主要经济体与美国的贸易差额情况可知，2010年，美国对南共市4国（不包括委内瑞拉）顺差额为175.3亿美元。除了南共市外，美国与安第斯、中美洲共同市场均处于逆差状态（见表3-7）。

表 3-7 2006~2010 年拉美主要经济体与美国的贸易差额情况

单位：百万美元

国家	2006 年	2007 年	2008 年	2009 年	2010 年
南方共同市场	5538	-1669	-6348	-9573	-17533
阿根廷	-801	-1360	-1716	-1670	-3607
巴西	7161	1008	-2451	-6101	-11439
巴拉圭	-852	-1169	-1532	-1296	-1749
乌拉圭	30	-149	-649	-505	-738
安第斯国家	38143	34949	45836	21282	26234
玻利维亚	147	85	122	73	171
哥伦比亚	2557	881	1654	1862	3603
厄瓜多尔	4336	3199	5598	1345	2003
秘鲁	2949	1087	-328	-733	-1657
委内瑞拉	28153	29697	38790	18735	22114
中美洲共同市场	-211	-1788	-3447	773	2411
哥斯达黎加	-288	-638	-1744	897	3521
萨尔瓦多	-301	-269	-236	-197	-226
危地马拉	-418	-1044	-1271	-763	-1234
洪都拉斯	25	-551	-808	-60	-677
尼加拉瓜	771	713	611	896	1026
加勒比共同体	2256	2193	1171	-535	-412
其他	63715	69705	53312	38130	53901
智利	2770	692	-3905	-3415	-3817
多米尼加	-819	-1871	-2624	-1941	-2872
墨西哥	64092	74258	64376	47539	66334
巴拿马	-2328	-3374	-4536	-4054	-5690
总计	109441	103390	90523	50076	64601

注：委内瑞拉 2006 年退出安第斯共同体并于 2012 年 7 月 31 日加入南共市，此处归入了安第斯国家。

资料来源：Rosales O. Latin America and the Caribbean in the World Economy [R]. Santiago: UNECLAC, 2011.

3.4.2 服务贸易和 FDI 稳步增加

2000 年以来，拉美和美国的服务贸易也有了较大发展。其中，美国对拉美服务贸易出口从 2000 年的 556 亿美元增长到 2011 年的 1152 亿美元，增长了 2 倍；进口从 2000 年的 376 亿美元增长到 2011 年的 854 亿美元；拉美处于逆差地位，2011 年逆差额达到 298 亿美元，逆差主要来自于巴西、墨西哥两个国家（见表 3-8、表 3-9）。

表 3-8 2000~2011 年美国对拉美的服务贸易出口

单位：十亿美元

国家	2000 年	2001 年	2002 年	2003 年	2004 年	2005 年
拉美地区总额	55.6	54.3	53.0	51.7	58.3	63.4
中南美	43.7	42.3	40.0	38.8	40.9	45.4
阿根廷	3.6	3.2	1.6	1.6	1.7	1.8
巴西	6.2	5.8	5.1	4.8	4.9	5.8
智利	1.4	1.3	1.1	1.0	1.1	1.3
墨西哥	15.5	16.4	17.4	18.0	19.1	22.2
委内瑞拉	3.3	3.3	2.8	2.1	2.4	2.6
其他	13.7	12.4	11.9	11.2	11.7	11.8
其他西半球国家	11.9	12.0	12.9	12.9	17.4	17.9
百慕大	2.0	2.0	3.0	3.0	4.0	5.0
其他	10.0	10.0	10.0	10.0	13.0	13.0
国家	2006	2007	2008	2009	2010	2011
拉美地区总额	74.8	90.1	99.1	95.9	105.8	115.2
中南美	51.2	58.4	65.8	63.3	70.4	80.3
阿根廷	2.2	2.8	3.6	3.7	4.7	5.8
巴西	7.5	9.5	12.1	13.1	16.9	21.7
智利	1.4	1.8	2.1	2.1	2.4	3.0
墨西哥	23.5	24.8	25.9	23.0	24.1	25.2
委内瑞拉	3.1	3.9	5.0	5.1	4.9	5.6
其他	13.3	15.5	17.0	16.1	17.4	19.0
其他西半球国家	23.7	31.8	33.2	32.6	35.4	34.9
百慕大	6.0	8.0	10.0	11.0	11.0	11.0
其他	17.0	24.0	24.0	22.0	24.0	24.0

资料来源：美国经济分析局。

表 3-9 2000~2011 年美国对拉美的服务贸易进口

单位：十亿美元

国家	2000 年	2001 年	2002 年	2003 年	2004 年	2005 年
拉美地区总额	37.6	39.8	41.1	45.0	52.8	51.1
中南美	22.0	20.8	21.7	22.2	24.9	26.6
阿根廷	1.1	0.7	0.6	0.7	0.7	0.8
巴西	1.9	1.8	1.7	1.8	1.8	2.0
智利	0.9	0.8	0.7	0.6	0.7	0.8
墨西哥	10.8	10.4	11.6	12.1	13.6	14.2
委内瑞拉	0.6	0.7	0.4	0.4	0.5	0.6
其他	6.6	6.3	6.6	6.6	7.6	8.3

续表

国家	2000 年	2001 年	2002 年	2003 年	2004 年	2005 年
其他西半球国家	15.6	19.0	19.4	22.8	27.9	24.4
百慕大	6.3	9.5	10.8	12.7	14.2	12.4
其他	9.3	9.4	8.6	10.1	13.6	12.1
国家	2006	2007	2008	2009	2010	2011
拉美地区总额	58.2	63.0	77.4	83.6	84.7	85.4
中南美	29.9	32.9	36.4	33.8	34.6	37.6
阿根廷	1.1	1.3	1.5	1.4	1.5	1.7
巴西	3.2	3.9	4.9	5.1	5.5	6.9
智利	1.3	1.1	1.2	1.1	1.1	1.2
墨西哥	14.6	15.2	15.5	13.6	13.5	13.7
委内瑞拉	0.7	0.7	0.8	0.8	0.8	0.8
其他	9.1	10.6	12.4	11.8	12.2	13.2
其他西半球国家	28.3	30.1	41.0	49.8	50.1	47.9
百慕大	15.7	17.9	24.7	33.8	32.1	29.4
其他	12.6	12.2	16.3	16.0	18.0	18.4

资料来源：美国经济分析局。

目前，美国一直是拉美地区最大的 FDI 来源地，截至 2005 年底，美国在拉美地区 FDI 的存量为 3796 亿美元，2011 年底上升到 8312 亿美元，6 年期间增长了 2.2 倍。从 FDI 的地区分布看，70%的 FDI 流入到百慕大等离岸群岛，18%流入到巴西和阿根廷等南美洲国家，而 12%流入到中美洲国家（见表 3–10）。

表 3–10　2005~2011 年美国在拉丁美洲 FDI 的地区分布

单位：亿美元

国家	2005 年	2006 年	2007 年	2008 年	2009 年	2010 年	2011 年
拉美地区总额	3796	4184	5562	5890	6958	7478	8312
南美洲	733	805	1047	986	1156	1314	1484
阿根廷	101	132	137	122	123	112	133
巴西	309	335	488	440	533	642	711
智利	111	109	163	163	254	305	342
哥伦比亚	43	38	46	50	64	64	69
厄瓜多尔	9	9	10	11	12	12	12
秘鲁	55	56	60	44	55	64	78
委内瑞拉	89	109	129	135	97	97	121
其他	15	17	15	20	18	17	19
中美洲	825	918	1025	1013	952	963	1038

续表

国家	2005年	2006年	2007年	2008年	2009年	2010年	2011年
哥斯达黎加	16	21	23	24	18	15	15
洪都拉斯	8	9	6	8	9	10	9
墨西哥	737	830	910	874	823	843	914
巴拿马	48	46	62	60	65	56	57
其他	16	12	24	47	37	40	42
其他西半球国家	2238	2461	3490	3891	4850	5201	5790
巴巴多斯	39	48	21	32	47	65	109
百慕大	1132	1335	2117	2075	2827	2971	3272
多米尼亚共和国	8	8	7	8	11	13	17
加勒比英属群岛	832	848	1058	1343	1509	1641	1808
其他	227	222	286	433	456	512	585

注：数据基于历史成本计算（on a Historical-Cost Basis）。①
资料来源：美国经济分析局。

相比之下，美国自拉美地区吸引 FDI 的数量要少得多。截至 2006 年底，美国自拉美地区吸引 FDI 的总额为 666 亿美元，2011 年为 857 亿美元，仅增长 1.3 倍。从地区来看，70%来自加勒比英属群岛等地区，仅有 30%来自中南美洲国家和地区（见表 3-11）。

表 3-11 2006~2011 年美国自拉美地区吸引 FDI 情况

单位：亿美元

国家	2006年	2007年	2008年	2009年	2010年	2011年
拉美地区总额	666	589	565	330	596	857
中南美洲	242	167	136	146	179	250
巴西	11	21	0	-14	14	50
墨西哥	53	85	84	111	113	138
巴拿马	119	11	9	11	10	11
委内瑞拉	54	41	24	26	29	38
其他	5	10	18	12	15	13
其他西半球国家	424	422	430	184	417	607
巴哈马	5	8	2	7	1	5
百慕大	92	47	137	-76	20	14

① 美国政府在统计 FDI（Outward and Inward Direct Investment）时都是在成本基础上计算的存量。这样做是因为存量形式的 FDI 可以更好地进行对比且存量的统计数据更容易得到。而计算 FDI 存量的成本基础又包括历史成本（Historical Cost 也作 Book Value）、市场价值（Market Value）和现行成本（Current Cost）。涉及以目标国家和地区及产业分类的 FDI 存量数据时，只能使用历史成本来进行计算。

续表

国家	2006 年	2007 年	2008 年	2009 年	2010 年	2011 年
库拉索岛	—	—	—	—	—	37
荷属安的列斯群岛	47	63	64	65	24	—
加勒比英属群岛	284	344	278	212	364	535
其他	-4	-39	-51	-24	8	16

注：数据基于历史成本计算（on a Historical-Cost Basis）。
资料来源：美国经济分析局。

3.4.3 FTA 谈判受阻，一体化进程缓慢

自 20 世纪 80 年代开始美国的对外贸易政策便转向了区域经济一体化。2001 年小布什总统上台后，在一片反对声中将贸易自由化上升至战略高度，自由贸易协定是美国实现贸易自由化的有效平台。早在 1990 年，当时的美国总统布什提出了针对整个美洲的“美洲倡议”，即建立一个北起美国阿拉斯加，南到阿根廷火地岛的美洲自由贸易区（FTAA）的构想，虽然至今这个颇具野心的设想仍然没有实现，但截至 2012 年底，美国共签署了 15 个自由贸易协定。2002 年，布什总统获得国会“贸易促进授权”（又称“快车道”）后，迅速推进 FTAA 的多边谈判以及美国与智利、秘鲁、哥伦比亚和中美洲 5 国的双边自由贸易协定谈判。2002~2007 年，布什政府利用“快车道”签署的自由贸易协定多达 11 个，其中与拉美国家就签署 5 个。截至 2012 年 12 月，美国已经和拉美国家签订了 6 个自由贸易协定，且均已经生效（见表 3-12）。

表 3-12 美国与拉美国家签订的自由贸易协定（FTA）

名称	签署日期	生效日期
北美自由贸易协定（NAFTA）	1992 年 8 月	1994 年 1 月
北美与智利自由贸易协定	2002 年 12 月	2004 年 1 月
北美—中美洲—多米尼加自由贸易协定	2004 年 5 月	2006 年 1 月
美国与秘鲁自由贸易协定	2006 年 4 月	2009 年 2 月
美国与哥伦比亚自由贸易协定	2006 年 11 月	2012 年 5 月
美国与巴拿马自由贸易协定	2007 年 6 月	2012 年 10 月

资料来源：美国贸易参赞处。

奥巴马当选后，美国没有与拉美签订任何新的自由贸易协定。一个深层次的原因是美国与拉美进行贸易谈判的重点是在服务贸易（金融、旅游、科技服务

等）、知识产权、政府采购和投资的市场准入上，而这些行业对于拉美国家来说是相当敏感的，他们并不愿意开放这些市场，于是谈判陷入僵局，[①] 整个美拉经贸合作的步伐也慢下来。另一个原因是美国停止了进一步与拉丁美洲签订自由贸易协定的步伐，转而开始促进跨太平洋伙伴关系协定（TPP）的落实。跨太平洋伙伴关系协定将突破传统的自由贸易协定（FTA）模式，达成包括所有商品和服务在内的综合性自由贸易协议，目标是建立一个覆盖面广的、跨时代的贸易协定，以此提高成员国的综合竞争力，并使该协定成为将来贸易协定的优秀范本。跨太平洋伙伴关系协定现在仍处于谈判阶段，对有意加入的国家采取邀请谈判制度，美国于 2008 年 2 月加入谈判并在谈判中表现出主导性作用。目前，加入 TPP 谈判的有三个拉美国家：智利、秘鲁和墨西哥，这三个国家已经与美国签订了 FTA。不过，亚太地区表现出的强大市场活力使拉美很多国家表示出加入此协定的意愿。

3.4.4　合作障碍重重，以政治因素为主

自 FTAA 计划搁浅后，美国对拉丁美洲地区一直没有一个具体的贸易战略，转而开始只与拉美的特定国家签订自由贸易协定，美拉之间的这种离散型贸易关系对双方的对外经济发展是没有益处的，大大削弱了美洲区域内部经济合作。在这种情形下，由中国、印度领跑的亚太地区日益繁荣的新兴经济极大地吸引了美国的兴趣，美国近几年来都在积极寻求同该地区的合作，且贸易谈判重心也转移至此，最好的例子就是美国对 TPP 谈判的积极参与。同时，拉美很多国家的注意力也开始向日本、韩国、中国、印度等亚太地区的繁荣经济体转移。

进入 21 世纪后，美国虽然仍是拉丁美洲最大的贸易伙伴，但美国在拉美的影响力逐渐下降，被学界称为："美国正在失去拉美"。造成这种变化的主要原因有：第一，2008 年爆发的全球经济危机给美国经济带来重创，政府不得不将大部分时间和精力放在恢复国内经济上，在很多国际问题上都自顾不暇。第二，虽然美国在拉美有着非常重要的政治利益（拉美一直被美国视为"后院"）和经济利益（拉美是美国的主要能源和自然资源来源），但拉美在美国对外政策中的地

① Hornbeck J. F. U.S.-Latin America Trade: Recent Trends and Policy Issues [R]. Washington, DC: CRS Report, 2011.

位一直偏低。第三，美国的“门罗主义”和“白人责任论”一直掺杂在美国对拉美的态度上，再加上拉美几个重要国家的“粉色浪潮”，使得拉美部分地区的反美情绪越发严重。尽管奥巴马总统上任后，频频出访拉美以求进一步合作，但在对拉美政策上的不务实对美拉关系的促进见效甚微。

3.5 拉美与其他国家经贸关系

3.5.1 与欧盟经贸关系

欧盟是拉美传统的贸易伙伴，在当前全球化和经济区域一体化的背景下，欧盟与拉美的关系越发紧密。首先，在贸易方面，欧盟是拉美的第二大贸易伙伴，仅次于美国；欧盟与拉美的服务贸易情况也甚为乐观，近十年来其发展水平超过了世界服务贸易发展的平均水平。其次，欧盟是拉美最大的 FDI 来源地，特别是西班牙，是拉美很多国家最大的投资伙伴。同时，由于文化、语言等方面的相通，欧拉的政治和经济关系有着很深的根基，外交关系融洽。自 1999 年以来，已经有 6 次欧拉峰会成功举行，并且产生了诸多双边合作计划。欧盟对拉美也一直进行着各类援助，如扶持拉美的基础设施建设、教育普及、中小企业发展等。

（1）货物贸易稳定增长，份额略有减少

20 世纪 80~90 年代，欧盟逐渐被美国取代，成为拉美的第二大贸易伙伴。21 世纪初期，拉美和美国开始同时受到中国影响，欧盟在拉美贸易中的中坚位置开始动摇。2009 年的经济危机和后来的欧债危机又给欧盟带来巨大的压力，在中国经济迅猛发展的态势下，中国有望取代欧盟成为拉美第二大贸易伙伴。不过欧盟在拉美经贸领域仍然有着举足轻重的地位。20 世纪 60 年代阿根廷与欧共体贸易额最大，70 年代后巴西便一直是欧盟在拉美地区最大的贸易伙伴。拉美与欧盟贸易额十年来稳中有升，双边贸易额从 2000 年的 9.7 亿美元上升到 2011 年的 28.1 亿美元，增长近 3 倍。占比方面，2000~2011 年欧拉贸易占拉美总贸易额的比重基本维持在 14%左右，并自 2007 年开始骤减，且呈现继续下降的趋势，由 14.7%减少到最低值 13.1%（见图 3–4）。

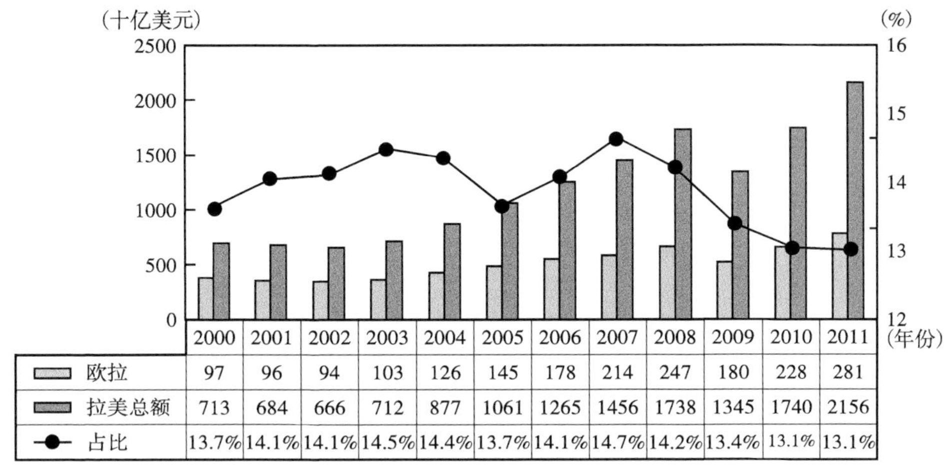

	2000	2001	2002	2003	2004	2005	2006	2007	2008	2009	2010	2011
欧拉	97	96	94	103	126	145	178	214	247	180	228	281
拉美总额	713	684	666	712	877	1061	1265	1456	1738	1345	1740	2156
占比	13.7%	14.1%	14.1%	14.5%	14.4%	13.7%	14.1%	14.7%	14.2%	13.4%	13.1%	13.1%

图 3-4　2000~2011 年拉美与欧盟贸易额及占拉美总贸易额比重

注：1995~2002 年之前欧盟有 15 个成员国，2003 年和 2007 年后新成员加入，变为 27 个成员国。本书有关欧盟的数据适用此注释。

资料来源：WTO Database。

由表 3-13 可以看出，从 1980~2009 年，欧盟在表中所列的 17 个拉美主要国家的贸易伙伴排名开始大幅度下滑。除厄瓜多尔和巴拿马两国外，欧盟在其余各国无论出口贸易伙伴还是进口贸易伙伴中的排名都大幅下降。如果将欧盟在这 17 个拉美国家进、出口贸易伙伴中的排名名次加总后予以算术平均，我们可以看到这种整体的变化趋势（见表 3-13）。从双边贸易结构看，拉美对欧盟出口的商品主要是一些经过简单加工处理的初级资源和能源产品（墨西哥除外），比如香蕉、牛肉、煤矿、咖啡、铜、钢铁、天然气、大豆、原油等。而欧盟对拉美出口的产品主要是船舶、载货汽车及零配件、飞机和药品。

表 3-13　1980~2009 年欧盟在拉美国家中贸易地位排名

国家和地区		在拉美出口伙伴中排名				在拉美进口伙伴中排名			
		1980 年	1990 年	2000 年	2009 年	1980 年	1990 年	2000 年	2009 年
南美洲	阿根廷	2	1	4	2	2	3	3	4
	巴西	1	2	2	2	3	2	2	3
	巴拉圭	2	2	4	8	5	5	5	7
	乌拉圭	2	2	4	2	4	3	4	6
	玻利维亚	3	3	4	9	2	6	5	9
	哥伦比亚	2	2	3	3	2	2	2	3
	厄瓜多尔	5	3	3	3	3	2	4	6
	秘鲁	2	2	2	3	2	2	3	4

续表

国家和地区		在拉美出口伙伴中排名				在拉美进口伙伴中排名			
		1980 年	1990 年	2000 年	2009 年	1980 年	1990 年	2000 年	2009 年
南美洲	智利	1	1	3	4	2	2	3	5
	委内瑞拉	4	3	5	9	2	2	2	2
	哥斯达黎加	2	2	2	3	3	4	4	7
	萨尔瓦多	4	3	7	6	4	4	5	6
中美洲和墨西哥	危地马拉	2	3	4	7	5	2	5	5
	洪都拉斯	2	2	3	2	4	4	7	8
	尼加拉	2	1	3	5	6	4	9	9
	墨西哥	2	2	3	3	2	2	2	3
	巴拿马	2	2	2	2	8	7	8	7
名次加总		40	36	58	73	59	56	73	94
名次平均		2	2	3	4	3	3	4	6

资料来源：ECLAC，Latin America and the Caribbean and European Union：Striving for a Renewed Partnership，2012.

（2）服务贸易和 FDI 均稳步增加

欧盟和拉美之间的服务贸易增长态势良好。2004~2011 年，拉美与欧盟的服务贸易额一直处于上升态势，金融危机并未对双方服务贸易额产生影响。拉美处于逆差地位，且双方贸易失衡度不断加大，由 2004 年的 6.7%上升到 2011 年的 25.0%（见表 3-14）。从行业角度来看，拉丁美洲对欧盟在运输、金融、保险和建筑业服务出口较多，尤以巴西和智利最为突出；欧盟对拉美的服务业出口量最大的是通信业和知识产权业。

表 3-14　2004~2011 年拉美与欧盟服务贸易额

单位：百万美元

年份	欧盟出口	欧盟进口	贸易总额	差额	失衡度
2004	14728	12880	27608	1848	6.7%
2005	18248	14711	32959	3537	10.7%
2006	20965	16152	37117	4813	13.0%
2007	24793	17706	42499	7087	16.7%
2008	30234	20825	51059	9409	18.4%
2009	27752	18611	46363	9141	19.7%
2010	31025	19821	50846	11204	22.0%
2011	35015	21005	56020	14010	25.0%

资料来源：EUROSTAT。

自20世纪90年代的经济改革后，拉美开始成为很多国家外商直接投资的目标。其中欧盟一直是拉美FDI的主要来源地。2001~2011年，除2010年和2011年投资出现猛增外，中间年份有升有降，维持在原有水平。2009年，受金融危机影响，欧盟对拉美FDI由299亿欧元下降到212亿欧元，2010年猛增到581亿欧元，比2009年增长了2.7倍，不过2011年投资水平下降到412亿欧元，但仍然比中国、俄罗斯和印度3国累计的投资还要多（见图3-5）。国别方面，欧盟在拉美的FDI主要流向阿根廷、巴西、智利、墨西哥和哥伦比亚等国，金融业的FDI主要集中在加勒比地区的避税港型离岸金融中心。这些FDI的主要来源地是西班牙，这是因为拉美的西班牙移民数量较多，语言和文化上的互通使得合作更加顺利。

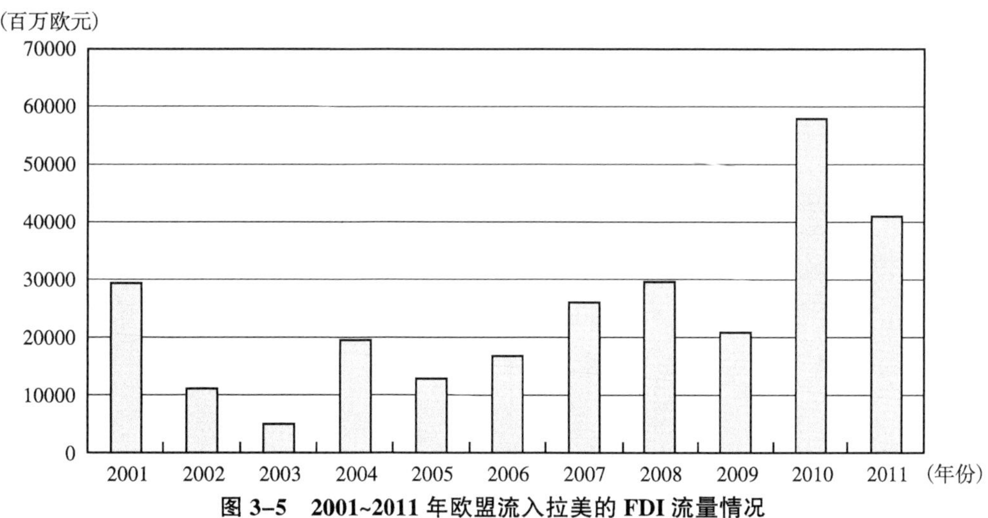

图3-5 2001~2011年欧盟流入拉美的FDI流量情况

数据来源：EUROSTAT。

（3）经贸合作前景广阔

欧盟国家与拉美国家的政治体制、宗教信仰和价值观基本相同，双方的关系一直较好。早在1971年，欧盟的前身欧共体便与拉美国家建立了大使级对话关系。20世纪80年代，欧洲在中美洲危机中发挥的积极作用使得欧拉关系更近了一步。90年代开始，美国大力发展与拉美国家区域合作的举动更是让欧盟意识到拉美在经济上的重要性，逐步与拉美国家建立更加亲密和牢固的伙伴关系，从而实现建立欧拉自由贸易区的战略目标。欧盟和拉美自1999年开始通过双边峰会来寻求双边更为深层的合作，每次峰会都是硕果累累，使得两大地区经贸合作取得巨大进步（见表3-15）。2013年1月26~28日，为期3天的拉共体—欧盟首脑会议在智利首都圣地亚哥召开，这是拉美—欧盟的第 7 次峰会，也是拉共体自 2011 年成立后与欧盟举行的首次峰会，拉共体第一次用“一个声音、一个名字”与欧盟国家的领导人直接对话。下届峰会于 2015 年在布鲁塞尔举行。

表 3-15 拉美和欧盟双边峰会及成果（1999~2013）

召开时间	召开城市	主要成果
1999	里约热内卢	设立了区域内部战略合作目标，确认了目标范围和一个即可实施的共同计划，并开始了欧盟—智利和欧盟—南方共同市场联合协定的谈判。
2002	马德里	再次确认了战略目标，并包括了欧盟—智利联合协定的谈判。
2004	瓜达拉哈拉	在日程上达成了政治共识，在评估欧盟—中美和欧盟—安第斯成员国的联合协议上取得进展，开始了 EURO-SOCIAL 计划。
2006	维也纳	正式开始了欧盟—中美和欧盟—安第斯成员国的联合协定的谈判。在正式对话中加入了新的利益方，并庆祝了经济峰会和特别峰会的成功举行。
2008	利马	开始了 EUROCLIMA 计划，旨在帮助企业减少环境变化的危害。宣布建立了欧盟—墨西哥战略合作关系。
2010	马德里	宣布成功完成了欧盟—中美，欧盟—哥伦比亚和欧盟—秘鲁的贸易协定谈判。
2013	圣地亚哥	拉共体成立后的首次峰会，签署了《圣地亚哥声明》和《2013~2014 行动计划》。

资料来源：ECLAC。

作为峰会的成果之一，欧盟与拉美国家签订的多个双边自由贸易协定也在逐一实施。截至目前，已经有欧盟—智利和欧盟—墨西哥两个 FTA 开始实施，而 2010 年在第 6 次峰会上签署的欧盟—秘鲁、欧盟—哥伦比亚、欧盟—中美洲三个 FTA 本来要在 2013 年第 7 次峰会上实施，结果未能付诸实施。目前，欧盟正在积极和南共市进行自由贸易区的谈判（见表 3-16）。

表 3-16 欧盟与拉美签署自由贸易区协定情况

名称	签署日期	生效日期
欧盟—智利	2002 年	2003 年
欧盟—墨西哥	1999 年 12 月	2000 年 10 月
欧盟—秘鲁	2010 年 5 月	尚未实施
欧盟—哥伦比亚	2010 年 5 月	尚未实施
欧盟—中美洲（6 国）	2010 年 5 月	尚未实施
欧盟—南共市	仍在谈判中	未知

注：中美洲 6 国为萨尔瓦多、哥斯达黎加、危地马拉、洪都拉斯、尼加拉瓜和巴拿马。
资源来源：European Commission。

在双边合作的基础上，欧盟对拉美也进行了很多援助。这些援助大多是资金方面的直接援助，比如欧盟的 LAIF（Latin America Investment Facility）于 2009

年设立，作为一个新的投资促进机制旨在帮助受惠国的政府和公共机构在没有外部投资援助的条件下进行一些大项目投资。这极大地促进了拉美的投资流动性。自实施以来，已经使得很多拉美国家受益。除此之外，还有旨在支持拉美中小企业的“AL-INVEST 计划”等，都为拉美的发展做出很多贡献。

(4) 欧拉贸易与美拉贸易比较

美国是拉美的第一大贸易伙伴，这种强势地位由来已久。美国在地域上占有显著优势，与拉美特别是墨西哥的经济贸易关系十分亲近。但是纵观欧盟与拉美及美国与拉美签订的各类贸易协定，近年来欧盟较之美国的态度更加积极。2010年，欧盟恢复了与南方共同体于 2004 年暂停的联合协定谈判，且欧盟和厄瓜多尔也在考虑恢复双边协定及合作，如果这些合作都成功，那么到 2013 年底欧盟将有一个涵盖拉美 30 多个国家的互惠贸易协定网络。相比之下，美国就显得被动很多，自从 2006 年与哥伦比亚以及 2007 年与巴拿马签订 FTA 后，就没有继续签订任何贸易协定。在协定的内容上，欧盟很清晰地表明了合作的目的就是促进双方的区域合作机制和经贸关系发展，而美国则是泛泛地探讨了除贸易外的政治对话和合作。特别是在贸易政策上，相对于美国的限制和政策细节规定的模糊，欧盟对拉美更为宽松的贸易管制和更为明朗的政策，对其双边贸易自由化合作都起到了推动作用。

3.5.2 与日本经贸关系

拉美与日本早在 19 世纪就开始了外交活动，由于阿根廷是日本人在拉美的主要移民目的地，所以阿根廷是最先与日本建立正式外交关系的国家。墨西哥、秘鲁和巴西也与日本有着很长历史的外交关系，同时它们也是日本在拉美的主要经济合作伙伴。但是随着“二战”的爆发，拉美很多国家宣布与日本断绝外交关系，直至战后日拉关系才逐渐恢复。进入 21 世纪，日本开始注重与拉美国家的“跨太平洋合作关系”，主要因为日本外交策略的重心已经从原先的多边化合作转变为区域化合作，目的是提高自己日渐衰弱的国际竞争力。同时，拉美国家尤其是南美国家快速的经济增长率和政治的稳定性（Melba Falck Reyes，2012），使得该地区成为一个诱人的对外投资目标。

(1) 货物贸易稳定增长，份额依然较低

根据日本贸易振兴机构（JETRO）的数据，2004~2012 年，日本与拉美的贸易额也得到较快发展，贸易总额从 354 亿美元增长到 787 亿美元，年均增长 11.8%，2009 年受金融危机影响下降 21.8%，2012 年与 2011 年基本持平。2004~2012 年，日本对拉美出口额从 216 美元增长到 431 美元，年均增长 10.1%，进口额也从 137 亿美元增长到 356 亿美元，年均增长 14.4%。日本一直处于贸易顺差地位，2012 年顺差额为 75 亿美元（见图 3-6）。2004 年，日本贸易总额占拉美对外货物贸易总额的比重为 5%，然后呈不断下降的趋势，到 2012 年，这一比率降到 3.7%。

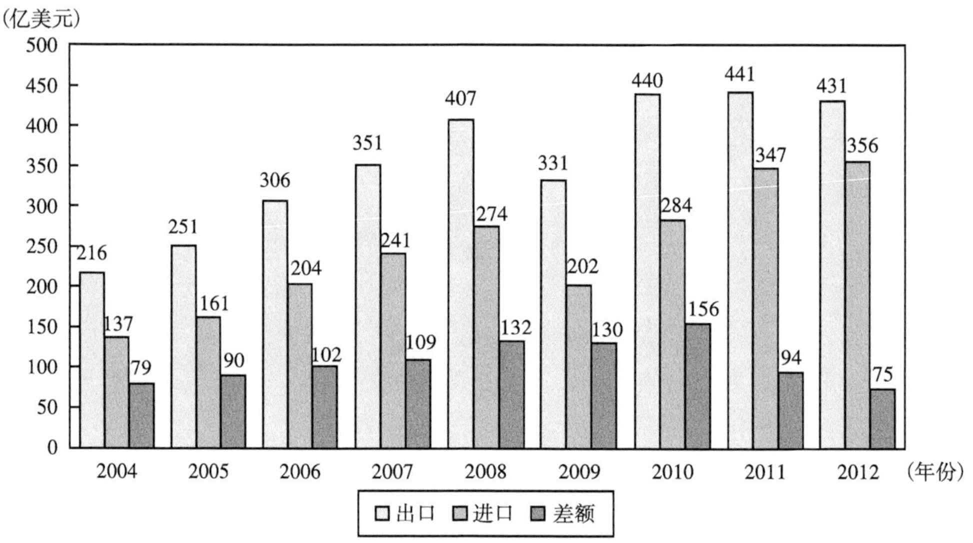

图 3-6　2004 年日本与拉美货物贸易进出口情况

资料来源：日本贸易振兴机构（JETRO），出口指日本向拉美的出口，即拉美的进口。

从贸易结构上看，日本主要向拉美出口汽车、家用电器、高科技电子产品、机电产品等技术密集型产品，日本主要从拉美进口食品、纺织行业以及金属行业所需的原材料。对于初级产品资源匮乏的日本和技术水平较低的拉美国家来说，双方贸易呈现出一种平衡互补的态势。作为亚洲最大的贸易援助国，日本一直致力于对合作伙伴的官方发展援助（ODA）。近年来日本大力帮助拉美国家进行基础设施建设，特别是与能源产业相关的基础设施建设。在对拉美进行援助的同时积极开展与拉美进行能源合作。

在国别方面，日本与拉美的货物贸易主要集中在巴西、墨西哥、智利和巴拿马 4 国，4 个国家的贸易总额占日本与整个拉美地区贸易总额的 75%。而日本与拉美 10 国贸易总额则占日本与整个拉美地区总额的 88.6%（见表 3-17）。

表 3-17 2004~2012 年拉美主要国家与日本的贸易情况

单位：亿美元

年份	项目	巴西	墨西哥	阿根廷	委内瑞拉	哥伦比亚	智利	秘鲁	巴拿马	乌拉圭	哥斯达黎加
2004	总值	59.9	73.5	8.9	7.3	10.3	49.0	9.1	61.7	1.2	6.2
	出口	23.4	51.8	4.4	4.9	7.4	7.2	2.3	60.5	0.5	4.5
	进口	36.4	21.7	4.5	2.4	2.9	41.7	6.8	1.2	0.6	1.8
2005	总值	71.6	94.7	8.7	10.8	11.7	61.1	9.9	74.7	1.4	7.1
	出口	27.3	69.2	5.4	7.8	8.0	9.5	2.8	74.3	0.5	4.8
	进口	44.4	25.5	3.3	3.0	3.7	51.6	7.1	0.4	0.8	2.2
2006	总值	81.4	121.1	11.5	14.7	13.9	83.4	17.1	81.3	1.8	7.7
	出口	30.5	92.8	6.6	11.4	10.3	10.9	3.8	81.0	0.7	4.9
	进口	50.9	28.2	4.9	3.2	3.6	72.6	13.2	0.4	1.1	2.7
2007	总值	99.7	133.7	16.4	18.0	17.4	97.1	27.9	86.1	1.7	8.9
	出口	39.9	102.2	8.4	13.1	13.2	15.8	5.5	85.9	0.8	6.1
	进口	59.8	31.5	8.0	4.9	4.3	81.3	22.4	0.1	0.9	2.9
2008	总值	149.5	136.6	16.8	11.2	15.7	105.8	30.8	108.7	2.4	10.5
	出口	58.8	98.8	9.9	9.5	11.1	27.3	9.7	108.5	1.0	7.1
	进口	90.7	37.8	6.9	1.7	4.6	78.5	21.0	0.2	1.3	3.4
2009	总值	106.1	96.3	12.4	5.8	11.6	66.5	22.4	130.3	1.4	7.9
	出口	42.4	68.4	6.1	5.4	7.8	13.5	5.8	128.5	0.7	4.6
	进口	63.7	28.0	6.3	0.5	3.9	53.1	16.7	1.8	0.7	3.3
2010	总值	160.1	130.1	18.5	7.1	17.8	104.4	31.6	157.9	1.9	10.6
	出口	61.7	95.4	8.5	6.1	12.4	27.2	9.9	153.7	1.1	7.2
	进口	98.4	34.7	10.0	1.1	5.4	77.3	21.7	4.2	0.8	3.4
2011	总值	188.6	141.7	20.6	8.9	21.9	121.1	32.4	151.2	2.0	10.8
	出口	61.9	102.0	9.8	8.5	14.9	23.3	9.2	148.2	1.0	8.5
	进口	126.6	39.6	10.8	0.4	6.9	97.8	23.2	2.9	1.0	2.3
2012	总值	180.2	149.3	23.9	11.4	19.6	113.8	38.6	145.9	2.0	12.5
	出口	59.5	105.2	11.4	8.7	15.1	20.0	10.4	142.7	1.0	9.6
	进口	120.7	44.1	12.5	2.7	4.5	93.8	28.2	3.2	1.0	2.9

资料来源：日本贸易振兴机构（JETRO），出口指日本向拉美的出口，即拉美的进口。

（2）能源合作加快，FDI 总量偏大

作为世界第三大石油消费国而石油能源却极为匮乏的日本，一直将能源合作作为外交政策的重点。拉美地区丰富的石油蕴藏量和可供出口量使得拉美表现出巨大的能源合作优势，从而奠定了拉美地区在日本对外关系上的战略性地位。在过去的10年里，拉美地区的33个国家中有27个国家都受到了来自日本的ODA，且援助金额不断上升。[①] 日本在拉美的ODA重点是扶持其基础设施建设，特别是和能源开采有关的基础设施建设。另外，进入21世纪以来，拉美“左派”的崛起也为日拉合作提供了机遇。2009年4月，查韦斯在被称为“能源之旅”的对中国和日本的访问中称：“日本需要石油，而委内瑞拉希望对本国的石油出口市场实现多元化，不仅要与日本分享，也要与其他国家如中国、古巴、玻利维亚，以及美国一同分享。”以委内瑞拉为代表的拉美产油国的原油供应多元化政策，无疑为日本拉美石油能源战略的实施提供了契机。[②]

日本早在20世纪50年代初就开始在拉美地区进行投资活动。但是拉美“失去的十年”给日本投资者们留下了很大的阴影，当时日本在拉美私人领域的投资高达300亿美元，其中包括130亿美元的银团贷款（Syndicated Loans）。[③] 同时日本的银行还参与了几个拉美规模最大的工程项目，比如秘鲁的输油管道建设、墨西哥的冶金业建设和亚马孙盆地的开发项目。1982年爆发的拉美经济危机使日本遭受了巨大的财务损失，也让日本投资纷纷撤出拉美。如今拉美在2008年经济危机后的快速恢复力以及日益增长的经济发展率让日本投资者们开始将目光再次投向这个有着得天独厚的自然资源的地区。日本FDI主要集中在拉美能源行业的投资上：2008年，日本在拉美煤矿开采领域的FDI比上年增长了4倍。墨西哥和巴西是日本在拉美的主要非金融FDI流入国。墨西哥有着范围广大的自由贸易协定网络以及紧靠美国的地理优势，加上日本在美国有着基础牢固的生产线基地，这将使日本在北美形成一个更为广阔的生产加工网络。日本在墨西哥的FDI主要集中在汽车和电器生产。在巴西，日本的FDI集中在自然资源行业，如煤矿开采等。2011年，日本在拉美地区的对外直接投资达113亿美元，主要集中在巴西、墨西哥和开曼群岛（见表3-18）。

（3）经贸合作前景广阔

在日本21世纪的多边化合作政策的引导下，2004年，日本与墨西哥签订了其在拉美地区的第一个经济合作协定（EPA）。日本—墨西哥经济合作协定被认为是日本的第二代贸易协定，因为它不仅包括了日本以往贸易协定中的贸易和投

① Rosales O. Latin America and the Caribbeanin the World Economy [R]. Santiago: UNECLAC, 2010.

② 于民. 日本的拉美石油能源战略透析 [J]. 中国石油大学学报（社会科学版），2010（4）.

③ Rosales O. Latin America and the Caribbeanin the World Economy [R]. Santiago: UNECLAC, 2009.

表 3–18 1997~2011 年日本在拉美的 FDI 流量

单位：百万美元

年份	中南美洲	墨西哥	巴西	开曼群岛
1997	2364	119	927	1082
1998	5730	156	559	3892
1999	5523	1148	668	2329
2000	3982	377	*323	3660
2001	4276	1	864	1474
2002	3955	225	743	3316
2003	3150	372	1068	1636
2004	3120	191	*65	2726
2005	6402	629	953	3915
2006	2547	*2603	1423	2814
2007	9482	501	1244	5838
2008	29623	315	5371	22550
2009	17393	211	3753	12903
2010	5346	688	4316	1848
2011	11287	264	8290	223

资料来源：日本贸易振兴机构（JETRO），加“*”表示当年的净流量。

资，还详细规划了双方在科技、劳动力培训、教育等方面的合作计划。这为以后日本的对外贸易协定提供了一个先进的范本，2007 年和 2011 年日本又先后与智利和秘鲁签订了经济合作协定，目前正在积极准备同哥伦比亚的合作谈判。阿根廷、玻利维亚、委内瑞拉和巴拿马对与日本的经济合作也表示出极大的兴趣。同时，在日本看来，拉美也是一个十分理想的合作伙伴。日本政府在 2010 年的外交蓝皮书上便强调了拉美地区经济地位的不断提高。而同时 ECLAC 也提出了关于区域合作的八个关键领域，其中之一就是加强同亚太地区国家的经济合作。① 因此，日拉经贸合作前景广阔。

3.5.3 与印度经贸关系

拉美和印度的合作还处于雏形阶段，两个地区的贸易往来近十年来才开始渐渐频繁。尽管拉美的一些国家如阿根廷、巴西等与亚洲的贸易额逐年快速增长，但是也仅限于产业内贸易。拉美对印度主要出口一些初级的资源类产品，从印度

① Rosales O. Latin America and the Caribbeanin the World Economy［R］. Santiago：UNECLAC，2009.

进口加工产品，这种初级产品的贸易目前在亚太市场来说竞争力较弱，同时还面临着一些来自亚洲其他国家的竞争。

（1）货物贸易增长迅速，占比较小

印度正在逐渐成为拉美的重要贸易伙伴之一，虽然双边贸易总额并不是很大，但增长迅速。印拉双边贸易额从2000~2001年度的15亿美元上升到2011~2012年度的283亿美元，11年间增长了19倍，年均增长33.2%。自2003年开始，印度一直处于贸易逆差的位置（见表3-19）。印度在拉美的贸易伙伴相对集中，阿根廷、巴西、智利和墨西哥对印度的出口额就占了拉美对印度出口额的90%；进口额占拉美从印度进口额的86%。其中巴西是印度最大的出口国，也是印度的第二大进口来源国，2012年上半年巴西对印度出口增长66.2%。墨西哥作为印度在拉美地区第二大出口国和第四大进口国，2012年上半年对印度出口同比增长72.1%。① 不过，印拉双边贸易依赖度较小，据ECLAC的数据，2010年拉美对亚太出口中只有6.2%目的地为印度。贸易结构方面，拉美对印度出口的产品主要有原油，大豆油，铜、其他矿产品与金属，木材和皮革等；而从印度进口的产品有化工产品，药品、技术工程产品、纺织品和服装。

表3-19　2000~2012年拉美与印度货物贸易额

单位：百万美元

年度	印度自拉美进口	印度对拉美出口	拉印贸易总额
2000~2001	660	831	1491
2001~2002	944	752	1696
2002~2003	981	1085	2065
2003~2004	1119	892	2010
2004~2005	1972	1792	3765
2005~2006	2569	2551	5119
2006~2007	5340	3730	9070
2007~2008	5369	5082	10450
2008~2009	8240	5513	13753
2009~2010	9356	5614	14971
2010~2011	13043	9324	22367
2011~2012	16037	12277	28313

注：年度表示第一年的4月到第二年的3月。
资料来源：印度统计局。

① Rosales O. India and Latin America and the Caribbean: Opportunities and Challenges in Tradeand Investment Relations [R]. UNECLAC, 2011.

印拉贸易面临的主要障碍一是地域限制，印度处于亚洲的印度洋，而拉丁美洲却处于大西洋和太平洋之间，贸易往来受到很大限制。二是印度对农产品和基于自然资源的制造行业产品实施极高的最惠国关税，而拉美对印度出口的主要产品便是农业产品。三是面临来自亚太地区的其他发展中国家的竞争威胁，比如拉美的原油和天然气资源丰富，同时也是出口到印度较多的商品。但是中东的石油储备大国们由于地理位置上的优势，显然是印度首选的贸易伙伴。另外，在一些农产品上，马来西亚和印度尼西亚等国也具有很大优势。

（2）FDI 流量偏小

2009~2010 年，印度对拉美的 FDI 流量为 7.2 亿美元，其中流入维尔京群岛等避税港型离岸金融中心的就达 6.7 亿美元，占到 93.6%（见表 3-20）。行业层面，印度对拉美的投资范围也较广，除了传统的通信和金融业，建筑业和服务外包行业很是突出。其中最有名的就是 TATA 咨询公司，在拉美的 8 个国家都有分公司。

表 3-20　1996~2010 年印度对拉美的 FDI 流出量及其比重

	印度对拉美的 FDI（百万美元）			占印度对拉美总 FDI 的比重（%）		
	1996~2002 年	2002~2009 年	2009~2010 年	1996~2002 年	2002~2009 年	2009~2010 年
南美洲	30	622	14	3.7	23.1	1.9
巴西	13	508	11	1.6	18.8	1.5
乌拉圭		91		0	3.4	0
中美洲	1	144	32	0.1	5.3	4.5
加勒比地区	790	1930	672	96.2	71.6	93.6
英属维尔京群岛	777	1627	567	94.6	60.3	79
开曼群岛	12	221	104	1.5	8.2	14.5
拉丁美洲	821	2697	718	100	100	100
世界	7525	75985	10623			

注：FDI 流出量是依印度的财政年度计算，即 4 月 1 日~次年 3 月 31 日。

资料来源：Rosales O. India and Latin America and the Caribbean: Opportunities and Challenges in Trade and Investment Relations [R]. UNECLAC, 2011.

（3）经贸合作尚有空间

目前，印度已经开始计划和拉美进行新一轮的自由贸易协定谈判，已经生效的有印度—南方共同市场自由贸易协定（2009 年）和印度—智利自由贸易协定（2007 年）。但这些协定主要讨论的是货物贸易的市场准入问题，并未涉及服务贸易、投资、政府采购等。现在正在进行可行性研究的有印度—哥伦比亚，印度—乌拉圭和印度—委内瑞拉最惠贸易协定。同时，印度与安第斯共同体国家（哥伦比亚、厄瓜多尔、秘鲁、委内瑞拉、玻利维亚、多米尼加共和国）和中美洲一体化体系成员国家（危地马拉、洪都拉斯、尼加拉瓜、萨尔瓦多）也建立了联委会机制，这大力推动了其与上述国家的贸易、经济、信息技术产业、气候变化和应对粮食危机方面的合作。

3.5.4 与俄罗斯经贸关系

俄罗斯与拉美的合作在苏联解体后一直处于停滞状态。早在“冷战”时期，俄拉就有着深厚的交往，当时为了和美国抗争，苏联开始和古巴、尼加拉瓜这些反美情绪严重的拉美国家进行频繁的接触，并直接在古巴建立了军事观察站。可是苏联解体后独立出来的俄罗斯国际影响力大为减弱，无力继续之前的反美战略计划，于是俄罗斯开始在拉美实施战略收缩，与拉美关系开始疏远。直到普京执政后，俄方当局开始强调拉美对俄罗斯的战略重要性，并积极和拉美各国进行最高级别领导人互访，在2008年时，俄拉互访达到高潮，这被称为“俄罗斯的回归”。2008年12月，时任俄罗斯总统的梅德韦杰夫访问了拉美的四个国家后，说道：“我们今天访问了之前俄罗斯领导人从未访问过的国家……现在，我站在一个长远发展的角度并希望和这些国家保持一个互利互惠的经济合作”。[①]

（1）货物贸易发展迅速，份额很小

俄罗斯是世界上国土面积最大的国家，地大物博，有着丰富的矿藏、木材等自然资源，军工和高科技产品是俄罗斯主要的出口商品。2012年俄罗斯加入WTO后，与拉美贸易关系迎来新的机遇。2000~2011年，俄拉贸易总额由55亿美元增长到155亿美元，增长了近3倍，除了受美国“9·11”事件和2008年经济危机影响贸易出现波动外，增长速度基本平稳，2011年俄拉贸易总额较上年增长40.3%（见图3-7）。虽然俄拉贸易发展势头良好，但俄拉贸易占其总贸易比重不大，10年来一直不足1%，2011年仅占到0.7%。

① Vladmir S. Is Russia Returning to Latin America? [R]. Moscow: Russian International Affairs Council, 2012.

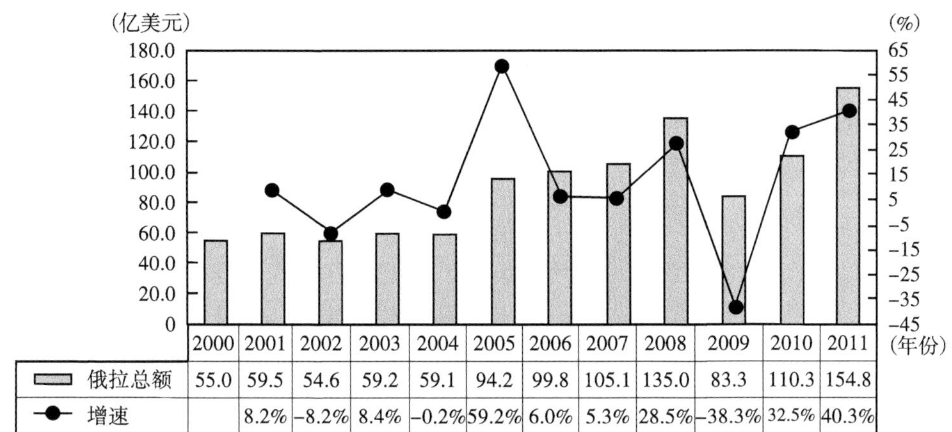

	2000	2001	2002	2003	2004	2005	2006	2007	2008	2009	2010	2011
俄拉总额	55.0	59.5	54.6	59.2	59.1	94.2	99.8	105.1	135.0	83.3	110.3	154.8
增速		8.2%	-8.2%	8.4%	-0.2%	59.2%	6.0%	5.3%	28.5%	-38.3%	32.5%	40.3%

图 3-7 2000~2011 年拉美与俄罗斯货物贸易额及年增长率

数据来源：WTO Database。

2010 年的数据显示，俄罗斯在拉美最大的贸易伙伴是巴西，双边贸易占俄拉总贸易的 40%左右。其他重要贸易伙伴包括阿根廷、墨西哥、委内瑞拉和厄瓜多尔等。除委内瑞拉外，俄罗斯与其他拉美国家一直是贸易逆差，主要原因是俄罗斯商品主要以低附加值的商品为主，在拉美市场并无太大竞争力。拉美与俄罗斯的贸易结构反映了各自的对外贸易特点。俄罗斯对拉美出口的主要是生产用原材料、浅加工产品、化工产品（如橡胶和肥料）以及机械和军事器械装备等。2004~2008 年的军事器械出口量相比于 1999~2003 年增长了 90 倍之多。[①] 目前，俄罗斯已经开始向拉美多个国家出口军事装备，在未来对外贸易改革上，俄罗斯已经将合作重点放在该领域上，力求使贸易结构向高端方向发展。拉美对俄罗斯出口的产品大多是生产制成品和消费品，如香蕉、蔗糖、牛肉、马肉和猪肉。

（2）FDI 流量微乎其微

尽管双方都有很多值得投资的领域，但俄拉之间的直接投资额是少之又少，甚至还低于印度向拉美的 FDI，相对于其他国家同拉美之间的 FDI 流量，俄拉之间的 FDI 几乎可以忽略不计。同其他国家一样，俄罗斯的 FDI 大部分流入了拉美的避税港型离岸金融中心——维尔京群岛和开曼群岛。拉美较成功的投资项目有碳氢化合物、电力、煤矿的开采，机械工业以及交通。但拉美对俄罗斯的投资热

① Permanent Secretariat of SELA. Recent Developments in Economic Relations between Russia and Latin Amcrica and the Caribbean [R]. Caracas: SELA, 2011.

情较低靡，目前只有为数不多的几家公司进入了俄罗斯。

（3）经贸合作前景广阔

俄罗斯回归拉美表面上看是想打破之前较为闭塞的外交政策，并借对外经济合作拉动经济增长，但其真正原因显而易见且有着深远的历史根源——以一些左翼势力占主流的拉美国家为筹码来和美国抗争。在经济方面，一是可以重振俄罗斯军火贸易；二是可以推进双方能源合作；三是促进对外贸易发展，改善俄罗斯贸易结构。俄拉合作最大的障碍是美国。美苏争霸时期，拉美就曾作为俄罗斯的有力武器与美国进行抗争。自 2000 年开始，俄罗斯重归拉美的举动引起了美方注意，且俄拉关系发展形势之好，让美国开始处于警戒状态。特别是俄罗斯对委内瑞拉大量出口军事武器惹怒了美国，奥巴马曾指出俄委合作具有反美特征，[①] 但是这并不能阻止两国更为紧密的合作。俄罗斯积极推动了委内瑞拉石油天然气部门的发展合作，这就意味着俄罗斯未来的原油储备将急剧扩大。而美国为了原油储备大动干戈地在阿富汗、伊拉克地区进行持久的掠夺战役，结果却令人失望。这一切让美国对俄拉合作极为反感，势必会为俄拉合作制造障碍。

3.6 本章小结

本章研究的主要目的是对拉美的经济和对外贸易发展状况进行综述和分析，为中国与拉美国家贸易关系的研究打下坚实基础。通过对拉美经济和对外贸易发展状况的研究，我们得出如下结论。

第一，自 20 世纪 80 年代拉美债务危机之后，拉美经济发展迅速，正成为全球经济中的一支新生力量，拉美经济已成为全球经济增长最快的地区之一，进入 21 世纪以来，GDP 年均增长率超过全球平均增长率，GDP 总额占全球经济规模的比重不断加大。拉美各国政治经济合作不断加强，一体化程度不断加深，财政政策和货币政策日益成熟，抵抗金融危机和经济危机的能力不断增强。

① Nikandrov N. Russia-Latin America: the Union of Solidarity and Pragmatism [J]. International Affairs Magazine, 2010 (6).

第二，由于规模经济、不完全竞争和“路径依赖”的存在，拉美对外贸易依然以出口农产品、矿产品和能源品为主；在拉美国家工业体系完全建立起来之前，中国面临发展与拉美贸易关系的重要黄金期。

第三，拉美国家贸易政策趋于开放，进口关税税率趋于下降，对外贸易增长较快。截至 2011 年底，美国依然是拉美最大的贸易伙伴，其次是欧盟和中国。美国、欧盟分别是拉美前两位 FDI 的来源地，中国和日本对拉美投资虽然总体份额较小，但增长速度较快。拉美各国也在全球范围内寻求贸易和投资合作伙伴，这对于中国开展与拉美各国贸易，中国企业（特别是能源企业）进驻拉美来说是一个绝佳的时机。

第四，虽然中国与拉美的贸易增长较快，有望超过欧盟成为拉美第二大贸易伙伴，但在美国战略重心东移的同时，欧盟、日本却已经把战略重心转向拉美，对拉美的贸易和投资力度不断加大，是中国在拉美地区的主要潜在竞争对手。因此，在构建中国与拉美国家贸易发展战略时应充分考虑其他主要经济体对拉美的贸易政策和战略，考虑建立与美国、欧盟和日本等经济体之间关于拉美问题的对话机制。

4 中国与拉美贸易状况

中国与拉美的关系源远流长，传说公元5世纪，中国僧人就曾东渡墨西哥。据中外文献记载，明朝万历年间的"海上丝绸之路"促进了中国与拉美人民的贸易往来，自1571年起菲律宾现在的首都马尼拉就成为中国与拉美国家进行贸易活动的中转站，墨西哥货币也开始在中国流通。[①] 1898年美西战争后美国占领菲律宾，并和欧洲国家开始开拓中国市场，中拉贸易成为中美、中欧贸易的一部分。"二战"后，美国等西方国家对中国采取排斥政策，拉美地区成为西方阵营的一部分，在"冷战"的背景下，中国和拉美国家的关系发展缓慢。[②] 改革开放以后，中国和拉美的贸易关系开始进入一个崭新的时代，中国陆续和多个拉美国家建交并积极开展贸易合作。进入21世纪后，随着中国国际影响力的不断强大和加入WTO，中拉贸易往来开始飞速发展。

4.1 中国与拉美贸易关系发展历程

中拉贸易关系的发展可以分为以下三个阶段：一是自中华人民共和国成立至改革开放的起步阶段；二是改革开放后至20世纪末的初步发展阶段；三是21世纪以来的飞速发展阶段。

---

① 罗荣渠. 中国人发现美洲之谜——中国与美洲历史联系论集［M］. 重庆：重庆出版社，1989.

② 朱鸿博. "中国、拉丁美洲、美国：一个新的三角关系"国际学术研讨会综述［J］. 拉丁美洲研究，2009（8）.

4.1.1 起步阶段

自 1949 年新中国成立，我国便开始积极开展外交活动，逐渐与世界多个国家建立友好外交关系。但是同拉美地区的外交关系开展并不顺利，主要由于此时恰逢“冷战”时期，站在排斥中国的西方阵营的拉美国家不愿意和我国建立正式外交关系，而转向与我国台湾地区建立外交关系。鉴于来自西方国家的种种阻挠，周恩来总理提出了新中国应该与拉美地区“积极开展民间外交，争取建立友好联系和发展文化、经济往来，逐步走向建交的基本方针”。[①] 在这种外交思想的指引下，我国同拉美开展了逐渐式的累积型外交关系。1960 年中国与古巴建立正式外交关系，这是与我国建交的第一个拉美国家，中巴的建交也打破了过去 10 多年的“民间外交”模式。随着“冷战”进入缓和状态，更多的拉美国家开始放开与中国的外交关系，逐渐同我国开展外交合作，截至 1978 年，中国已经与古巴等 12 个拉美国家建立外关关系（见表 4–1）。

表 4–1 1949~1978 年与我国建交的拉丁美洲国家

建交国家	建交时间
古巴	1960.09.28
智利	1970.12.15
秘鲁	1971.11.02
牙买加	1972.11.21
墨西哥	1972.02.14
阿根廷	1972.02.19
圭亚那	1972.06.27
特立尼达和多巴哥	1974.06.20
委内瑞拉	1974.06.28
巴西	1974.08.15
苏里南	1976.05.28
巴巴多斯	1977.05.30

资料来源：中国外交部。

虽然我国并没有在很大范围内与拉美国家建立外交关系，但是其积极的累积性外交在一定程度上促进了中拉的贸易合作发展。自 1950 年开始，我国同拉美

---

① 黄志良. 新大陆的再发现——周恩来与拉丁美洲［M］. 北京：世界知识出版社，2004.

的贸易额开始逐年稳步增长，从 1950 年的 196 万美元增长到 1978 年的 7.34 亿美元，增长 374 倍。总体来看，双方贸易处于不平衡状态，中国处于逆差地位，且贸易失衡度较大（见表 4-2）。

表 4-2　1950~1978 年中拉贸易及贸易差额的基本情况

单位：百万美元

年份	出口额	进口额	贸易总额	贸易差额	总额增速	失衡度
1950	0.05	1.91	1.96	-1.86		-94.9%
1951	0.23	8.54	8.77	-8.31	347.4%	-94.8%
1952	0.00	0.00	0.00	0.00	-100.0%	100.0%
1953	0.00	0.01	0.01	-0.01	2900.0%	-66.7%
1954	0.00	0.02	0.02	-0.01	55.8%	-73.3%
1955	0.00	7.33	7.33	-7.33	39103.2%	-100.0%
1956	0.01	2.80	2.81	-2.79	-61.7%	-99.6%
1957	0.13	5.07	5.20	-4.94	85.3%	-95.0%
1958	0.37	2.95	3.32	-2.58	-36.2%	-77.7%
1959	0.47	7.22	7.69	-6.75	131.6%	-87.8%
1960	10.00	21.00	31.00	-11.00	303.1%	-35.5%
1961	108.00	122.00	230.00	-14.00	641.9%	-6.1%
1962	82.00	138.00	220.00	-56.00	-4.3%	-25.5%
1963	91.00	81.00	172.00	10.00	-21.8%	5.8%
1964	109.00	218.00	327.00	-109.00	90.1%	-33.3%
1965	115.00	228.00	343.00	-113.00	4.9%	-32.9%
1966	91.00	209.00	300.00	-118.00	-12.5%	-39.3%
1967	81.00	71.00	152.00	10.00	-49.3%	6.6%
1968	65.00	72.00	137.00	-7.00	-9.9%	-5.1%
1969	79.00	52.00	131.00	27.00	-4.4%	20.6%
1970	75.00	71.00	146.00	4.00	11.5%	2.7%
1971	71.00	101.00	172.00	-30.00	17.8%	-17.4%
1972	94.00	177.00	271.00	-83.00	57.6%	-30.6%
1973	131.00	325.00	456.00	-194.00	68.3%	-42.5%
1974	188.00	492.00	680.00	-304.00	49.1%	-44.7%
1975	119.00	356.00	475.00	-237.00	-30.1%	-49.9%
1976	86.00	225.00	311.00	-139.00	-34.5%	-44.7%
1977	90.00	392.00	482.00	-302.00	55.0%	-62.7%
1978	132.00	602.00	734.00	-470.00	52.3%	-64.0%

注：贸易失衡度即两个国家（或地区）之间贸易差额与贸易总额之比，0.00 表示贸易额低于 1 万美元。
资料来源：《中国统计年鉴》。

图 4-1 可以清晰地表现出双方贸易发展的趋势。中拉贸易额自 1960 年中国与拉美各国纷纷建交之后出现一个突然的增加，由 1959 年的 769 万美元增加到 1960 年的 3100 万美元再增加到 1961 年的 2.3 亿美元，两年增长了 30 倍。说明外交关系对于中拉双边贸易起到十分重要的促进作用，有必要在后面章节借助于引力模型对这一变量进行实证研究。1966 年，受中国“文化大革命”的影响，双边贸易开始出现下降，直到 1973 年才恢复到 1965 年的水平。进入 20 世纪 70 年代后，双边贸易额的增加主要表现为中国自拉美进口的增加，而对拉美的出口增长极为平缓。即双边贸易总额快速发展的同时，逆差也不断增大，表现为如图 4-1 所示的“剪刀差”越来越大。

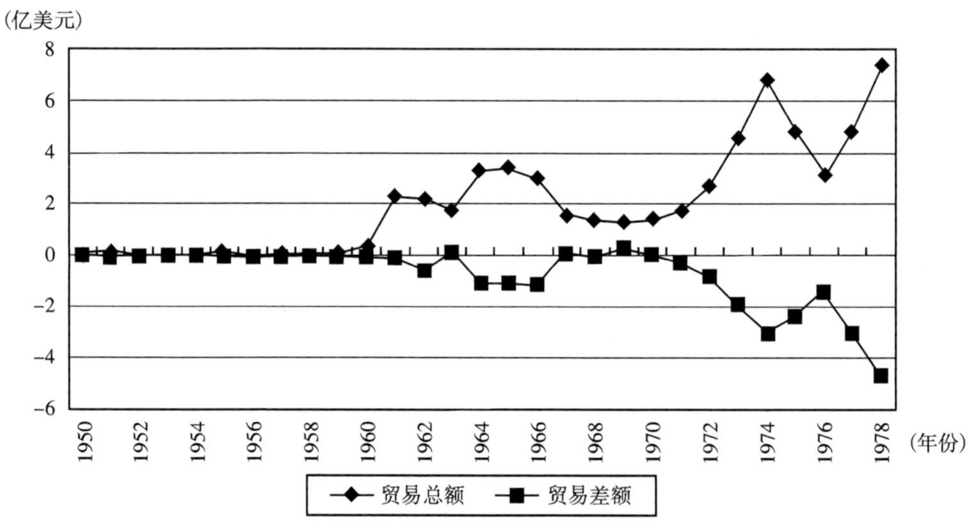

图 4-1　1950~1978 年我国同拉丁美洲的贸易趋势图

资料来源：《中国统计年鉴》。

从贸易结构上看，由于双方经济发展水平的限制，相互间的进出口只能局限在初级产品上，几乎没有涉及高新技术产品的贸易合作。在这一时期，中国向拉美出口的商品基本上都是医药化工等初级产品以及大米等一些消费品；中国则主要从拉美进口诸如原油、原糖、橡胶原料等原材料。此时的中国正处于经济发展的起步阶段，生产力水平较低且需要大量的原材料来进行生产活动，所以此时中拉贸易以中国从拉美进口为主，中国处于逆差地位且贸易失衡度很大。值得一提的是，我国于 1952 年 10 月 23 日与智利签订了第一个贸易协定，这也是我国与

拉美国家之间的第一个贸易协定，标志着中拉贸易关系正逐步建立。[①] 1959 年，我国与古巴签订了自新中国成立以来两国之间的第一个贸易合同，从而极大地推动了中拉贸易合作，为今后中拉贸易关系的全面发展奠定了重要的基础。

4.1.2 初步发展阶段

1978 年我国实行改革开放以来，中拉关系进入了一个崭新的历史时期。中国对拉美的外交政策也由新中国成立初期的“民间非官方”外交关系大步迈进了正式战略合作阶段。“冷战”的结束使得拉美很多国家放下了之前对中国的偏见，纷纷与中国建立正式外交关系。截至 2012 年 12 月底，在拉美 33 个主权国家里共有 21 个国家与中国建交（见表 4–3）。

表 4–3 1979 年至今与中国建交的拉丁美洲国家

建交国家	建交时间
厄瓜多尔	1980.01.02
哥伦比亚	1980.02.07
安提瓜和巴布达	1983.01.01
格林纳达	1985.10.01
玻利维亚	1985.07.09
尼加拉瓜	1985.12.07
伯利兹	1987.02.06
乌拉圭	1988.02.03
巴哈马	1997.05.23
圣卢西亚	1997.09.01
多米尼克	2004.03.23
哥斯达黎加	2007.06.01

注：格林纳达于 1989 年 8 月 7 日与中国终止外交关系，2005 年 1 月 20 日又与中国复交；尼加拉瓜于 1990 年 11 月 9 日与中国终止外交关系；伯利兹于 1989 年 10 月 23 日与中国终止外交关系；圣卢西亚于 2007 年 5 月 5 日与中国终止外交关系。

资料来源：根据中国外交部资料整理。

1979~2000 年，中拉贸易额继续呈现良好攀升趋势，且逐渐进入了稳步发展阶段，贸易额从 1979 年的 12.6 亿美元增长到 2000 年的 126 亿美元，增长了近 10 倍。但是在 20 世纪 80 年代，由于拉美的债务危机，中拉经济发展比较缓慢，自 1990 年开始才步入快速发展阶段，贸易额开始大幅度增加。主要原因是 20 世

① 陈曦. 20 世纪 50~90 年代中国与拉美地区经贸关系研究［D］. 长春：吉林大学，2009（4）.

纪 90 年代后，中国改革开放取得巨大成功，这使得我国对外贸易活动更加频繁，拉美也渐渐摆脱“失去的十年”的阴影，经济缓慢复苏，实现了从封闭的进口替代模式向外向发展模式的过渡，并成功地开始了经济一体化进程，这都为中拉经济贸易更深入的发展提供了良好的平台。中国逐渐成为拉美最主要的合作伙伴之一，到 20 世纪 90 年代末，已上升至拉美的第三大贸易合作伙伴，且几乎和所有的拉美国家开展了贸易往来（见表 4–4）。

表 4–4　1979~2000 年中国与拉美的贸易状况

单位：亿美元

年份	出口额	进口额	贸易总额	贸易差额	总额增速	失衡度
1979	2.81	9.80	12.61	–6.99	71.8%	–55.4%
1980	5.27	8.36	13.63	–3.09	8.1%	–22.7%
1981	6.30	9.20	15.50	–2.90	13.7%	–18.7%
1982	6.47	8.64	15.11	–2.16	–2.5%	–14.3%
1983	5.32	14.97	20.29	–9.64	34.2%	–47.5%
1984	5.76	10.78	16.53	–5.02	–18.5%	–30.3%
1985	6.22	19.47	25.69	–13.25	55.4%	–51.6%
1986	4.55	16.32	20.87	–11.78	–18.8%	–56.4%
1987	4.92	12.41	17.33	–7.50	–16.9%	–43.2%
1988	3.88	21.89	25.76	–18.01	48.6%	–69.9%
1989	5.51	24.18	29.69	–18.66	15.2%	–62.9%
1990	7.81	15.13	22.94	–7.32	–22.7%	–31.9%
1991	7.95	15.63	23.58	–7.68	2.8%	–32.6%
1992	10.76	19.00	29.76	–8.24	26.2%	–27.7%
1993	17.76	19.31	37.07	–1.55	24.6%	–4.2%
1994	24.55	22.47	47.02	2.07	26.8%	4.4%
1995	31.47	29.67	61.14	1.80	30.0%	2.9%
1996	31.18	36.08	67.25	–4.90	10.0%	–7.3%
1997	46.08	37.69	83.77	8.39	24.5%	10.0%
1998	53.23	29.89	83.12	23.34	–0.8%	28.1%
1999	52.70	29.92	82.62	22.77	–0.6%	27.6%
2000	71.85	54.10	125.95	17.75	52.5%	14.1%

资料来源：《中国统计年鉴》。

由图 4–2 可以清晰地看出中拉贸易总额及差额的发展趋势。这段时期中国主要处于逆差地位。自 1990 年开始，逆差额慢慢减少，1994 年时转逆为顺，而后贸易趋向均衡，失衡度由 1979 年的–55.4%转变为 2000 年的 14.1%。

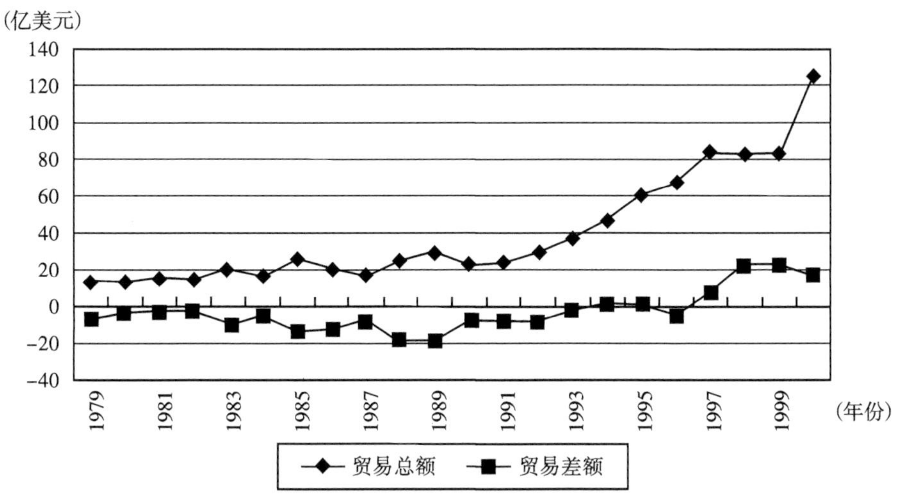

图 4–2　1979~2000 年中国与拉美贸易趋势图

资料来源：《中国统计年鉴》。

从贸易结构来看，20 世纪 80 年代中拉贸易结构与 20 世纪六七十年代相仿，我国的初级产品出口仍占主要部分。但是随着 20 世纪 80 年代后期我国科技水平和工业化水平的提高，工业制成品在中国对拉美的出口产品中所占的份额不断增加，尤其是轻工产品和机电产品，这标志着中拉贸易关系在贸易结构上的突破以及中国对外贸易结构的转型和优化。到了 20 世纪 90 年代，在中国对拉美出口的商品中，初级产品所占份额开始持续下降，机电产品、纺织品、化工产品所占比重不断增大。而拉美对我国出口的商品中，铁矿砂、钢材、铜、石油、植物油等资源类产品占了很大一部分。这一时期，由于中国对拉美的纺织品出口已经趋近饱和，加之拉美经历了历时十年的债务危机，国内经济低迷，多个行业受到打击，中国对拉出口开始从浅加工产品出口过渡到深加工产品出口，且与拉美的产业间贸易特征逐渐凸显。

除了单纯的进出口贸易，这一时期中国和拉美也开始了在投资、科技等其他方面的经济合作，中国开始向拉美部分国家投资建厂，承包一些大型工程，并向一些综合实力比较弱小的国家无偿提供资金、技术等以扶持其经济建设。截至 1999 年底，中国已向拉美地区投资了 10 亿美元，并已成功在拉美建立了 160 多家企业；其中，秘鲁的铁矿场、巴西的生铁厂、智利的鱼粉生产等都是比较成功的项目。[①] 同时，不少拉美国家也来到中国进行直接投资。1998 年，拉美国家在华投资项目 777 个，合同外资金额 73 亿美元。[②] 在科技合作方面，1999 年，中国与巴西联合研制、发射的“地球资源卫星一号”，是中拉科技合作的一个重大里程碑。

4.2 21 世纪中国和拉美贸易发展现状

进入 21 世纪后，中国与拉美关系进入快速发展阶段。外交上互访频繁，其中胡锦涛主席分别于 2004 年、2005 年、2008 年、2010 年四次出访拉美，而拉美国家元首也加快了访华的频率（见表 4–5）。

表 4–5 2001~2010 年中国与拉美领导人互访记录

年份	出访国家元首	中国至拉美	拉美至中国
2001	江泽民	智利、阿根廷、乌拉圭、巴西、委内瑞拉、古巴	秘鲁、智利、墨西哥、委内瑞拉
2002	江泽民	墨西哥（非正式访问）	厄瓜多尔、乌拉圭
2003	江泽民		厄瓜多尔、古巴、圭亚那
2004	胡锦涛	智利、巴西、阿根廷、古巴	阿根廷、巴西、委内瑞拉、苏里南
2005	胡锦涛	墨西哥	秘鲁
2006	胡锦涛		委内瑞拉、玻利维亚
2007	胡锦涛		哥斯达黎加
2008	胡锦涛	秘鲁、哥斯达黎加、古巴	秘鲁、智利、墨西哥、巴西、委内瑞拉
2009	胡锦涛		智利、巴西、委内瑞拉、乌拉圭
2010	胡锦涛	巴西、委内瑞拉、智利	阿根廷

资料来源：根据中国外交部资料整理。

同时，双方贸易关系也突飞猛进，中拉贸易在双方对外贸易总额中所占比重明显加大，如图 4–3 所示，2000~2011 年，中拉贸易额占拉美贸易总额的比重从 1.7%上升到 11.0%，占中国贸易总额的比重由 2.7%上升到 6.6%。这充分说明中

① 陈曦. 20 世纪 50~90 年代中国与拉美地区经贸关系研究［D］. 长春：吉林大学，2009（4）.

② 中华人民共和国对外经贸经济合作部，《中国对外经济贸易白皮书》编委会. 中国对外经济贸易白皮书［M］. 北京：商务出版社，1999.

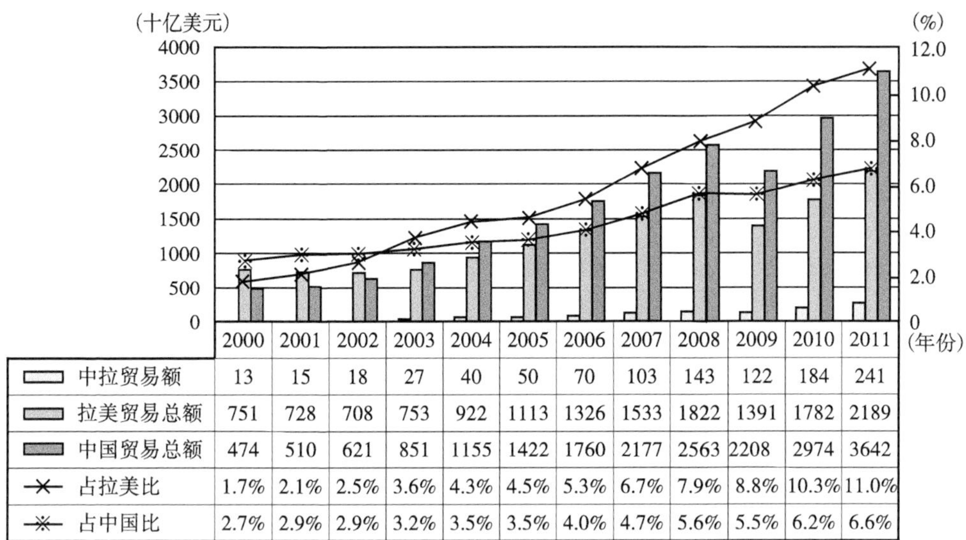

	2000	2001	2002	2003	2004	2005	2006	2007	2008	2009	2010	2011
中拉贸易额	13	15	18	27	40	50	70	103	143	122	184	241
拉美贸易总额	751	728	708	753	922	1113	1326	1533	1822	1391	1782	2189
中国贸易总额	474	510	621	851	1155	1422	1760	2177	2563	2208	2974	3642
占拉美比	1.7%	2.1%	2.5%	3.6%	4.3%	4.5%	5.3%	6.7%	7.9%	8.8%	10.3%	11.0%
占中国比	2.7%	2.9%	2.9%	3.2%	3.5%	3.5%	4.0%	4.7%	5.6%	5.5%	6.2%	6.6%

图 4-3 2000~2011 年中拉贸易占双方总贸易额的比例

资料来源：中国数据来自于《中国统计年鉴》，拉美数据来自 WTO。

拉贸易对双方对外贸易的重要性不断增强。

究其原因，其一，中国成功加入 WTO；其二，2001 年美国“9·11”事件后，美国忙于处理内政，对“后院”拉美的控制力大大减弱；其三，2008 年的经济危机后，拉美和中国强大的恢复力使得它们在受重创的全球经济中表现出活力；其四，进入 21 世纪后中国把与拉美的外交关系放在重要位置上，特别是在能源合作上；其五，“南南合作”的成果喜人，预计 2017 年，发展中国家间的贸易额将超过发达国家间的贸易额。中拉在经济合作上取得巨大进步，中拉贸易占拉美贸易比重的上升趋势使很多人相信中国取代欧盟成为拉美的第二大贸易伙伴，[①] 这引起了很多发达国家的警惕，特别是美国。再加上自加入 WTO 后中国不俗的贸易表现，如与多国的贸易顺差关系，意味着很多国家在贸易上开始依赖中国。于是一些“中国威胁论”开始在美洲国家扩散，认为中国想借拉美之手撼动美国在拉美的经济利益。也有人认为中国如此大力度地加强与拉美的合作还出于以下原因：一是中国想通过贸易和投资从拉美得到所需能源，如原油、铜矿和铁矿；二是中国想让 12 个与中国台湾建交的拉美国家终止与中国台湾的外交关系，从

① Rosales O. The People's Republic of China and Latin America and the Caribbean: towards a Strategic Relationship [R]. Santiago: UNECLAC, 2010.

而使其在国际关系上被排斥。① 尽管外界对中拉越发紧密的外交和贸易关系众说纷纭，但是有一点不能被否定，中拉关系的飞速发展是中国国际影响力提高的必然结果。

4.2.1 贸易规模

2001~2011 年，中拉货物贸易额持续大幅度增长，由 149.39 亿美元增长到 2413.87 亿美元，年均增长率达到 32%，堪称贸易增长的奇迹。中拉货物贸易额 2007 年突破 1000 亿美元大关，达到 1026 亿美元（见表 4-6）。从图 4-4 可以看出，在贸易总额不断上升的同时，双边贸易逐渐趋于平衡，双方互有较小顺、逆差，失衡度渐趋于零。

表 4-6 2001~2011 年我国同拉丁美洲的贸易状况

单位：亿美元

年份	出口额	进口额	贸易总额	贸易差额	总额增速	失衡度
2001	82.37	67.02	149.39	15.35	18.6%	10.3%
2002	94.88	83.36	178.24	11.52	19.3%	6.5%
2003	118.77	149.29	268.07	-30.52	50.4%	-11.4%
2004	182.38	217.63	400.01	-35.24	49.2%	-8.8%
2005	236.81	267.85	504.66	-31.05	26.2%	-6.2%
2006	360.28	341.75	702.03	18.53	39.1%	2.6%
2007	515.39	511.11	1026.50	4.28	46.2%	0.4%
2008	717.62	716.44	1434.06	1.18	39.7%	0.1%
2009	570.94	647.69	1218.63	-76.75	-15.0%	-6.3%
2010	917.98	918.42	1836.40	-0.44	50.7%	0.0%
2011	1217.19	1196.68	2413.87	20.51	31.4%	0.8%

资料来源：《中国统计年鉴》。

4.2.2 贸易结构

中国自拉美的进口以初级产品为主，约占自拉美进口总额的 2/3，自 21 世纪以来，中国经济进入了一个能源和资本密集型的重工业发展期，这加大了我国重

① Dumbaugh K., Sullivan M. P. China's Growing Interest in Latin America [R]. Washington, DC: Congressional Research Service, 2005 (4).

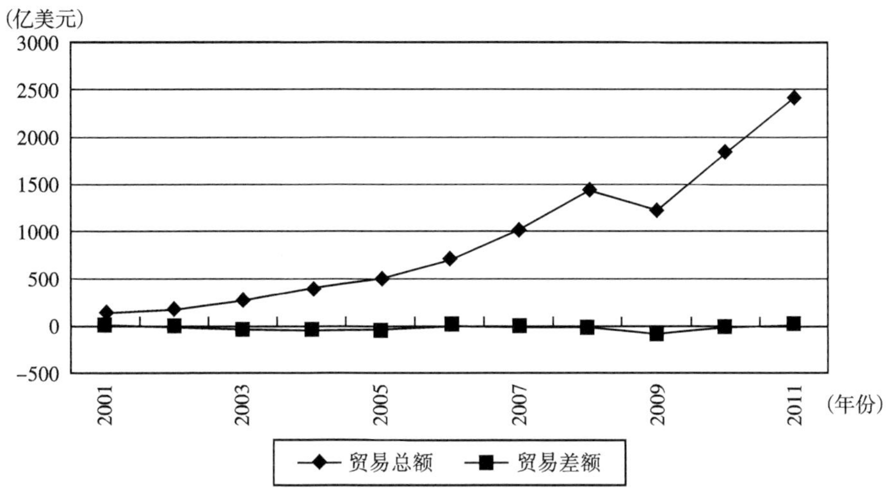

图 4-4　2000~2011 年我国同拉丁美洲的贸易趋势图

资料来源：《中国统计年鉴》。

工业发展对原材料的需求。拉美对中国出口的商品量大，但是种类较少，还不及其对美国出口商品种类的一半。大部分拉美国家向中国出口的初级产品集中度非常高。从这一角度讲，中国经济高增长对初级产品的旺盛需求正是国际经济危机期间拉美国家经济快速复苏的重要因素之一。同时，中国优越的地理位置和现今在亚太地区的影响力使中国成为亚洲邻国向发达国家间接出口的平台。这十分有利于拉美国家积极参与泛亚洲垂直供应链。

从表 4-7 可以看出：中国从拉美进口最多的商品是各种矿石、金属等能源商品。其次是以自然资源为基础的制成品，如经处理的矿产品及农产品。剩余部分以高、中、低技术产品为主，如电子元件和机电产品等。值得注意的一点是，虽然拉美整体上对中国出口的技术类产品数量极少，但是哥斯达黎加对中国出口的高级技术产品占中哥总贸易额的 93%，而墨西哥也只有 25%左右。

表 4-7　2010~2012 年中国自拉丁美洲进口的前 10 类商品（根据 HS 编码）

单位：亿美元

商品类别	2010 年	2011 年	2012 年
26 章矿砂、矿渣及矿灰	303.9	407.9	380.5
27 章矿物燃料、矿物油及其蒸馏产品；沥青物质；矿物蜡	130.4	194.5	233.1
12 章含油子仁及果实；杂项子仁及果仁；工业用或药用植物稻草、秸秆及饲料	138.1	170.2	192.2
74 章铜及其制品	126.9	144.9	144.7

续表

商品类别	2010 年	2011 年	2012 年
85 章电机、电气设备及其零件；录音机及放声机，电视图像、声音的录制和重放设备及其零件、附件	51.1	61.1	75.5
47 章木浆及其他纤维状纤维素浆；回收（废碎）纸及纸板	27.0	32.2	31.1
15 章动、植物油、脂及其分解产品；精制的食用油脂；动、植物蜡	12.0	12.5	22.2
72 章钢铁	13.3	15.6	16.0
17 章糖及糖食	7.6	15.8	14.7
23 章食品工业的残渣及废料；配制的动物饲料	12.8	13.9	12.4

资料来源：根据中国海关数据整理。

据中国海关总署的数据，2011 年和 2012 年中国进口大豆、豆油、饲料用鱼粉和糖四类大宗商品的前三大市场基本均位于美洲地区，而且大部分国家来自拉美。2012 年，中国进口大豆和豆油的前三大市场都来自美洲，其中两个国家来自拉美：巴西和阿根廷；另一个来自美国，主要是因为转基因大豆的研发大大提高了美国的大豆生产率。饲料用鱼粉的前三大市场分别来自秘鲁、美国和智利，也全部来自美洲。糖的前三大进口来源地中，其中的两个国家也来自拉美：巴西和古巴（见表 4-8）。

表 4-8　中国大宗进口商品前三大市场进口情况

商品名称及前三大市场		2012 年 1~12 月		2011 年 1~12 月		同比（%）	
		数量（万吨）	金额（亿美元）	数量（万吨）	金额（亿美元）	数量	金额
	大豆[①]						
1	美国	2601.3	154.0	2222.7	125.8	17.0%	22.4%
2	巴西	2389.0	142.2	2062.2	117.9	15.9%	20.6%
3	阿根廷	589.5	36.9	778.1	43.3	-24.2%	-14.8%
	豆油[②]						
1	巴西	91.3	11.3	50.1	5.9	82.4%	90.9%
2	阿根廷	70.3	8.8	41.3	4.7	70.1%	86.2%
3	美国	20.7	2.6	22.8	2.6	-9.2%	1.6%
	饲料用鱼粉[③]						
1	秘鲁	70.9	9.5	72.9	10.7	-2.9%	-10.6%
2	美国	17.2	2.5	15.5	2.2	10.9%	13.1%
3	智利	12.5	1.7	13.6	2.0	-8.2%	-14.7%
	糖[④]						
1	巴西	198.9	11.3	199.0	12.7	-0.1%	-10.7%

续表

商品名称及前三大市场		2012 年 1~12 月		2011 年 1~12 月		同比（%）	
		数量（万吨）	金额（亿美元）	数量（万吨）	金额（亿美元）	数量	金额
2	泰国⑤	93.7	5.7	27.5	1.8	240.9%	211.4%
3	古巴	42.6	2.8	40.4	3.0	5.5%	-7.6%

注：①大豆，不论是否破碎，HS 编码：1201；
②豆油及其分离品，不论是否精制，但未经化学改性，HS 编码：1507；
③饲料用鱼粉，HS 编码：23012010；
④固体甘蔗糖、甜菜糖及化学纯蔗糖 HS 编码：1701；
⑤泰国在 2011 年度中国糖类商品进口国中排名第三，古巴排名第二。
资料来源：海关总署统计。

由表 4-9 可以看出，中国对拉美出口的商品主要是工业制成品。这也在一定程度上说明了中拉贸易的产业间贸易特性。拉美很多国家虽然在 20 世纪 30~60 年代先后经历了内向型进口替代的工业化进程，一些拉美大国，如巴西、阿根廷等都建立了一套较为完整的工业化体系，但还有很多国家的制成品竞争力不够强。

表 4-9　2010~2012 年中国对拉丁美洲出口的前 10 类商品（根据 HS 编码）

单位：亿美元

商品类别	2010 年	2011 年	2012 年
85 章电机、电气设备及其零件；录音机及放声机、电视图像、声音的录制和重放设备及其零件、附件	176.3	226.1	240.4
84 章核反应堆、锅炉、机器、机械器具及零件	154.9	199.1	217.8
87 章车辆机器零件、附件，但铁道及电车道车辆除外	43.9	67.2	74.1
90 章光学、照相、电影、计量、检验、医疗或外科用仪器及设备、精密仪器及设备；上述物品的零件、附件	45.0	55.8	64.1
89 章船舶及浮动结构体	53.4	48.8	50.5
61 章针织或钩编的服装及衣着附件	32.1	45.6	51.3
73 章钢铁制品	25.9	41.6	47.5
27 章矿物燃料、矿物油及其蒸馏产品；沥青物质；矿物蜡	27.6	40.8	42.2
29 章有机化学品	28.9	36.0	41.2
62 章非针织或非钩编的服装及衣着附件	24.0	34.2	37.3

资料来源：根据中国海关数据整理。

综合表 4-7、表 4-8 和表 4-9，我们可以看出，中拉贸易是互补型的。由于经济综合实力和地区资源的不同，两者的贸易结构不同，拉美对中国的出口多为资源密集型产品，如铜、铁矿石等矿产资源性产品和原油等，此外林木、谷物、水果、鱼类等农林渔业产品近年出口激增。中国对拉美出口则以劳动密集型商品为主，如轻纺、工艺等制成品。这种基于比较优势的互补贸易不会产生较大的竞争效应，更易为双方所接受，通过双边贸易相互取长补短，弥补了国内市场的不足并节约了成本。中拉贸易的这种互补性结构已经持续多年，这主要归因于中国的制造业大国地位，拉美丰富的初级产品进入中国之后，一部分毫无疑问地被中国庞大的需求市场所吸收，更重要的是这些初级产品，在中国经过提取、加工后变成工业制成品又以中国出口的形式流向全球各地，特别是发达国家，因为发达国家对制成品的需求更大，更有购买力。

另外，我们也应该看到，中国对这些产品的需求，也为资源丰富的拉美国家提供了扩大出口的难得机遇。泛美开发银行总裁莫雷诺表示："中拉贸易结构不平衡给很多拉美国家带来忧虑，为改善这种不平衡状况，拉美国家需要对中国出口高附加值农产品、高级咖啡、红酒、高端旅游服务、软件开发和金融服务等替代目前的初级农产品等低附加值产品，并通过贸易结构的转变，刺激和吸引中国在拉美投资。"① 这种根植于提高产品附加值，升级产业结构进而改善贸易结构的做法固然有效，但只是看到全球贸易链条的一个方面，有很大的局限性。

4.2.3 贸易差额

进入 21 世纪后中国和拉美货物贸易在整体上是趋于平衡的，然而事实上在各个区域表现并不相同，在不同国家的表现差异更大。下面我们将拉美划分为北美、中美和南美进行详细分析，其中，北美洲只有经济比较开放的墨西哥，中美洲包括巴拿马、哥斯达黎加、洪都拉斯、尼加拉瓜、危地马拉和萨尔瓦多 6 个国家，其他国家划为南美洲国家。从表 4-10 可以看出，2001~2011 年，中国与中美洲和墨西哥一直保持贸易顺差，逆差主要来自南美洲。来自墨西哥一国的顺差额与来自中美洲 6 个国家的顺差额各占一半，两个地区的顺差基本相当于来自南美洲的逆差，这使得中国与拉美整体上处于贸易平衡状态。

回顾表 4-7、表 4-8、表 4-9 中国与拉美双边贸易结构存在着巨大的差异，中国自拉美的进口主要以矿砂、矿渣、矿物燃料、铜、果仁等初级产品为主，而对拉美的出口则以电机、电气设备及其零件，机器、机械器具等为主。这就不难

① http：//news.xinhuanet.com/yzyd/society/20121031/c_113558679.htm.

表 4-10 2001~2011 年中国与拉美三大地区贸易差额情况

单位：百万美元

年份	中美洲	北美洲（墨西哥）	南美洲	拉美
2001	1635	1029	-1131	1534
2002	1648	1749	-2245	1152
2003	1592	1590	-6234	-3052
2004	2438	2833	-8795	-3524
2005	3217	3312	-9635	-3105
2006	3837	6216	-8200	1853
2007	5396	8443	-13410	429
2008	8044	10176	-18102	118
2009	5623	8398	-21695	-7675
2010	11375	10985	-22404	-44
2011	13901	14607	-26457	2051

注：中美洲包括：巴拿马、哥斯达黎加、洪都拉斯、尼加拉瓜、危地马拉和萨尔瓦多。
资料来源：《中国统计年鉴》。

理解如表 4-10 所示的中国在拉美地区的顺差和逆差分布。墨西哥与其他拉美国家相比，经济更开放，工业更发达，中墨两国之间产业内贸易比例更大，而中国廉价的工业制成品在墨西哥更具有竞争力，故而导致中国顺差的存在。中美洲 6 国中，除哥斯达黎加外，其他 5 国均未与中国建交，中国很难从上述 5 国进口能源、矿产等初级产品，因此它们与中国存在着巨大的贸易逆差。2001~2011 年，中国与巴拿马、尼加拉瓜、危地马拉和萨尔瓦多 4 国的平均贸易失衡度都在 90% 以上，双方贸易以中国出口为主，进口额微乎其微。

在国家层面，中国在拉美地区的顺差和逆差国如表 4-11 所示。2011 年，中国在拉美的贸易逆差国主要是巴西、智利、委内瑞拉、秘鲁和哥斯达黎加，其中仅来自巴西的逆差就达到 205.6 亿美元。而墨西哥、巴拿马、哥伦比亚、阿根廷、厄瓜多尔等国则是中国在拉美地区的前几位顺差国，原因在于中国无法在中美洲的几个国家进口能源、矿产等原材料。另外，2001~2009 年，中国与波多黎各贸易一直处于顺差，2010 年和 2011 年转顺为逆；2001~2010 年，中国对阿根廷一直处于逆差，只有 2011 年转逆为顺，且顺差额达到 22.5 亿美元，由此阿根廷是中国在拉美第四大顺差国。

表 4-11　2011 年中国与拉美主要国家贸易差额表

单位：百万美元

国家	逆差	国家	顺差
巴西	-20558	墨西哥	14607
智利	-9752	巴拿马	14513
委内瑞拉	-5216	哥伦比亚	3444
秘鲁	-3203	阿根廷	2246
哥斯达黎加	-2960	厄瓜多尔	1644
波多黎各	-486	危地马拉	1231
特立尼达和多巴哥	-54	巴拉圭	1204

资料来源：《中国统计年鉴》。

值得注意的是，2011 年，中国对巴拿马出口 145.6 亿美元，而仅从巴拿马进口 0.4 亿美元，双边贸易极度不平衡，失衡度达到 99.4%，而巴拿马与我国未建立正式外交关系。2011 年，中国与哥伦比亚贸易进出口总额 82.3 亿美元，而中国对其顺差就达到了 34.4 亿美元，贸易失衡度达到 41.8%，虽然中国已经与哥伦比亚建立外交关系，但自 2000 年以来，两国之间没有政府首脑互访，外交关系一般。因此，有必要在进一步的研究中建立计量模型对中国与拉美各国双边关系对贸易进出口的影响进行实证分析。

4.2.4　国别分布

中国和拉美所有的国家和地区都有贸易往来，但主要贸易还是发生在与巴西、阿根廷和墨西哥等大国之间。这些拉美大国经济稳定、市场需求大、发展潜力大。2011 年，中国在拉美的前 10 大贸易伙伴国分别是：巴西、墨西哥、智利、委内瑞拉、阿根廷、巴拿马、秘鲁、哥伦比亚、哥斯达黎加和乌拉圭，这 10 个国家与中国的贸易额占到当年中国与拉美贸易总额的 93.4%。对中国与这 10 个国家的贸易关系进行研究基本上可以代表中国与拉美的整个贸易状况。2011 年，拉美地区与中国贸易进出口总额排名前三位的分别是巴西、墨西哥和智利，这三个国家占到中拉贸易总额的 61%（见表 4-12）。考虑到拉美国家的经济规模总量，2011 年，多米尼加共和国、危地马拉和厄瓜多尔三个国家的 GDP 总量分别位于拉美国家的第 8 位、第 10 位和第 11 位，而按照与中国的贸易总额排序分别排在第 16 位、第 15 位和第 23 位。因此，中国与拉美一些国家的贸易还有较大的发展空间。

表 4-12 2010~2011 年中国与拉美主要国家的贸易情况

单位：亿美元

	2010 年				2011 年			
	进出口	占比	出口	进口	进出口	占比	出口	进口
拉丁美洲	1836.4	100.0%	918.0	918.4	2413.9	100.0%	1217.2	1196.7
巴西	625.9	34.1%	244.6	381.3	842.3	34.9%	318.4	523.9
墨西哥	247.6	13.5%	178.7	68.9	333.4	13.8%	239.8	93.7
智利	259.8	14.1%	80.2	179.5	313.9	13.0%	108.2	205.7
委内瑞拉	103.6	5.6%	36.5	67.1	182.6	7.6%	65.2	117.4
阿根廷	129.2	7.0%	61.2	68.0	147.6	6.1%	85.0	62.6
巴拿马	119.8	6.5%	119.6	0.3	146.0	6.0%	145.6	0.4
秘鲁	99.3	5.4%	35.5	63.8	125.1	5.2%	46.5	78.6
哥伦比亚	59.2	3.2%	38.2	21.0	82.3	3.4%	58.4	23.9
哥斯达黎加	37.9	2.1%	6.9	31.1	47.3	2.0%	8.8	38.4
乌拉圭	26.3	1.4%	14.8	11.5	34.1	1.4%	20.0	14.1

资料来源：《中国统计年鉴》。

进入 21 世纪后，中国与拉美国家的贸易关系发展迅速，取代了很多发达国家在拉美对外贸易中的地位，2009 年我国取代了美国成为巴西的最大贸易伙伴。本书选取拉美 2011 年 GDP 排名前 18 位的拉美国家，利用 WTO 贸易数据计算中国在其贸易进出口中的排名，结果如表 4-13 所示。计算结果显示，2000~2011 年，中国在拉美国家对外贸易进出口中的排名不断上升。2011 年，中国已经成为巴西、智利、秘鲁的第一大出口市场，阿根廷、古巴、乌拉圭和委内瑞拉的第二大出口市场；同时，中国也是巴拿马和巴拉圭的第一大进口市场来源地，阿根廷、巴西等 10 个国家的第二大进口来源地。这里将排名加总并平均后可以看到，中国在拉美 18 个国家的进出口市场中的平均排名名次上升非常明显，虽然这里没有根据贸易额进行加权平均，但总体趋势还是可以被清晰地反映出来。2000~2011 年，中国在所选拉美 18 个国家的出口市场排名名次由第 23 位上升到第 18 位，而在其进口市场中的排名由第 12 位上升到第 2 位。

表 4-13 2000 年和 2011 年中国在拉美国家进出口市场的排名对比

国家	在出口市场排名		在进口市场排名	
	2000 年	2011 年	2000 年	2011 年
阿根廷	6	2	4	2
玻利维亚	18	8	7	3
巴西	12	1	11	2

续表

国家	在出口市场排名		在进口市场排名	
	2000 年	2011 年	2000 年	2011 年
智利	5	1	4	2
哥伦比亚	36	4	9	2
哥斯达黎加	30	13	15	2
古巴	6	2	3	2
厄瓜多尔	18	16	10	2
萨瓦多尔	49	44	23	4
危地马拉	43	28	19	3
洪都拉斯	54	11	21	5
墨西哥	19	3	7	2
尼加拉	35	20	20	3
巴拿马	31	31	25	1
巴拉圭	15	23	3	1
秘鲁	4	1	9	2
乌拉圭	4	2	7	3
委内瑞拉	35	2	18	2
18 国加总	420	212	215	43
18 国平均	23	12	12	2

注：排名时未把欧盟作为一个单独整体来考虑。

资料来源：根据 UNECLAC 数据整理计算。

总体上讲，中国从拉美进口的商品主要以矿产资源为主，除墨西哥外，中国自主要贸易伙伴国的进口以矿产、原油、木材、皮革、金属废料为主，这些商品在中拉贸易总额中所占比例超过了 85%（见表 4-14）。

表 4-14　2011 年拉美主要国家对中国出口商品的组成及占比

单位：%

国家	占比	第 1 名	第 2 名	第 3 名	第 4 名	第 5 名
巴西	86.9	铁矿石	锡矿	贵金属矿石	简加工木材	皮革
墨西哥	54.5	铜矿石	原油	电子元件	客车	铁矿石
智利	94.0	铜矿石	铜矿石	铁矿石	纸条及废纸条	水果和坚果
委内瑞拉	99.8	原油	石油衍生物	铁矿石	铁合金	金属废料
阿根廷	87.8	油料种子和油质果实	固定植物油	原油	皮革	未经加工烟草
巴拿马	93.1	未加工木材	金属废料	皮革	动物饲料	铁屑
秘鲁	89.3	铜矿石	铁矿石	金属废料	动物饲料	铜
哥伦比亚	98.2	原油	铁合金	金属废料	非成块煤	皮革

注：占比指前 5 类商品占总出口的比例。

资料来源：Rosales O. The People's Republic of China and Latin America and the Caribbean: Dialogue and Cooperation for the New Challenges of Global Economy [R]. Santiago: UNECLAC, 2012.

4.3 中国在拉美的 FDI

20 世纪 90 年代，中国 FDI 开始流入拉美，但增长比较缓慢。进入 21 世纪以来，中国在拉美的投资实现较快增长。2004~2011 年，中国对拉美 FDI 流量以 55.4%的年均速度增加，拉美成为中国 FDI 的第二大目的地，仅次于亚洲地区。根据拉美经贸委统计，中国企业 2010 年在拉美的投资额高达 150 亿美元，成为拉美地区的第三大投资来源，紧随美国和荷兰。《中国统计年鉴》的数据显示，截至 2011 年底，中国在拉美的 FDI 存量达到 551.7 亿美元，占中国对外直接投资总额的 13.0%（见表 4-15）。

表 4-15 2004~2011 年中国在拉美的 FDI 流量和存量

单位：亿美元

年份	中国在拉美的 FDI 流量	截至年底中国在拉美的 FDI 存量
2004	17.6	—
2005	64.7	114.7
2006	84.7	196.9
2007	49.0	247.0
2008	36.8	322.4
2009	73.3	306.0
2010	105.4	438.8
2011	119.4	551.7

资料来源：《中国统计年鉴》。

中国在拉美的 FDI 存量有 90%以上都流入了加勒比地区的避税港型离岸金融中心：开曼群岛和英属维尔京群岛。而 FDI 流量的投资领域 90%以上为自然资源开采行业。巴西、秘鲁、委内瑞拉和厄瓜多尔等国具有丰富的石油、天然气、铁矿、铜矿及铝土矿等自然资源，可以满足中国作为世界制造业大国对资源的需求（见表 4-16）。预计未来中国在拉美和加勒比地区的投资仍将以自然资源开采为主。同时，中国企业也将增加在拉美和加勒比地区基础设施建设方面的投资，中国的工程建设行业迅速发展使得中国在该领域积累了经验和能力，国家电网、中国水电和华为等企业在巴西、厄瓜多尔、委内瑞拉等国都参与了基础设施建设。

另外，受贸易壁垒及中国国内制造业工资上涨的影响，中国部分企业将增加海外制造业的投资，将中国的生产线转移到原材料和劳动力成本较低的拉美国家。

表 4–16　2004~2010 年中国 FDI 主要流入的拉美国家和地区

单位：百万美元

		英属维尔京群岛	开曼群岛	巴西	秘鲁	委内瑞拉
2004 年	流量	385.5	1286.1	6.4	0.2	4.7
	存量	1089.4	6659.9	79.2	125.8	26.8
2005 年	流量	1226.1	5162.8	15.1	0.6	7.4
	存量	1983.6	8935.6	81.4	129.2	42.7
2006 年	流量	538.1	7832.7	10.1	5.4	18.4
	存量	4750.4	14209.2	130.4	130.4	71.6
2007 年	流量	1876.1	2601.6	51.1	6.7	69.5
	存量	6626.5	16810.7	189.6	137.1	143.9
2008 年	流量	2104.3	1524.0	22.4	24.6	9.8
	存量	10477.3	20327.5	217.1	194.3	156.0
2009 年	流量	1612.1	5366.3	116.3	58.5	115.7
	存量	15060.7	13577.1	360.9	284.5	272.0
2010 年	流量	6119.8	3496.1	487.5	139.0	94.4
	存量	23242.8	17256.3	923.7	654.5	416.5

注：2004~2006 年的 FDI 流量和存量都不包括金融 FDI，2010 年的 FDI 存量的数值经过历史数据调整。
资料来源：商务部 2010 年中国对外直接投资统计公报。

4.4　中国与拉美能源合作分析

作为制造业大国的中国的经济快速发展带来了一个很现实的问题，中国自身的能源储备和能源开采能力已经不能满足日益增长的工业和居民能源需求，靠出口拉动的中国经济要继续发展，就必须首先解决能源问题。拉美地区有着丰富的自然资源，委内瑞拉和巴西是拉美的主要原油出口国，也是我国最大的原油进口国。据拉丁美洲能源组织 2012 年 3 月公布的报告，2011 年的数据显示，拉美已探明石油储量占全球石油储量的 20%，达 1.7 万亿桶，已成为仅次于中东地区的世界第二大石油储量区域。在能源贸易方面，委内瑞拉是中国在拉美最大的原油进口国，2010 年，中国从拉美进口原油 2073 万吨，占中国原油进口总量的 8.7%，2011 年，中国自委内瑞拉进口原油 73 亿美元，比 2006 年增加了 7 倍，其次，巴西、哥伦比亚、厄瓜多尔和阿根廷也是中国在拉美主要的原油进口来源地。目前，委内瑞拉已经成为中国在全球范围内的第四大石油供应国（见表 4-17）。

表 4-17 2006~2011 年中国自拉美主要国家进口原油情况

单位：百万美元

年份	委内瑞拉	巴西	哥伦比亚	厄瓜多尔	阿根廷
2006	891.9	1257.5	39.4	72.5	754.6
2007	979.4	1313.7	409.4	115.1	692.6
2008	1886.9	3653.8	782.4	821.2	508.4
2009	1610.6	1988.2	292.9	723.5	528.7
2010	3568.9	4231.1	993.6	410.7	615.4
2011	7297.4	4884.8	1586.9	369.1	319.4

资料来源：根据联合国 COMTRADE 数据整理。

1993 年，中石油进军秘鲁，迈出了中国在拉美地区能源合作的第一步。开始了长达 20 年的合作历程，中拉能源合作起步虽相对较晚，与美欧等国相比规模较小，但近年来合作发展的速度却非常迅速。截止到 2009 年，中拉能源合作项目近 20 个，中国投资金额已逾 40 亿美元，涉及勘探、开采、冶炼、技术服务、油气管道建设，等等。[①] 在国别方面，中国主要与秘鲁、委内瑞拉、厄瓜多尔和哥伦比亚开展能源合作，以勘探或开发油气为主。中国与巴西和墨西哥的能源合作则以服务贸易合作为主，2010 年，中国与拉美在油气合作项目上又有新的进展，中国石化、中化集团、中国海油、中国石油等大型央企与拉美及第三方石油公司通过收购、合资、开采新油田等方式取得了良好成绩（见表 4-18）。

表 4-18 2010 年中国和拉美重大油气合作项目

国别	合作伙伴	中国公司	合作项目
巴西	巴西国家石油公司	中国石化	向中方转让 BM-PAMA-3 和 BM-PAMA-8 区块
	挪威国家石油公司	中化集团	中方购买 Peregrino 油田 40%权益
	西班牙雷普索尔公司	中国石化	持股雷普索尔巴西公司增发股份

① 吴白乙. 拉丁美洲和加勒比发展报告（2009~2010）[R]. 北京：社会文献出版社，2010.

续表

国别	合作伙伴	中国公司	合作项目
阿根廷	阿根廷布里达斯能源控股	中国海油	成立合资布里达斯公司，各持股 50%
	BP 公司	中国海油	合资布里达斯公司收购泛美能源 60%股份
	美国西方石油公司	中国石化	收购美方公司在阿资产
委内瑞拉	委国家石油公司	中国石油	成立合资公司合作开发胡宁 1 区块和 8 区块，并参与炼厂项目，中方持股 40%
	委国家石油公司	中国海油	参与 MaritalSucre 天然气项目合作开发
秘鲁	秘鲁石油公司	中化集团	竞标获得 5 个区块勘探开发权
哥伦比亚	美国 Hupecol 公司	中国石化	收购美国公司在哥区块资产
古巴	古巴国家石油公司	中国石油	油气勘探开采、炼厂建设
哥斯达黎加	哥国家石油公司	中国石油	成立合资公司，实施哥方炼油厂扩建项目

资料来源：金燕. 国际能源合作研究：中国与拉美合作案例分析 [D]. 财政部财政科学研究所，2011.

中国在与拉美进行能源合作时也遇到了如下一些困境：一是与其他能源大国（中东和俄罗斯）相比，拉美国家地理位置比较遥远，加大了中国进口拉美能源产品的成本；二是拉美国家的经济环境欠佳，导致中国企业在拉美进行投资经营时经常遇到一些信誉较差的企业或机构，拖欠中方相关款项，这一问题一直困扰着中国企业；三是拉美和美国的地缘政治一直是中国和拉美合作的障碍，中国频繁与美国“后院”的合作，特别是在石油等战略性物资方面的合作，引起了美国的注意。而拉美主要原油输出国之一委内瑞拉的已逝总统查韦斯的反美政策以及其将原油输出重心转移至中国的举动，都深化了中美之间的利益矛盾。通过以上分析，中国在同拉美发展能源合作时，一方面必须要谨慎考虑美国因素的存在，另一方面要考虑如何促进民营企业和中小企业进驻拉美的问题。

4.5 中国与拉美 FTA 谈判及实施情况

我国现在已经有 11 个对外自由贸易协定生效，其中包括拉美的三个国家，分别为智利、哥斯达黎加和秘鲁，三个协定到目前为止均已生效（见表 4-19）。2012 年 5 月，中国和哥伦比亚也开始了自由贸易协定谈判的准备。中国和拉美签订的自由贸易协定包含了涵盖多个领域的双边合作章节，对双方在经济、教

育、文化、中小企业发展、科学研究、环境保护、投资和知识产权等方面的合作予以高度关注。除了这些常规方面的合作，中国与秘鲁在渔业、旅游业和传统医学以及和哥斯达黎加在私人争议调解方面也开展了合作。

表 4-19　中国与拉美国家签订的自由贸易协定

中国与拉美国家签订的自由贸易协定	签订时间	生效时间
中国—智利	2005 年 11 月	2006 年 10 月
中国—秘鲁	2009 年 4 月	2010 年 3 月
中国—哥斯达黎加	2010 年 4 月	2011 年 8 月

资料来源：根据中国商务部资料整理。

中智自贸协定在货物贸易开放方面设定了较高的标准，是一个高质量的协定。2007 年两国贸易额达 147 亿美元，增长率从实施前的 24%提高到了目前的 66%，双方提前实现了贸易额突破“百亿”美元的目标。其中，中国自智利进口 103 亿美元，出口 44 亿美元，比上年分别增长 79%和 42%。2007 年，中国高科技产品和机电产品对智出口比重大幅上升。中国从智利进口的铜及铜制品、木材、鱼粉、葡萄酒及其他初级加工品连创新高。其中，铜进口金额 56 亿美元，增长 149%，数量 80 万吨，增长 123%；葡萄酒进口额 4660 万美元，增长 118%。2006~2011 年，虽然受经济危机的影响，但中国与智利贸易额还保持年均增长 30%的速度。2011 年，中智贸易额达到 313.9 亿美元，比 2006 年增长 3.55 倍。①

4.6　影响中国与拉美贸易发展的主要因素

4.6.1　距离、文化和语言的差异

中国与拉美隔着太平洋遥遥相望。尽管中国与一些拉美国家有海上航线，但是路途的遥远直接增加了货物的运输成本，再加上受到许多人为因素和非人为因

① 商务部网站，http：//www.mofcom.gov.cn。

素的影响，如货轮不准点和交货不及时等，大大减少了进出口商的商业利益，而且，拉美的一些小国家根本就没有远洋船队。[①] 因此，即使在当代航海技术发展水平下，距离的遥远还是客观上制约了中拉贸易的进一步发展。另外，拉美很多国家都曾是欧洲的殖民地，语言以西班牙语和葡萄牙语为主，与中国在语言上的差异较为突出。在国内重视英语教学的情况下，中国缺少精通拉美小语种并了解拉美经济文化的复合型人才。比如，在解决中国企业和拉美国家的各种纠纷时，面对在拉美官方盛行的西班牙语，中国常常处于被动状态。此外，受欧洲文化的影响，拉美居民在宗教上多信奉天主教，拉美文化是一个融合了西方和本土文化的大熔炉，与中国的东方文化大有不同。这使双方进行交流合作时，由于文化上的差异导致沟通不便和误解的情况一直存在，进而影响到双边贸易关系的顺利开展，对此，有必要在后面的章节就文化对双方贸易的影响进行进一步的实证研究。不过可以肯定的是，建立双方文化交流平台，进而增进双方共识，是中国与拉美国家贸易战略构建不能忽视的一个部分。

4.6.2 拉美复杂的政治经济形势

在政治上，曾为殖民地的拉美在经历了大大小小的革命战争以及一系列变革后，逐渐走向独立和安定。拉美在经历了 20 世纪 80 年代的民主化后，其政治体系更为完善。近几年，拉美地区的总体社会政治形势也相对稳定。随着宏观经济的稳定和经济的持续增长，以及贫困状况、就业形势和收入分配不公状况等社会指标的积极变化，近几年拉美地区社会不稳定的程度有所缓和。拉美政治一个显著的特点就是左右翼力量一直处于抗衡状态。近些年一些拉美国家的左翼政党相继走上执政地位，拉美的政治格局开始发生变化。其中，委内瑞拉的左翼力量已经开始和美国对立，2013 年其总统查韦斯的逝世对拉美政局有着巨大影响，特别是令中委关系也有一定波动。查韦斯生前为了表示自己与美国的不合作，将原油出口转向中国，积极同中国发展能源合作，这对中国来说是很好的发展机遇，但也曾一度引发美国对中委合作的负面猜测。新一任委内瑞拉总统对中国的态度将大大影响中拉关系的下一步进展。

在经济上，2010 年拉丁美洲的经济增长仅次于亚洲地区，但其近两年深受

① 江时学. 中国拉美关系的三个因素 [J]. 对外经贸实务，2005 (6).

国际金融危机的影响，经济增长有所放缓，但是整体仍保持增长态势。纵观近年来的拉美地区经济形势，可以看出该地区经济呈现区域分化的特点，这主要是由拉美各国经济结构参差不齐，与发达国家和世界经济联系程度不同所致。据拉美经贸委统计，2008 年经济危机后，中美洲经济复苏加快，平均 GDP 增长 4.2%；南美洲 GDP 增长 3.5%，低于地区平均水平，将失去长期作为拉美经济“引擎”的地位；加勒比地区将仅增长 1.9%。同时，拉美主要大国对拉美整个地区经济的拉动作用有所下降。拉美最大经济体巴西因受国际大宗商品价格下滑影响，经济增速明显减缓。第二大经济体墨西哥因深受美国经济不景气和 7 月大选的影响，GDP 增速只有 1%左右。第三大经济体阿根廷因出口受阻和“选举经济”效应的影响，GDP 不增反降。这些政治经济的不确定因素将给中国与拉美各国的贸易合作带来一定的风险。

4.6.3 拉美的贸易保护主义

早在 19 世纪下半叶到 1914 年，拉美国家就开始实行高关税的贸易保护政策。时至今日，该地区的贸易保护主义再度抬头。2005 年，巴西自中国进口的纺织品数量急剧上升，巴西一些生产商要求政府以提高关税的形式限制中国的丝绸和化纤类纺织品的进口。与此同时，有大约 70 种中国的商品正在被当地纺织行业进行是否采取贸易保护措施的评估。一份来自阿根廷中等企业联盟的公告呼吁：“不要再犯 19 世纪的错误了，来自中国的商品摧毁了整个制造业！”[①] 拉美政府显然没有忽视本国企业的呼吁，在 2006 年，中国和巴西就对中国 70 种纺织品的限制进口签订了协议。与此同时，墨西哥越来越大的逆差额使其政府开始担心中国对自己在国际市场的威胁。2007 年，拉美的平均进口商品关税是 13%，但对中国征收的进口商品关税却高达 21%。在拉美地区针对中国的保护性措施做得最明显的地区是中美洲和安第斯集团成员国，对中国商品的平均关税达到 69%之多。当然，高关税还不能完全反映出拉美对我国的贸易保护态度，反倾销税、数量限制和各种贸易法规也大肆针对中国的商品。拉美对外的平均保护税率是 27%，但对中国却提高了 10 个百分点。[②]

①② Faachini G., Olarreaga M., Silva P., Willmann G.. Substitutability and Protectionism: Latin America's Trade Policy and Import from China and India [J/OL]. World Bank Economic Review, 2007 (4).

中国与拉美之间的摩擦，除了上文所说的关税额偏高之外，主要表现为拉美国家对中国商品所进行的诸如反倾销、反补贴等调查。这是由中拉双方的贸易结构所决定的，中国廉价的商品运往拉美，必然会对拉美国家的国内市场造成冲击。从表 4-20 可以看出，2005~2010 年，拉美主要国家自中国进口的各类别商品占同期拉美表观消费量的比重大幅度上升，其中，机械设备 2005 年占比 11.5%，2010 年这一比重上升到 20.8%，其他制成品，纺织品、服装和鞋，汽车等占比也大幅度提升，充分说明中国工业品在拉美的市场占有率不断提升（见表 4-20）。在这种情况下，贸易摩擦的频频发生也不足为奇。

表 4-20　2005 年和 2010 年拉美自中国进口占当年表观消费量[①]的比重

单位：%

项目	2005 年	2010 年
机械设备	11.5	20.8
其他制成品	5.7	8.7
纺织品、服装和鞋	3.6	5.0
橡胶和塑料	2.3	4.1
所有产品	2.1	3.7
金属及其衍生物	1.3	3.5
汽车	1.3	2.1
非金属矿物	1.2	2.1

注：这里拉美仅指阿根廷、巴西、智利、哥伦比亚、厄瓜多尔和墨西哥 6 国。

资料来源：Rosales O. The People's Republic of China and Latin America and the Caribbean：Dialogue and Cooperation for the New Challenges of Global Economy [R]. Santiago：UNECLAC，2012.

在诸多的非关税壁垒中，反倾销是拉美对中国进行贸易调查的主要手段。拉美对中国的产品进行反倾销调查的重点为钢铁制品、化学药品、纺织品、鞋类制品、家用电器和轮胎，这些商品多为轻工业制造品，表 4-21 列出了自有数据记载以来拉美国家对华反倾销的情况。正是来自中国的这些商品在该地区取代了来自其他国家或拉美当地企业的同样商品，损害了拉美本地相关产业的利益，从而出现“中国威胁论”、“拉美经济依附论”的论调。从表 4-21 可以看出，大多数反倾销调查都是由那些和中国在产品制造业竞争激烈的几个国家发动的：阿根廷（发动的调查数占总调查数的 49%）、巴西（20%）和墨西哥（11%）。

① 表观消费量（Apparent Consumption），指当年产量加上净进口量（当年进口量减出口量）再加上库存变化量（年初库存减年末库存）。

表 4–21 拉美国家对华反倾销产品

国家	对华反倾销产品
阿根廷	1991 年：棉涤纶布、涤棉衬衫布、石墨铅笔、彩色铅笔；1993 年：一次性打火机；1994 年：纯棉和涤棉长袖男衬衫、自行车、摩托车、洗衣机电机；1995 年：不锈钢制品、钢板、管材、链锯、钻头；1996 年：烟花、彩电、扑克、汽车音响、锁、自行车配件、水龙头；1997 年：门锁、机床；1999 年：平面玻璃、木制家具、阿根廷钻头、管材、链锯；2000 年：自行车、自行车配件、温度计、铅笔；2001 年：扑克、轴承、针管、微波炉、空调、水龙头、管材、自行车轮胎；2002 年：草干灵、木制家具、温度计、钻头；2003 年：链锯、太阳镜及镜架；2005 年：糠醛、糠醇、有缝奥斯顿铁不锈钢管、卷尺、手用螺丝刀以及螺丝刀产品；2006 年：玻璃水杯、茶杯、水罐产品；2007 年：电熨斗、汽车传动轴产品、低碳钢焊接链、接线柱；2008 年：聚酯纤维和涤纶低弹丝、碳钢对接焊管件、陶瓷餐具及其他家用或卫生用瓷器、染/颜性染料及制品（有机合成染料）、液体冷冻泵、炼油泵设备、拉链及其零件、滚子链、不锈钢餐具；2009 年：轮胎、电风扇、电子加热器、皮下注射器、螺杆压缩机、发动机（升降机或电梯用）、管附件、窄幅混纺机织物（牛仔布）、钢轮毂、鞋类产品、食品处理机（电动和手动多功能食品处理机）、平纹和斜纹长丝机织物；2010 年：铜版纸（纸张及纸板）、手锯用高速钢锯条、男士西服套装或西服式上衣；2011 年：未上釉地砖和饰面瓷砖、单相交流发电机
巴西	1989 年：滚子链条；1992 年：碳酸钡；1993 年：铅笔和彩色铅笔；1994 年：台式风扇、挂锁、大蒜；1996 年：铅笔和彩色铅笔、自行车轮胎；1997 年：蘑菇、环形磁铁、水表、碳酸钡；1998 年：钻头、热水瓶、热水瓶胆；2000 年：台式风扇、挂锁；2001 年：大蒜、钢铁丝制的布、格栅或网、草干灵、铸铁马钢管件；2002 年：铅笔和彩色铅笔、碳酸氢钠、自行车轮胎、蘑菇；2003 年：镁粉、未锻轧镁、环形磁铁、碳酸钡、钻头；2005 年：鞋、自行车轮胎；2006 年：发梳、扬声器、镜架、太阳镜、手动升降滑轮、圣诞树、圣诞树装饰用球、手拉葫芦、SDS 钻头、电熨斗；2007 年：自行车曲轴连杆、合成纤维毯；2008 年：鞋类产品、圆珠笔、人造纤维短纤纺制单纱线（人造纤维）、炉用碳棒（石墨碳电极）、机动小客车用橡胶轮胎、一次性注射器、大客车和卡车用子午线轮胎、粘胶纤维；2009 年：合成纤维布（弹力针织布）、桌上用玻璃器皿、合成纤维毯；2010 年：无缝碳钢管（用于油气管道，外径不超过 5 英寸）；2011 年：不锈钢餐具、聚二苯甲烷二异氰酸酯（聚合 MDI）、柠檬酸及柠檬酸盐
墨西哥	1991 年：餐具；1992 年：铁制接头、塑料制品、棉纺织品、蜡烛、照明设备；1993 年：氟石、启罐头器、刷子、梳子；1994 年：照相机、自行车及轮胎、鞋、玩具、五金器具、电器与机械配件、化学工制品、服装、纺织品；1994 年：铅笔、阀门、铅笔刀、文件包和手包、钢锁；1996 年：童车和学步车；1998 年：一次性打火机；1999 年：轮胎；2001 年：酸制品；2002 年：音响设备、钢链；2003 年：锰铁；2004 年：皮革及类似品、次磷酸盐；2005 年：焊件、速溶咖啡机、门锁、机器设备、电子仪器和零件、电动产品及配件、有机化工产品、婴儿车及其零件、轮胎；2006 年：轻型卡车斜交轮胎、常规电极、无缝钢管、油漆刷；2007 年：锁具、钢板、塑料喷雾器；2009 年：无缝钢管、碳钢螺母；2010 年：电弧炉用石墨电极；2011 年：RG 型同轴电缆
秘鲁	1994 年：纺织品；1995 年：水表；1996 年：裤子、衬衣、内衣、睡衣、胸罩、鞋；1997 年：单相电式电能表；1998 年：单相电子式电能表；1999 年：趴板、滑板；2001 年：不锈钢盘、轮胎；2002 年：纺织品；2003 年：纺织品和成衣；2004 年：棉机织物、陶瓷餐具、茶具、咖啡具、铁制铰链（合页）；2005 年：汽车轮胎、儿童玩具、不锈钢锅、壶、平底锅和带把浅口锅、部分棉混纺机织物；2006 年：鞋类产品；2009 年：平纹织物；2011 年：长和宽不超过 60 厘米的墙面瓷砖
委内瑞拉	1993 年：牛仔布；1996 年：锁具；1998 年：鞋；2001 年：轮胎；2002 年：鞋、纺织品
智利	1993 年：纺织品；1994 年：男式衬衫、防寒服；1995 年：鞋

续表

国家	对华反倾销产品
哥伦比亚	1994 年：磷酸；2004 年：瓷制餐具；2005 年：牛仔布、球类产品；2006 年：袜子、女士内衣；2007 年：男式内衣；2008 年：铲，镐、锄、耙（贱金属工具）、成条订书钉、螺丝、螺母；2009 年：管材（石油管件、钻探油气用无缝不锈钢套管及导管）
牙买加	2003 年：水泥
特立尼达和多巴哥	1998 年：塑料编织袋；2003 年：空调

注：数据截至 2013 年 2 月 25 日。

资料来源：2005 年之前数据来自全球反倾销数据库，转引自网站 http：//www.brandeis.edu/c-bown/global-ad/；2005 年之后数据来自中国贸易救济信息网数据库 http：//www.cacs.gov.cn。

4.7 本章小结

本章研究目的是厘清中国与拉美之间的贸易规模和贸易结构，并找出中国与拉美贸易大国之间顺差和逆差产生的原因，中国与拉美贸易发展的障碍因素。通过对中国与拉美贸易关系的深入研究，得出以下结论。

第一，中国与拉美整体上保持贸易平衡，但具体到各个国家情况并不相同，逆差主要来自南美洲，而顺差主要来自中美洲，所以针对不同的拉美国家，应制定不同贸易政策。从国别贸易顺差和逆差的分布情况可以看出，中国与拉美不同国家间的贸易表现出一定的差异，加上中国自拉美进口以矿产和能源产品为主，进口受两国政治关系影响较大，这需要我们进一步进行实证分析。

第二，从双方贸易结构来看，中国与拉美贸易大体上属于贸易互补，而非贸易竞争。中国主要向拉美出口电机、电气设备，核反应堆、锅炉、机器、机械器具和车辆等，自拉美进口矿砂、矿渣、矿物燃料、含油子仁及果实、铜及其制品等。中拉贸易互补性大于竞争性，具体实际情况仍需要进行进一步实证分析。

第三，双方的贸易结构还可以证明，中国与拉美都遵循着历史遗留的路径依赖惯性，处于泛亚洲垂直供应链的不同位置。中国与拉美处于同一个集群当中，中国处于核心国地位，是拉美参与国家分工的通道国之一。

第四，中国对拉美地区的投资力度不断加大，拉美正成为中国继亚洲之后第

二大投资目的地，双方的能源合作也不断展开，但合作伙伴国数量还较少，主要集中在巴西、阿根廷和委内瑞拉等国，因此应考虑进一步促进民营企业和中小企业入驻拉美。

第五，目前，中国在拉美地区仅与智利、秘鲁和哥斯达黎加 3 国签订自由贸易协议，FTA 谈判仍任重道远。影响中国与拉美国家贸易发展的因素主要有距离、文化和语言的差异、拉美复杂的政治经济形势以及双方之间的贸易摩擦等，有必要建立模型对上述因素进行实证分析。频发的贸易摩擦也为中国对拉出口敲响警钟，中国需要在拉美市场打造“中国制造”的品牌，进而增加拉美国家居民对中国的认可度。

第六，现存的贸易理论一致认为，从与对方的贸易当中获利是贸易发生的最终驱动力，传统贸易理论、新贸易理论和新新贸易理论对中国对拉美的出口具有较好的解释力，但却不能完全用来解释中国自拉美国家的进口，特别是来自那些未与中国建交的拉美国家的进口。因此，处于垂直供应链上的不同位置的两个发展中国家之间的贸易具有不同的贸易驱动机制，需要新的合适的理论进行解释。

5 中国与拉美贸易互补性、竞争性实证分析

从以上两章的分析可以看出，中国和拉美双边贸易结构存在着很大的差异，然而，中国与拉美国家在贸易结构上究竟是互补还是竞争？双边贸易以产业内贸易为主还是以产业间贸易为主？产业内贸易和产业间贸易各占多大比例呢？具体到每一个国家又会有什么样的情况呢？关于这些问题的争论一直存在，不同的学者使用不同的研究方法得出不同的结果（见第 2 章文献综述）。在第 4 章的研究过程中发现，中国与拉美不同国家之间的贸易存在着不同的特征，因此，本章拟使用最新的数据对中国与拉美在国别层面上进行实证研究，从而厘清中国与拉美各国之间真实的贸易关系。

5.1 基于克鲁格曼专业化指数的测算

5.1.1 指数修正和演变过程综述

克鲁格曼专业化指数（Krugman Specialization Index）主要用来考察两个国家（地区）之间产业结构差异化的程度，从而衡量国家（地区）间分工和专业化程度。该指数由克鲁格曼在 1991 年提出，之后 Molle（1997）、Clark 和 Wincoop（2001）、Kim（1999）以及 OECD（1999）都曾使用这一指数来衡量区域或产业专业化。它的原始形式是：

$$GSI = \sum_{k=1}^{n} \left| a_{it}^{k} - a_{jt}^{k} \right| \tag{5-1}$$

其中，GSI 表示克鲁格曼专业化指数；a_{it}^{k} 表示国家（地区）i 在 t 时期产业 k 占所有产业的份额，a_{jt}^{k} 表示国家（地区）j 在 t 时期产业 k 在所有产业中的份额；n 表示全部产业部门数。本书借用这一指数分析中国与拉美国家的出口结构。如果中国和某个拉美国家在一段时期内的出口贸易结构越相似，那么两者间贸易竞争的可能性就越大。在这里我们使用了克鲁格曼专业化指数的修正版本——贸易专业化系数①（Coefficient of Specialization，CS）（Blázquez-Lidoy、Rodríguez、Santiso，2006）和贸易一致性系数②（Coefficient of Conformity，CC）（Fels、Horn，1972）来比较中国和选定的拉美国家的出口贸易结构。

修正后的贸易专业化系数和贸易一致性系数公式如下：

$$CS = 1 - \frac{1}{2}\sum_{k=1}^{n} \left| a_{it}^{k} - a_{jt}^{k} \right| \tag{5-2}$$

$$CC = \frac{\sum_{k=1}^{n} a_{it}^{k} a_{jt}^{k}}{\sqrt{\sum_{k=1}^{n} (a_{it}^{k})^{2} \sum_{k=1}^{n} (a_{jt}^{k})^{2}}} \tag{5-3}$$

其中，a_{it}^{k} 表示中国的第 k 种商品的出口额占其总出口额的比例，a_{jt}^{k} 表示选定的 10 个拉美国家（巴西、墨西哥、阿根廷、委内瑞拉、哥伦比亚、智利、秘鲁、巴拿马、乌拉圭和哥斯达黎加）的第 k 种商品的出口额占其总出口额的比例，n 表示商品类别的总数。这里同时选用 CC 和 CS 这两个系数是为了结果的准确和稳定，由图 5-1 可见，两个指数相关性非常高，相关系数达到 0.97。由公式我们可以看出，CS 和 CC 指数反映的是两个国家或地区对外贸易出口结构的差异。换句话说，两个指数反映的是两个国家或地区在全球范围内的竞争互补关系。当 CS 和 CC 等于 1 时，说明中国和拉美某国贸易结构完全一样，从而两个国家之间的贸易存在着潜在的竞争；当 CS 和 CC 等于 0 时，说明中国和拉美某国贸易结构完全不同，两国之间贸易结构没有相关性，不存在任何竞争。CS 和 CC 值在 0 和 1 之间的波动表示了其出口结构相似的程度，越靠近 1，出口结构越相似，越

---

① Blazpuez-lidoy J.，Rodriguez J.，Santiso J. Angel or Devil? China's Trade Impact on Latin American Emerging Markets [R]. Paris：OECD Development Centre Working Paper，2006.

② Fels G.，Horn E. J. Der Wandelder Industriestrukturim Zugederwirtschaftlichen Integrationder Entwicklungsländer. [M]. Tübingen：DieWeltwirtschaft，1972：107-128.

倾向于竞争关系；越靠近 0，则出口结构差异越大，越倾向于互补关系。

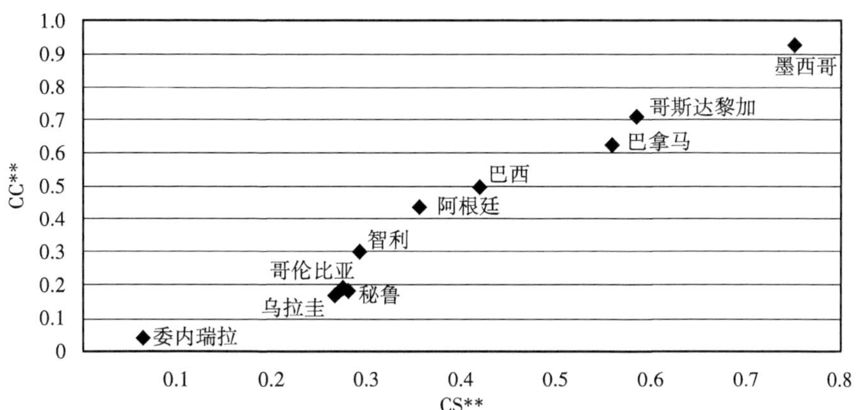

图 5-1 CS 和 CC 指数的相关性

资料来源：根据联合国统计署 UNCOMTRADE 数据计算后绘制。

5.1.2 数据选择及测算结果

本节所有数据来自联合国统计署的 UNCOMTRADE。在出口商品的分类上，我们采用国际贸易标准分类（Standard International Trade Classification，SITC）第三版本（SITC Rev. 3）的商品分类方法，目前此方法涵盖 10 大不同类别商品的出口结构。之所以采用此分类方法，是因为 SITC 采用的是经济分类标准，即按原料、半制品、制成品分类并且可以判定商品的产业部门来源和加工程度，比较适用于中国与拉美贸易的现状。中国与拉美国家之间的贸易量主要从 2001 年开始猛增，为了更好地体现出中国在加入 WTO 后其贸易的发展情况，本节选取 2002~2004 年以及 2009~2011 年这两组时间段做对比，并分别取其算术平均数 CS*、CS** 和 CC*、CC** 来描述其中的变化趋势。最后为了结果更加简单明了地展现出来，我们分别取以上两组结果的算术平均数，在此我们定义为 CA 指数，记作 CA*、CA**。

为了便于比较，我们按照 2009~2011 年的算术值 CA** 从高到低排序，计算结果如表 5-1 所示。

表 5-1 中国与拉美 10 国的出口贸易结构比较

	CS*	CS**	CC*	CC**	CA*	CA**
墨西哥	0.753	0.751	0.915	0.923	0.834	0.837
哥斯达黎加	0.672	0.586	0.810	0.705	0.741	0.645
巴拿马	0.198	0.558	0.132	0.626	0.165	0.592
巴西	0.582	0.417	0.730	0.494	0.656	0.455
阿根廷	0.345	0.354	0.371	0.436	0.358	0.395
智利	0.331	0.291	0.329	0.304	0.330	0.298
乌拉圭	0.376	0.277	0.299	0.188	0.337	0.233
秘鲁	0.370	0.272	0.349	0.189	0.359	0.230
哥伦比亚	0.396	0.264	0.361	0.169	0.378	0.217
委内瑞拉	0.204	0.062	0.109	0.043	0.156	0.053

注：1. * 代表 2002~2004 年的平均数，** 代表 2009~2011 年的平均数。

2. 2009 年委内瑞拉 SITC 分类下第九项——其他未分类产品的数额无法得知，故计算中取 2008 年和 2010 年该项数额的算术平均数作为 2009 年的数额。

3. 乌拉圭 2010 年和 2011 年的数据无法得知，故直接取 2009 年的数据。

资料来源：根据联合国统计署 UNCOMTRADE 数据计算。

5.1.3 测算结果分析

从整体上看，CS 和 CC 指数普遍较低，这说明中国和拉美整体上出口结构差异性较大，不存在显著的贸易竞争关系，但具体到不同的国家情况有所不同。从国家横向比较层面来看，中国与墨西哥、哥斯达黎加、巴拿马和巴西等国贸易竞争程度较大，而与委内瑞拉、哥伦比亚、秘鲁、乌拉圭等国竞争较小，特别是与委内瑞拉，基本上不存在任何贸易竞争关系。从时间纵向比较层面来看，2002~2011 年，墨西哥、巴拿马和阿根廷的 CA 值有所上升，其中巴拿马的 CA 指数从 0.165 上升到 0.645，意味着中巴两国贸易竞争度越来越强，而其他国家的 CA 值都有所下降。其中，哥斯达黎加、巴西、乌拉圭和哥伦比亚下降明显，意味着中国与这些国家间的货物贸易呈现出越来越小的贸易竞争性。

从表 5-1 可以清楚地看到，中国与墨西哥的 CA 指数在 2002~2011 年基本上维持在 0.835 的水平，双方呈现出巨大的贸易竞争性，中国廉价的商品危及墨西哥的出口市场份额，一些统计数据证实了这一结论的正确性。美国经济分析局（BEA）的数据显示，2002 年墨西哥 89%的商品流入美国市场，2005 年这一比例下降到 85.7%，2011 年继续下降到 78.6%。然而，2003 年中国对美国的出口市场份额占到 12.1%，首次超过墨西哥；2005~2011 年，美国自墨西哥进口占其总进

口的比重由 10.2%上升到 11.9%，而从中国进口占其总进口的比重由 14.6%上升到 18.1%。中墨双方在贸易上的竞争主要表现在美国市场上的竞争。在中墨双边贸易上，2005 年，墨西哥对中国出口 11.3 亿美元，占其当年出口总额的 0.5%，中国为当年墨西哥的第十大出口市场。2011 年，中国跃升为墨西哥第三大出口市场，墨西哥对中国出口额达到 59.7 亿美元，占其当年出口总额的比例上升到 1.7%。进口方面，2005 年，墨西哥自中国进口 175 亿美元，占比 8.0%，中国是墨西哥第二大进口来源地；2011 年，墨西哥自中国进口 522.5 亿美元，占比 14.9%，比 2005 年上升了 7 个百分点。

以上统计数据说明，与 2005 年相比，2011 年中墨双方贸易额在对方进出口中的比重均出现增长，其中中国对墨西哥的出口增加更快，中墨之间产业内贸易不断增强。而中国与墨西哥的出口结构如此相似的主要原因就是墨西哥同中国一样，也是以工业和制造业为主的国家，2012 年，中国向墨西哥出口总量占前六位的产品分别是机电产品，贱金属及制品，家具、玩具、杂项制品，塑料、橡胶，光学、钟表、医疗设备，化工产品等。自墨西哥进口的前六类产品是矿产品，机电产品，运输设备，贱金属及制品，化工产品，塑料、橡胶。相比之下，中国从拉美其他国家主要进口大豆、鱼粉、饲料和矿产品等初级商品，因此，中国和墨西哥的出口相似度最高。

此外，在时间段的选取上，本书选取了中国 2001 年加入世界贸易组织至今的十几年进行分析，目的是想观察中国加入世界贸易组织之后是否会因为贸易的开放程度更高增加其在世界贸易市场上的竞争性。从结果可得知，中拉之间贸易的竞争程度并没有因为中国入世而增加，反而普遍下降了。CC 指数和 CS 指数通过直接分析国与国之间的出口商品结构来判断两国是否在出口市场上具有竞争性，结果直观明了。但是学术界认为这两个指数的最大缺点就是忽略了参与计算的经济体的大小，即没有考虑到一国出口额在世界总出口额所占比重的大小。为了更加全面地分析中国和拉美国家的竞争性，下节将采用显性比较优势指数（RCA 指数）来分析中国和拉美国家在某种出口商品上是否具有相对优势。

5.2 基于 RCA 指数测算

由上节 CS 指数和 CC 指数的计算公式可以看出，两个指数反映的仅仅是中国和所选择的拉美国家在出口贸易结构上的差异，可以衡量其在全球范围内的竞争互补关系。或者说，CS 指数和 CC 指数更能反映出两个国家在第三方市场上的竞争互补关系，而不能反映两个国家之间的贸易竞争和互补关系。测算结果表明，中国与墨西哥、巴西和哥斯达黎加 3 国在全球市场上竞争程度较强，因此有必要对中国商品在上述 3 国的竞争力进行测度。这里我们采用著名的 RCA 指数的变形作为工具进行测算。

5.2.1 RCA 指数综述和修正

显性比较优势指数（Revealed Comparative Advantage Index）（RCA 指数）[①] 是 BelaBalassa 于 1965 年提出来旨在计算某个国家在某种商品上是否具有比较优势的测试指标，同时也能看出一国的贸易专业化程度（Trade Specialization）。RCA 指数又称出口效绩指数，其定义为：一个国家某种出口商品占其出口总值的比重与世界该类商品占世界出口总值的比重两者之间的比率。其基本公式如下：

$$RCA_{ij} = \frac{\frac{X_{ij}}{X_i}}{\frac{W_j}{W}} \tag{5-4}$$

其中，X_{ij} 表示 i 国 j 产品的总出口额；X_i 表示 i 国对世界的总出口额；W_j 表示全世界 j 商品的总出口额；W 表示全世界的总出口额。

如果一国某种产品的市场份额大于国际平均水平或者说这种产品在其商品总出口额中所占份额大于该产品在世界的总出口中所占份额，那么就可以认定该国在这种产品上的贸易专业化程度较高，也即拥有比较优势。若 RCA 指数大于 1，

① Bela Balassa 在其著作 Trade Liberalization and Revealed Comparative Advantage 中以 Ricardian 的比较优势为基础提出的。

则说明 j 产品在 i 国出口总额中所占的份额大于该产品在世界出口总额中所占的份额，说明该国在这个产品上具有显性比较优势；当 RCA 小于 1 时，表明 j 产品在 i 国出口总额中所占的份额小于该产品在世界出口总额中所占的份额，则表明该国在这个产品上缺乏显性比较优势。RCA 指数越大意味着该项产品或产业越有竞争力。一般认为，若 $RCA \geqslant 2.5$，则该产品具有极强的竞争力；若 $1.25 \leqslant RCA < 2.5$，则该产品具有较强的竞争力；若 $0.8 \leqslant RCA < 1.25$，则该产品具有一般的竞争力；若 $RCA < 0.8$，则该产品具有弱的竞争力。[①]

在上一节中我们得出结论：墨西哥、巴西和哥斯达黎加与中国出口贸易结构相似度较高，在一定程度上对中国的出口构成竞争。因此有必要对中国与这三个国家出口产品的竞争程度做深入的测算和分析。因为需要比较的是 RCA 值的相对大小而不是绝对大小，所以此处采用于津平（2003）的做法，[②] 将 RCA 值进行如下修正：

$$RCA_{xabj} = \frac{X_{abj}/X_{ab}}{X_{awj}/X_{aw}} \tag{5-5}$$

其中，RCA_{xabj} 表示用出口来衡量的国家 a 在 j 产品上的比较优势；X_{abj} 表示中国对拉美国家 b 出口 j 商品的总额；X_{ab} 表示中国对拉美国家 b 出口的所有商品总额；X_{awj} 表示中国对世界出口 j 商品的总额；X_{aw} 表示中国对世界出口的所有商品总额。

若 RCA_{xabj} 指数大于 1，说明我国 j 产品在对拉美国家 b 的出口上具有显性比较优势，当 RCA_{xabj} 指数小于 1 时，则表明我国 j 产品在对拉美国家 b 的出口上缺乏显性比较优势。同标准 RCA 指数一样，若 $RCA_{xabj} \geqslant 2.5$，则说明该产品具有强的竞争力；若 $1.25 \leqslant RCA_{xabj} < 2.5$，则说明该产品具有较强的竞争力；若 RCA_{xabj} 处于 0.8~1.25，则说明该产品具有一般的竞争力；若 $RCA_{xabj} < 0.8$，则说明该产品具有弱的竞争力。

5.2.2 中国商品在拉美市场的竞争力测度及分析

本节选择上述 3 个国家为研究对象，利用修正后的 RCA 指数，选取可获取得最新的 2011 年贸易数据，依然采用 SITC Rev. 3 的商品分类方法，在 SITC 一

① 冯飞. “入世” 后过渡期我国重点产业竞争力评价 [R]. 北京：商务部产业安全调查局，2009.

② 于津平. 中国与东亚主要国家和地区间的比较优势与贸易互补性 [J]. 世界经济，2003 (5).

位数的基础上研究其项下的 10 大类商品的出口结构，所有数据来自联合国统计署的 UNCOMTRADE。计算结果如表 5-2 所示。

表 5-2 2011 年中国商品在墨西哥、巴西、哥斯达黎加市场上的 RCA 指数

商品类别	中对墨出口	中对巴出口	中对哥出口
00 食品及活动物	0.707	0.654	2.064
01 饮料及烟类	0.067	0.050	0.383
02 非食用原料	1.331	0.587	0.271
03 矿物燃料、润滑油及有关原料	0.196	0.700	0.095
04 动植物油、脂和蜡	0.382	0.110	0.313
05 化学成品及有关产品	0.824	1.635	1.599
06 按原料分类制成品	1.234	1.187	1.475
07 机械及运输设备	1.043	1.013	0.865
08 杂项制品	0.885	0.768	0.764
09 其他未分类产品	0.028	0.072	0.021

资料来源：根据联合国统计署 UNCOMTRADE 数据计算。

由表 5-2 可知，在中国对墨西哥的出口中，第二类非食用原料、第六类按原料分类制成品、第七类机械及运输设备三类产品的 RCA 指数都大于 1，说明中国在这三大类产品的出口上均具备显性比较优势，而其他 7 类产品都不具备显性比较优势。其中，第二类非食用原料具有较强的比较优势，而第六类接原料分类制成品、第七类机械及运输设备、第五类化学成品及有关产品、第八类杂项制品具有一般性比较优势，其他产品具有较弱的竞争力。在对巴西的出口当中，第五类化学成品及有关产品、第六类按原料分类制成品、第七类机械及运输设备这三类产品的 RCA 指数都大于 1，说明中国在这三大类产品的出口上具备显性比较优势，而其他 7 类产品都不具备显性比较优势。其中，第五类化学成品及有关产品具有较强的比较优势，第六类按原料分类制成品、第七类机械及运输设备具有一般性比较优势，其他产品具有较弱的竞争力。在中国对哥斯达黎加的出口中，第一类食品及活动物、第五类化学成品及有关产品、第六类按原料分类制成品这三类产品的 RCA 指数都大于 1，说明中国在这三大类产品的出口上具备显性比较优势，而其他 7 类产品都不具备显性比较优势，并且这三类产品都具有较强的比较优势，第七类机械及运输设备具有一般性比较优势，其他产品具有较弱的竞争力。总体来看，中国对上述 3 国的出口产品除了第一类饮料及烟类，第三类矿物燃料、润滑油及有关原料，第四类动植油、脂和腊之外，其他产品在 3 国市场上都具有一定的竞争力。较强竞争力主要体现在第五类化学成品及有关产品、第六类按原料分类制成品和第七类机械及运输设备这三类产品上，即工业制成品上。这一结论与利用 CS 指数和 CC 指数分析的结果相一致。

综合 CS、CC 和 RCA 三个指数的计算结果，我们发现中国的工业制成品在整个美洲市场上确实存在较强的竞争力。这一论证结果正是在美洲广为传播的“中国威胁论”的根基所在，这是一种以点盖面的论点，但也在一定程度上体现出墨西哥、巴西等拉美工业制造国家对中国廉价商品对美洲市场特别是美国和加拿大市场冲击的担忧。自 1994 年 NAFTA 实施之后，墨西哥主要生产低附加值的工业制成品，对美加两国的出口曾一度达到其出口总额的 90%以上，而近年来中国商品在美洲市场的出现使其市场占有率不断下降，这一方面是因为中国成功加入 WTO，另一方面是因为中国的劳动力成本较低。据统计，中国的平均工资是拉美国家平均工资的 1/4（OECD，2006）。因此，拉美国家开始不得不减少工业制成品的生产和出口，转而增加化工产品和能源产品的出口比例。

如果分析到此为止，看似中国产品在整个美洲市场的形势一片大好，然而，我们却忽略了除了产品本身和劳动力外的其他因素：距离和时间。关于距离问题我们会在下一章做出实证分析，这里只根据现有的数据和文献进行简单的定量分析。相比而言，墨西哥和其他拉美国家显然有中国永远不可能具备的优势：距离优势。而距离不但意味着高额的运输成本，还意味着漫长的运输时间和较大的运输风险。一方面，对于那些从商品来源地到最终消费地的时间间隔要求较短的商品，较长的运输时间意味着商品无法进行出口；另一方面，较短的运输时间可以让国外进口商更好地对市场变化做出调整，减少市场波动的风险，同时降低库存成本。Evan 和 Harrigan（2003）通过建立实证模型验证了在国际贸易当中运输时间的重要性。一种观点认为，鉴于与商品本身的成本相比贸易成本显得越来越重要，墨西哥可以通过降低贸易成本的方式找回自己在 NAFTA 市场上的竞争优势（Deardoff，2004）。一些研究发现贸易对于距离的弹性有所下降，而大多数的研究则指出弹性没有变化，或者变化很小，更有研究出人意料地指出不但没有下降反而有所上升（Disdier 和 Head，2004；Brun 等，2005）。基于面板数据用引力模型的实证结果表明弹性有所上升。Anderson 和 Wincoop（2007）研究发现贸易成本竟然是商品本身成本的 2 倍！这就意味着，距离和时间成本是比较优势的重要组成部分。

这样看来，中国商品的劳动力成本低到抵消高额的长距离运输成本后仍然具有相对比较优势，然而事实并非如此。有意思的是，对大部分拉美国家来说，运输成本远远高于美国市场的进口关税。Clark、Dollar 和 Micco（2004）通过对出口到美国的超过 30 万件海运商品的运输成本的研究发现，港口效率是导致运输成本增加的重要因素。包括墨西哥在内的拉美国家的平均运输成本与亚洲国家的运输成本几乎相同甚至高于亚洲国家的平均水平。对于一些国家（比如智利和厄瓜多尔），运输成本要高于其商品进入美国市场所面临的平均关税的 20 倍！因此，降低运输成本、提高基础设施的运作效率是拉美国家面临的一大重要问题。数据显示，港口效率如果提高 25~75 个百分点，将会减少超过 12%的运输成本，这相当于 5000 英里的物理距离所必需的成本。

因此我们可以判定，短期内中国商品在美洲市场上依然具有比较优势，但从长期来看，随着人民币的不断升值及拉美基础设施的不断完善，这种优势将会不断减弱。中国商品在整个美洲市场将会面临越来越强的竞争。

5.2.3 中国商品在拉美需求市场上的契合度测度

通过 RCA_{xabj} 指数的计算结果，我们知道中国对墨西哥、巴西和哥斯达黎加 3 国出口的各商品类别的竞争力情况，且 CS 指数和 CC 指数的测算结果也告诉我们，中国与上述 3 国在整体上贸易结构相似，存在着竞争关系。那么，中国各类别商品多大程度上弥补了拉美市场对该类商品的需求，即中国各类别商品对拉美 3 国的贸易契合度有多大？这是本小节要解决的问题。我们依然采用于津平（2003）的方法构建式（5-6），其中，RCA_{mbaj} 表示借助于进口来衡量的国家 b 在 j 产品上的比较劣势，则：

$$RCA_{mbaj} = \frac{M_{baj}/M_{ba}}{M_{bwj}/M_{bw}} \tag{5-6}$$

其中，M_{abj} 表示拉美国家 b 自中国进口 j 商品的总额；M_{ba} 表示拉美国家 b 自中国进口的所有商品的总额；M_{awj} 表示拉美国家 b 自世界进口 j 商品的总额；M_{bw} 表示拉美国家 b 自世界进口的所有商品总额。

用 C_{mb} 来表示中国对拉美 3 国的贸易契合度指数，则：

$C_{mb} = RCA_{xabj} \times RCA_{mbaj}$

就可以用来衡量中国各类别商品对拉美 3 国市场需求的满足程度。

由上式可以看出，RCA_{mbaj}越大，说明 b 国在 j 类商品上的进口比例越大，该国在这类产品的生产上越不具有比较优势。如果中国在商品 j 上具有较强的比较优势（即 RCA_{xabj} 较大），而拉美国家 b 在产品 j 上的比较劣势明显（即 RCA_{mbaj} 大），则双方产品 j 在拉美国家 b 市场上占有较高的市场份额，中国商品较大地满足了 b 国市场的需求。

本节仍然采用 SITC Rev. 3 的商品分类方法，在 SITC 一位数的基础上选择其项下的 10 大类商品，对上述拉美 3 个国家的 RCA_{mbaj} 和贸易互补性指数 C_{mb} 进行测算，选取可获取的最新的 2011 年贸易数据，产品分类所有数据依然来自于联合国统计署的 UNCOMTRADE。RCA_{mbaj} 指数的计算结算如表 5-3 所示。

表 5-3　2011 年从进口角度衡量的墨西哥、巴西、哥斯达黎加 3 国的 RCA 指数

商品类别	墨进口	巴进口	哥进口
00 食品及活动物	0.122	0.440	0.434
01 饮料及烟类	0.004	0.001	0.076
02 非食用原料	0.128	0.195	0.111
03 矿物燃料、润滑油及有关原料	0.025	0.067	0.013
04 动植物油、脂和蜡	0.003	0.015	0.017
05 化学成品及有关产品	0.327	0.570	0.518
06 按原料分类制成品	0.748	1.583	1.035
07 机械及运输设备	1.546	1.436	1.373
08 杂项制品	1.463	2.134	2.001
09 其他未分类产品	1.031	0.000	0.002

资料来源：根据联合国统计署 UNCOMTRADE 数据计算。

从结果中可以看出，墨西哥在第七类机械及运输设备、第八类杂项制品上显示出比较劣势；巴西和哥斯达黎加均在第六类按原料分类制成品、第七类机械及运输设备、第八类杂项制品上显示出比较劣势。总体来看，三个国家的比较劣势集中在第六项、第七项和第八项产品上，在第五项化学成品及有关产品上表现为一般劣势。

根据计算的 RCA_{xabj} 和 RCA_{mbaj} 值，我们可以得到贸易契合度指数 C_{mb} 的值，如表 5-4 所示。

从表 5-4 结果可以看出，中国的第六类按原料分类制成品、第七类机械及运输设备、第八类杂项制品在墨西哥、巴西和哥斯达黎加 3 国具有较强竞争力并与 3 个国家的需求有较好的契合度。此外，中国与巴西和哥斯达黎加两国又在第五

表 5-4　2011 年中国对墨西哥、巴西、哥斯达黎加的贸易需求契合度

商品类别	墨进口	巴进口	哥进口
00 食品及活动物	0.0863	0.2878	0.8958
01 饮料及烟类	0.0003	0.0001	0.0291
02 非食用原料	0.1704	0.1145	0.0301
03 矿物燃料、润滑油及有关原料	0.0049	0.0469	0.0012
04 动植物油、脂和蜡	0.0011	0.0017	0.0053
05 化学成品及有关产品	0.2694	0.9320	0.8283
06 按原料分类制成品	0.9230	1.8790	1.5266
07 机械及运输设备	1.6125	1.4547	1.1876
08 杂项制品	1.2948	1.6389	1.5288
09 其他未分类产品	0.0289	0.0000	0.0000

资料来源：根据联合国统计署 UNCOMTRADE 数据计算。

类化学成品及有关产品上表现较好的契合度，与哥斯达黎加又在第一类食品及活动物表现出较好的契合度。

5.3　基于 G-L 指数测算

CS 指数和 CC 指数能够反映出中国和拉美国家出口贸易结构的差异，从而判定双方在全球市场范围内（或第三方市场）的竞争和互补关系。RCA 指数能够判定中国各类商品在拉美市场竞争力的强弱及与拉美贸易进口的契合程度。但这两类指数都是通过单向贸易流量来测评竞争力的大小：CS 指数和 CC 指数是通过中国和拉美（10 国）各类商品的出口流量来测量双方的竞争互补关系；RCA 指数通过中国各类商品在拉美市场（3 国）的出口流量来测量中国商品在拉美市场的竞争力。很明显，两者都没有考查到中国从拉美国家的进口，即拉美国家对中国的出口，没有通过双边贸易流量来判定两国之间的贸易竞争与互补关系。因此，本节引入产业内贸易指数（G-L）指数来对中国与拉美国家之间的双边贸易进行竞争和互补关系测度。

5.3.1 G-L 指数综述

产业内贸易指数（G-L Index）由 Herb Grubel 和 Peter Lloyd 于 1971 年提出，是用来测度一个产业的产业内贸易程度的指数。与 CS 指数和 CC 指数相比，G-L 指数能够反映出两个国家双边贸易的互补情况，缺点是不能反映出双方贸易的流向。根据我们的研究目标，修正后的公式如下：

$$GL_{ij} = \frac{(X_{ij} + M_{ij}) - |X_{ij} - M_{ij}|}{X_{ij} + M_{ij}} = 1 - \frac{|X_{ij} - M_{ij}|}{X_{ij} + M_{ij}} \tag{5-7}$$

其中，GL_{ij} 表示中国与拉美 10 国中的 i 国在 j 类商品上的产业内贸易指数；X_{ij} 表示中国对 i 国在某一产品 j 的出口额；M_{ij} 表示中国自 i 国在某一产品 j 的进口额。

Grubel 和 Lloyd 把国际贸易分为两种类型：一种是产业间贸易，表现为贸易双方交换密集使用各自丰裕要素生产的商品，贸易原因在于资源禀赋差异；另一种是产业内贸易，即参与国际贸易的双方交换同一产业部门的产品，产生的原因一般在于生产的规模报酬递增的特点。GL 取值范围为［0，1］。当 GL = 1 时，表示双方只存在产业内贸易，不存在产业间贸易；当 GL = 0 时，表示双方只存在产业间贸易，不存在产业内贸易。GL 值越接近于 1，表示两国产业内贸易程度越高、竞争性越强、互补性越小；反之亦然。

5.3.2 数据选择和结果分析

本节仍然选取 2011 年中国在拉美地区的前十大贸易伙伴国（巴西、墨西哥、阿根廷、委内瑞拉、哥伦比亚、智利、秘鲁、巴拿马、乌拉圭和哥斯达黎加）为研究对象，通过计算中国与这 10 个国家的产业内贸易指数，来分析中拉贸易的互补性。在出口商品的分类上，我们仍然采用 SITC Rev.3 的商品分类方法，研究此方法项下的 10 种不同类别商品的出口结构，所有数据来自联合国统计署的 UNCOMTRADE。

计算结果如表 5-5 所示。

根据表 5-5 显示的 G-L 指数计算结果，我们可以看出，中国与拉美 10 国之间的贸易大体上属于产业间贸易，10 类产品的 G-L 指数普遍较小，与多个国家的多个产品的指数值甚至接近于零，说明接近完全的产业间贸易，双方贸易互补

表 5-5 中国同拉美 10 国各产品类别的 G-L 指数比较

商品种类	巴西	墨西哥	阿根廷	委内瑞拉	哥伦比亚
00 食品及活动物	0.4201	0.4604	0.2343	0.0000	0.1359
01 饮料及烟类	0.0087	0.4379	0.0005	0.5227	0.8103
02 非食用原料	0.0072	0.1525	0.0108	0.0175	0.2142
03 矿物燃料、润滑油及有关原料	0.1439	0.1274	0.0457	0.0011	0.0160
04 动植物油、脂和蜡	0.0034	0.1528	0.0004	0.4327	0.0001
05 化学成品及有关产品	0.3413	0.5848	0.2663	0.0371	0.0760
06 按原料分类制成品	0.4276	0.1126	0.2967	0.2799	0.3708
07 机械及运输设备	0.1440	0.4849	0.0112	0.0001	0.0002
08 杂项制品	0.0295	0.1499	0.0091	0.0001	0.0055
09 其他未分类产品	0.0012	0.1128	NA	NA	NA
	智利	秘鲁	巴拿马	乌拉圭	哥斯达黎加
00 食品及活动物	0.2922	0.0562	0.1439	0.2217	0.3103
01 饮料及烟类	0.0862	0.0694	0.0000	0.1437	0.9273
02 非食用原料	0.0052	0.0169	0.0513	0.0229	0.2902
03 矿物燃料、润滑油及有关原料	NA	0.2153	0.0000	0.0000	0.0184
04 动植物油、脂和蜡	0.8979	0.0254	NA	0.2286	NA
05 化学成品及有关产品	0.5696	0.2773	0.0038	0.0317	0.0675
06 按原料分类制成品	0.3369	0.7763	0.0036	0.1709	0.0667
07 机械及运输设备	0.0104	0.0035	0.0003	0.0002	0.1745
08 杂项制品	0.0001	0.0185	0.0001	0.0006	0.0842
09 其他未分类产品	NA	NA	NA	NA	NA

注：NA 表示数据无法获取。
资料来源：根据联合国统计署 UNCOMTRADE 数据计算。

性非常强。在国别层面，中国和巴西第零类食品及活动物、第五类化学成品及有关产品、第六类按原料分类制成品的指数分别达到 0.42、0.34、0.42，两国在这三类产品上存在着产业内贸易。中国与墨西哥的多个产品类别之间存在着产业内贸易，第五类化学成品及有关产品的 G-L 指数达到 0.58，意味着两国在该类产品上以产业内贸易为主。相比较前两个国家来讲，中国与阿根廷 G-L 指数进一步减小，第六类按原料分类制成品指数值最高，为 0.3。中国和委内瑞拉虽然在第一类饮料及烟类产品上指数高达 0.52，但在其他产品类别上指数值普遍较低，第零类、第七类和第八类产品 G-L 指数值约等于零，基本属于完全的产业间贸易。值得注意的是，中国与哥伦比亚之间第一类饮料及烟类 G-L 值高达 0.81，说明两国在此类产品上接近于完全的产业内贸易。中国与智利各类别产品的贸易指数又相对较高，其中第四类和第五类 G-L 指数值分别高达 0.90、0.57。中国与秘鲁之间除了第六类产品 G-L 指数高达 0.78 外，其他产品的指数值普遍较低，体现出两国贸易更趋向于互补。中国与巴拿马的 G-L 指数在所有国家中最低，指数最大值出现在第零类，指数也仅仅 0.14，这说明中国与巴拿马处于贸易互补状态。中国与乌拉圭之间整体 G-L 指数值也不高，最高指数值仅为 0.23。中国与哥斯达黎加之间各类产品贸易当中，值得注意的是第一类饮料及烟类，G-L 值高达到 0.93，接近于 1，说明两国在该类产品上处于产业内贸易状态。

实证结果与本书第 4 章根据中国海关统计数据分析的结果是一致的。从产品类别层面来看，如表 5-5 所示，中国与拉美国家在第五类化学成品及有关产品和第六类按原料分类制成品上产业内贸易份额较大，互补性较弱，其他类别产品基本上以产业间贸易为主。如第 4 章表 4-7、表 4-8 所示，根据海关 HS 编码统计的中国与拉美进出口商品类别中，只有第 85 章（电机、电气设备及其零件；录音机及放声机，电视图像、声音的录制和重放设备及其零件、附件）和第 27 章（矿物燃料、矿物油及其蒸馏产品；沥青物质；矿物蜡）同时出现在排名前十类的商品中。由表 5-5 可见，除了委内瑞拉和哥斯达黎加之外，第六类按原料分类制成品上中国与拉美国家基本都存在着较高的产业内贸易比重；第三类矿物燃料、润滑油及有关原料和第四类动植物油、脂和蜡等的产业内贸易较大比重地体现在中国与智力、委内瑞拉、墨西哥、秘鲁和乌拉圭等国之间的贸易中。

5.3.3 国别层面的分析

从表 5-5 可以详细地看出中国与拉美 10 国 2011 年在各类别商品上的贸易互补程度，然而却不能从整体上判定中国与 10 国之间的贸易互补程度。因此需要考虑每种商品在当年进出口总额中的比重，再对各大类商品的 G-L 指数进行加权平均，构造公式如下：

$$CGL_i = \sum_{j=1}^{n}\left[GL_{ij} \times \left(\frac{X_j + M_j}{X + M}\right)\right] \tag{5-8}$$

其中，CGL_i 表示 2011 年中国与拉美 10 国中 i 国的产业内贸易指数；GL_{ij} 表示中国当年与 i 国在 j 类产品上的产业内贸易指数；X_j 表示中国当年对 i 国 j 类商品的出口额；M_j 表示中国当年自 i 国在 j 类商品上的进口额；X 表示当年中国对 i 国的 n 类商品的出口总额；M 表示当年中国自 i 国进口的 n 类商品的进口总额；

n 表示商品类别总数。计算结果如表 5-6 所示：

表 5-6　中国与拉美 10 国产业内贸易指数

国家	墨西哥	智利	哥斯达黎加	秘鲁	哥伦比亚
G-L 指数	0.329	0.251	0.166	0.162	0.115
国家	巴西	阿根廷	乌拉圭	委内瑞拉	巴拿马
G-L 指数	0.113	0.067	0.037	0.023	0.001

资料来源：根据联合国统计署 UNCOMTRADE 数据计算。

表 5-6 显示的是加权平均后的中国与拉美 10 国的 G-L 指数，可以看出，中国与墨西哥、智利、秘鲁、哥伦比亚、巴西 5 个国家的产业内贸易指数相对较高，意味着双方贸易的互补性不强；而与其他 5 国的产业内贸易指数较低，互补性强。测算结果基本上与本章第一节实证结果相符。根据 CS 指数和 CC 指数的测算结果，与中国对外出口贸易结构相似度排在前 5 位的国家分别是墨西哥、哥斯达黎加、巴拿马、巴西、阿根廷和智利；G-L 指数测算结果显示，中国与墨西哥、智利、哥斯达黎加、秘鲁、哥伦比亚的产业内贸易指数排在前 5 位。墨西哥在两次计算结果中都排名第一，说明中墨两国不但在全球市场上出口贸易结构相似，而且双边贸易中也以产业内贸易为主。我们还应该注意到的是双方 CA 指数为 0.89，而 G-L 指数仅为 0.33，这进一步证明了中国与墨西哥的贸易竞争主要表现在对第三方市场的竞争（如对美国市场的竞争）。中国—智利 FTA 自 2006 年开始实施以来，双方贸易实现较快发展，因此虽然两国对外贸易结构相似度并不太大（排名第 5 位），但是双边产业内贸易流量较大。比较有意思的是巴拿马，中国与其对外贸易结构相似度指数高达 0.59（排名第 2 位），然而 G-L 指数仅为 0.001，双方完全以产业间贸易为主。数据显示，2011 年中国向巴拿马出口 145.6 亿美元，而仅自巴拿马进口 0.43 亿美元，贸易失衡度为 99.4%，巴拿马是中国在拉美仅次于墨西哥的最大贸易顺差国。由前面分析可知，中国在拉美的进口主要以石油、矿产、农产品为主，而中国与巴拿马并未建立正式外交关系，因此中国在巴拿马进口量一直较小。

由以上的数据分析可知，中国与拉美国家主要是以产业间贸易为主。与墨西哥、智利、哥斯达黎加等国存在少量的产业内贸易。在此，我们以中国和每个拉美国家的贸易额与中国和拉美 10 国的贸易总额的比重为权重，对表 5-6 的 G-L 指数再次进行加权平均，得出中国与拉美 10 国总体上的产业内贸易指数，构造公式：

$$ZGL = \sum_{i}\left[CGL_i \times \left(\frac{X_i + M_i}{X + M}\right)\right] \tag{5-9}$$

其中，ZGL 表示 2011 年中国与拉美（10 国）的产业内贸易指数；CGL_i 是上面计算的 2011 年中国与拉美 10 国中 i 国的产业内贸易指数；X_i 和 M_i 分别表示中国当年对 i 国的出口额和自 i 国的进口额；X 和 M 分别表示当年中国与拉美 10 国家的进出口总额。计算后得出中国与拉美 10 国的产业内贸易指数 ZGL = 0.149。因为中国与 10 国的贸易额占到 2011 年中国与整个拉美贸易总额的 93.4%，所以该指数可以代表中国与拉美的产业内贸易指数。分析至此，我们可以判定中拉贸易以产业间贸易为主，产业内贸易占比较小。回到第 4 章对中国与拉美双边贸易结构的分析，中国与拉美作为处于泛亚洲垂直供应链上的两个不同位置的地区，国际分工明确。中国通过在拉美进口初级产品，再将工业制成品出口到全球各地(6%返销到拉美市场)。因此，在中国与拉美的贸易中，中国更应该重视自拉美的进口。

5.4 本章小结

本章研究的目的是对中国与拉美国家真实的贸易关系进行实证，即实证中国与拉美国家之间的贸易是竞争还是互补的关系。通过引入 CS、CC，RCA 和 G-L 三组贸易指数从不同角度对中国和拉美主要国家贸易的竞争互补性进行了测度。我们得到如下结论。

第一，CS 指数和 CC 指数计算结果显示，中国与拉美国家整体上出口贸易结构并不相同，双方在全球市场并不存在竞争，然而具体到不同国家情况有所不同。其中，中国与墨西哥、哥斯达黎加、巴拿马和巴西对外贸易结构差异较小，在全球出口市场存在着一定的竞争；中国与委内瑞拉、哥伦比亚和秘鲁出口贸易结构差异较大，并不存在竞争关系。

第二，为测量中国各类商品在拉美市场上的竞争力，我们在第 2 节中引入 RCA 指数，并选取与中国出口贸易结构相似的墨西哥、哥斯达黎加和巴西 3 国为研究对象。计算结果表明，中国各类产品在 3 个国家市场上竞争力表现不一，竞争力较强的商品主要集中在按 SITC Rev. 3 分类标准划分的第 6 类按原料分类制成品、第 7 类机械及运输设备和第 5 类化学成品及有关产品上。

第三，因为 CS 指数、CC 指数和 RCA 指数都不能从中国和拉美各国双向贸易角度进行竞争互补性分析，第 3 节我们引入 G–L 指数对中国与拉美 10 国各类别商品的产业内贸易程度进行测度。结果显示，中国与拉美整体上属于贸易互补，G–L 指数值为 0.149。从国别角度看，中国与墨西哥、智利和哥斯达黎加产业内贸易比重较大，与乌拉圭和委内瑞拉等国基本上完全属于产业间贸易。

第四，从中国与拉美 10 国双边贸易结构的实证分析我们可以得出，从全球角度看中国和拉美同属于泛亚洲垂直供应链的一部分，并且，处于供应链条上不同的位置，有着各自不同的分工。考虑双方的出口贸易结构，拉美处于供应链的上游，而中国处于供应链的下游。中国自拉美进口初级产品，再将工业制成品出口到全球各地，因此，对于中国而言，更应该重视自拉美的进口。

第五，中国对拉美的出口接近于完全竞争市场，比较优势和产业内贸易理论等现存贸易理论可以做出较好的解释。但是，拉美一些国家如巴拿马和哥伦比亚等国对中国的出口属于不完全竞争市场，而且政治因素起到极为关键的作用。生产要素在中国和拉美的空间布局存在着巨大的差异，中国拥有丰富的劳动力，拉美拥有丰富的矿物、能源等原材料。这种生产要素空间布局的差异所导致的经济活动空间区位的不同由于规模经济和“路径依赖”的存在而在一定时期内长期存在，因此中国自拉美进口初级产品的情况也将长期存在，故有必要制定中国与拉美国家之间的贸易对策和中长期发展战略。

第六，结合第 4 章，中国与拉美国家贸易关系可分为三种类型：①以巴西、智利、墨西哥、哥斯达黎加为代表的产业内贸易与产业间贸易并存的国家；特点：这些国家 GDP 规模以及其与中国的贸易规模都比较大，中国处于逆差状态。②以委内瑞拉和乌拉圭为代表的产业间贸易为主的国家；特点：这些国家与中国的出口结构差异较大，贸易量也相对较大。③以危地马拉、多米尼加共和国、巴拉圭为代表的与中国贸易严重失衡的国家；特点：这些国家未与中国建交，GDP 规模较大，却与中国的贸易量较小，且中国存在大量顺差，双方贸易严重失衡，有进一步的拓展空间。因此，由此带来的政策建议是：针对拉美不同的国家应该制定不同的国别贸易政策和贸易战略。

6 中国与拉美国家进出口实证分析

第 5 章的实证结果证明，中国与拉美主要国家不论是在全球市场还是在双边贸易层面，整体上都处于贸易互补状态，而根据第 4 章的研究结果，中国自拉美国家的进口市场属于不完全竞争市场，进口受两国政治关系的影响较大，双边贸易并未像传统贸易理论预测的那样顺利的进行。对于中国与拉美的贸易关系，单单从两国的贸易、投资等数据难以看清其中复杂的内在因果关系，难以对未来拉美贸易状况进行相对准确的预测，同时也难以科学地提出中国与拉美国家贸易发展的对策建议。因此，有必要借助于经济计量模型对影响中国和拉美国家货物贸易的因素进行进一步的分析。中国与拉美各国的政治关系、拉美各国贸易的开放程度、距离和文化等因素是不是影响中拉贸易的主要原因呢？进一步地，这些因素在多大程度上影响着中国与拉美的贸易呢？本章选用经典的贸易引力模型来对中国和拉美国家的贸易进行实证研究，并根据中国和拉美经济交往的特点进行适当的修改和扩展。拉美国家经济开放度是影响中国与拉美贸易关系的重要指标，而贸易依存度指标又存在着种种缺陷。因此，本章第 1 节首先通过建立计量模型来对拉美主要国家贸易的真实开放程度进行估算，然后再建立引力模型对各个影响因素进行实证。

6.1 拉美国家贸易开放度的实证分析

6.1.1 贸易开放度研究综述

贸易开放度是一个反映一国经济对外开放程度的重要指标之一，最早关于对外经济开放程度的研究和计算就是从贸易依存度开始的。其基本公式为：

$$TI_{i,t}=\frac{x_{i,t}+m_{i,t}}{GDP_{i,t}} \tag{6-1}$$

其中，$TI_{i,t}$ 表示国家 i 在 t 时期的贸易依存度；$x_{i,t}$ 和 $m_{i,t}$ 分别表示 t 时期 i 国的出口额和进口额；$GDP_{i,t}$ 表示 t 时期 i 国的国内生产总值。式（6-1）简单明了，容易计算，因此这种度量方法一度成为学者们使用的重要指标之一。但在研究的过程中，人们开始发现这一指标的局限性，Edwards（1998）指出，一个国家有很高的外贸依存度，并不能反映这个国家具有很开放的经济，也可能是贸易扭曲的结果，贸易依存度并不能真实地反映一个国家经济的对外开放程度。

因此，从 20 世纪 90 年代开始，针对如何度量一国（地区）的贸易开放度的问题有许多不同的观点。一种方法是指标体系法，分为单一指标体系法和综合指标法。前者如 Dollars（1992）提出的 Dollars 指数法，Levine 和 Renelt（1992）提出的用外汇市场的黑市交易费用来替代外贸扭曲程度的方法。后者如 Sachs 和 Warner（1995）采用的“二进制”的方法，将 5 种指标综合运用，Edwards（1998）把 9 种指标加以综合形成一种度量方法。另一种方法是模型构建法。基于前一种方法，一些学者通过建立回归模型的方法来构造贸易开放指标，如 Leamer（1988）建立包括 9 要素的 H-O 模型，对 53 个国家在三位数分类标准的 183 种商品估计净贸易流量和贸易强度，并使用贸易强度的实际值和预测值之差作为贸易开放度指标。Harrison（1996）用消费品相对价格对城市化指数、土地禀赋及人口等变量回归得到的残差值衡量价格扭曲指数，较高的回归残差值意味着较严重的价格扭曲程度。① Patrick（1998）用 GDP、GDP 的平方、人口和人均 GDP 的平方对贸易依存度进行回归，得出回归残差，从而计算出实际贸易开放度，通过实际贸易开放度与给定 GDP 和人均 GDP 情况下“应有的”的“标准”开放度的对比，来判断一个国家的贸易开放度。② 目前，此模型已经被国内许多学者引用并加以改进。包群、许和连、赖明勇（2003）以及王进、高乐咏（2009）利用 Patrick 模型对我国的贸易开放度进行度量；许统生、熊正德（2007）利用

① 转引自包群，许和连，赖明勇. 贸易开放度与经济增长：理论及中国的经验研究［J］. 世界经济，2003（2）：11.

② Low P.，Marcelo O.，Javier S. Does Globalization Causea Higher Concentration of International Trade and Investment Flows?［A］. Working Paper，1998.

Patrick 模型对中国服务贸易开放度进行度量；林江、黄亮雄和孙辉（2011）用 Patrick 模型并基于我国省际面板数据实证了我国贸易开放度与城乡收入差距是否存在“倒 U 型”的问题。拉美地区在 19 世纪就成为西班牙和葡萄牙等欧洲列强的殖民地，随即通过大量出口原材料的方式参与国际分工。当时其对外贸易依存度很高，但我们并不能判定拉美市场本身的贸易开放度就达到很高的水平。时至今日，矿产品和能源产品出口仍占一些拉美国家出口的较大部分，有鉴于此，利用贸易开放度来替代贸易依存度有着重要的意义。本书采用 Patrick 的研究方法进行建模实证，并在其基础上进行相应的改进。

6.1.2 模型设立

一个国家或地区的经济总量、人口、产业结构、经济发展水平对贸易开放度都有显著的影响。实际上，一种观点认为，GDP 总量较大、人口较多的国家往往具有较低的贸易开放度，这个从式（6–1）可以看出，GDP 处于分母的位置，虽然贸易引力模型的实证结果往往会得出 GDP 总量大的国家会具有更大的出口量。持这种观点的原因在于较大经济规模和人口规模的国家更易发生国内贸易。举一个极端的例子，假定一个只有两个国家的模型，“国家 1”是乌拉圭，除乌拉圭之外的所有国家为“国家 2”，很明显，根据式（6–1）算出来的乌拉圭的贸易依存度肯定大于“国家 2”。但实际上这并不能证明乌拉圭具有更高的开放度，“国家 2”因为拥有更大的 GDP 和更多的人口从而拥有更大的内部贸易，而这些贸易量并不能在海关进出口上显示出来。同理，具有较大人均 GDP 的国家也往往具有较低的外贸依存度，因为，随着一国经济的发展，服务性产业的比重会逐渐加大，而大部分服务性产品是不可贸易品，即使走出国门，也会因为目前尚不完善的服务贸易统计体系出现大量的数据流失。因此，有必要在式（6–1）的基础上对贸易开放度进行重新衡量。首先，Patrick 建立以下模型：

$$\ln(TI_{i,t}) = \beta_0 + \beta_1\ln(GDP_{i,t}) + \beta_2\ln(GDP_{i,t})^2 + \beta_3\ln(pop_{i,t}) + \beta_4\ln(pop_{i,t})^2 + \beta_5\ln(GDP_{i,t}/pop_{i,t}) + \beta_6\ln(GDP_{i,t}/pop_{i,t})^2 + \varepsilon_{i,t} \quad (6\text{–}2)$$

其中，$TI_{i,t}$ 是 i 国在 t 年的贸易开放度指数；$GDP_{i,t}$ 是 i 国在 t 年的国内生产总值，表明经济规模；$pop_{i,t}$ 是 i 国在 t 年的人口数量；$GDP_{i,t}/pop_{i,t}$ 是 i 国在 t 年的人均国内生产总值，表明 i 国的经济发展水平。对各个变量取对数是为了防止异方差的出现，使用平方项是考虑可能有“U 型”关系的存在，比如，随着一个经济体经济规模的变大，服务业的比例变大，开放度增加，或在更高的经济发展水平（即更高的人均 GDP）上，一些不可贸易品开始变得可以贸易而且能够被统计到服务贸易当中去，从而使不可贸易的行业开始不断减少，这些因素都会使贸易开放度随着 $GDP_{i,t}/pop_{i,t}$ 的变化呈现“U 型”的变化轨迹。很明显，该模型存在着严重的多重共线性，因此，根据 Patrick（1998）及许统生（2007）的处理方法，剔除不显著的变量 $(pop_{i,t})^2$ 和 $GDP_{i,t}/pop_{i,t}$，将模型修改为：

$$\ln(TI_{i,t}) = \gamma_0 + \gamma_1\ln(GDP_{i,t}) + \gamma_2\ln(GDP_{i,t})^2 + \gamma_3\ln(pop_{i,t}) + \gamma_4\ln(GDP_{i,t}/pop_{i,t})^2 + \varepsilon_{i,t} \tag{6-3}$$

其中，$\gamma_0 = \beta_0 \quad \gamma_1 = \beta_1 + \beta_5 \quad \gamma_2 = \beta_2 \quad \gamma_3 = \beta_3 \quad \beta_2 = \gamma_4 - \beta_6$

6.1.3 数据选取及处理

本章综合考虑经济总量与贸易情况，选择 2011 年拉美地区与中国贸易总额前 10 名的国家：巴西、墨西哥、阿根廷、委内瑞拉、哥伦比亚、智利、秘鲁、巴拿马、乌拉圭、哥斯达黎加作为研究对象，这 10 个国家 2011 年的 GDP 总量占拉美 GDP 总额的 90.8%，前 7 个国家 2011 年的 GDP 数额在拉美地区排名前 7 位，巴拿马、乌拉圭和哥斯达黎加 3 国 GDP 数额分别排第 11、12、13 位。因此，国家的选择符合本书的研究目的。GDP、贸易总额及人口数据选取区间均为 1962~2011 年，进出口贸易数据来自 WTO 统计数据库，GDP 数据来自世界银行数据库，所有数据使用当前价格，并用美元表示。人口数据来自世界银行。在实证前，本书对所有变量取 5 年移动平均值，因此实际实证中的时间序列将损失 4 年，由原来每个国家 50 个样本变成 46 个，在实证中时间区间记为 1964~2009 年。所有原始数据见附表。

6.1.4 实证结果及分析

根据取得的 10 个国家 460 组数据，本书利用 Eviews 6.0 直接对式（6-3）进行最小二乘回归，出现奇异矩阵，说明模型依然存在着严重的多重共线性。我们需要对模型进行进一步的修改，此处依然使用 Patrick（1998）和柴瑜（2010）的方法，使用多种回归方法对多个变量逐个进行回归，并用豪斯曼检验（Hansman Test）判断对模型固定效应和随机效应的选择。在用 $\ln(GDP)^2$ 和 $\ln(GDP/pop)^2$ 对 $\ln(TI)$ 的回归中，前者系数为负，后者系数为正，且 T 值均比较显著；在用

ln(GDP)² 和 ln(GDP/pop)² 对 ln(TI) 的回归中，ln(pop) 系数为负，ln(GDP/pop)² 的系数也为负，两者 T 值也比较显著。据此，我们可以看出，GDP 较大，而人均 GDP 较少的国家贸易更少，这与 Patrick 的结论是相符的。至此，我们仅仅厘清了 GDP、人口、人均 GDP 等变量与贸易依存度之间的关系，但拉美 10 国的实际贸易开放度我们仍不得而知。因此，我们需要构造以下公式：

$$\hat{TI}_{i,t} = \exp[\log(TI_{i,t}) - \varepsilon_{i,t}] \tag{6-4}$$

通过式（6-4）可以得到在给定 GDP 和人均 GDP 的情况下，一个经济体应该或者说潜在需要达到的“正常”开放度水平，此处，我们使用 ln(GDP)² 和 ln(GDP/pop)² 对 ln（TI）的回归所生成的残差。我们可以通过对比实际贸易依存度指数与潜在的“正常”依存度指数，最终得到拉美 10 国的贸易开放度。因此，构造方程如下：

$$TI^{*}_{i,t} = \frac{TI_{i,t}}{\hat{TI}_{i,t}} \tag{6-5}$$

由式（6-5）计算得出的贸易开放度指数可以说明拉美 10 国与拥有同样 GDP、人口和人均 GDP 的国家所应该具有的“正常”开放度的偏离。如果指数大于 1，则该国开放水平高于一般水平，如果指数小于 1，则该国开放水平低于一般水平，如果指数等于 1，则该国达到了应该具有的潜在的开放水平。至此，我们已经得到拉美 10 国 1964~2009 年每一年的贸易开放度指数，其中 2001~2009 年数据如图 6-1 所示。从图中可以看到，从整体上看，墨西哥、哥斯达黎加、智利的贸易开放度较高，高于一般的开放水平，而巴西、乌拉圭、哥伦比亚的开放度则较低，大部分年份低于其本身的 GDP 和人口所应有的开放程度，巴拿马从 2001~2009 年贸易开放度增长较快，开放度指数从 0.69 上升到 2.02。

经过回归得到的贸易开放度指数是综合考虑到一国的 GDP 和人口后得到的拉美 10 国的开放情况的反映，事实证明，该数据较为客观地反映出各国的开放情况。例如，2011 年乌拉圭 GDP 为 46.7 亿美元，在拉美排名第 12 位，而人均 GDP 为 13866 元，在拉美 10 国中排名第 2 位，根据实证结论，乌拉圭应该具有较大的贸易开放度，然而根据计算结果，1964~2009 年乌拉圭平均贸易依存度为 0.29，高于巴西、阿根廷、哥伦比亚和秘鲁等国，而贸易开放度为 0.65，大大低于上述 4 国（见表 6-1），这说明乌拉圭远没有达到根据其 GDP 和人均 GDP 所应该达到的潜在开放程度。当一国的人均 GDP 达到一定程度，该国服务业在 GDP

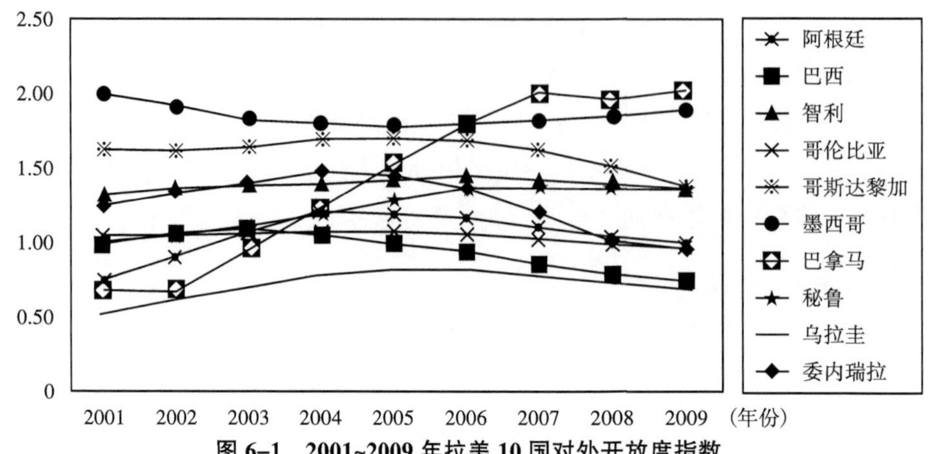

图 6–1　2001~2009 年拉美 10 国对外开放度指数

表 6–1　1964~2009 年拉美 10 国贸易开放度和依存度平均指数

	巴西	墨西哥	阿根廷	委内瑞拉	哥伦比亚	智利	秘鲁	巴拿马	乌拉圭	哥斯达黎加
开放度	0.87	1.28	0.60	1.33	1.10	1.23	1.11	1.09	0.65	1.50
依存度	0.16	0.31	0.18	0.43	0.25	0.41	0.28	0.48	0.29	0.61

注：开放度指数为 $\dot{TI}$，依存度指数为 TI。

中的比重会不断上升，相应地该国的服务贸易也会随之增加，由于本书实证的贸易数据仅包括货物贸易，没有服务贸易的数据，这可以部分地解释乌拉圭开放度指数较低的现象。

得到拉美 10 国的贸易开放度指数之后，我们可以建立引力模型对影响中国和拉美国家之间的贸易流量的因素进行分析。

6.2　基于引力模型的中国对拉美出口实证分析

6.2.1　引力模型研究综述

引力模型起源于牛顿物理学中的“万有引力法则”，即两个物体之间的引力大小取决于两个物体的质量和它们的距离，并与前者成正比，与后者成反比。著名计量经济学家 Tinbergen 和德国经济学家 Poyhonen 分别独立地于 1962 年和

1963 年将这一法则引入经济学研究领域。[①] 他们认为两个国家的贸易规模大小跟两个国家的经济规模大小成正比，而与它们之间的物理距离成反比。经济规模的大小反映的是两个国家之间贸易的可能性，而距离所造成的运输成本则是两个国家贸易发生的阻碍性因素。Tinbergen 采用时间序列数据，其方法可以简单地概述为一国向另一国的出口量主要取决于两国的 GDP 和两国之间的距离。而 Poyhonen（1963）则采用的是截面数据，相应的计量模型是与数据相适应的结构形式，即一般性国际商品交易结构模型，该模型运用标准的投入—产出矩阵，这一矩阵当时已经得到普遍认可。

Linnemann（1966）是较为深入研究贸易引力模型的第三位经济学家。他首次对 Tinbergen 和 Poyhonen 等的研究结果进行了系统的集成，并在模型的设计方面提出了自己独特的见解和技术路线。20 世纪 70 年代后，贸易引力模型的研究进入到一个新的发展阶段，首先在学术界达成一致的是两个国家的实际贸易量是由其潜在贸易量除以距离等其他阻力因素所得到的，地理上越接近，贸易流量就会越大。随后 Walrasian 创立均衡模型，他认为，每一个参与国际贸易的国家的所有商品都有不同的供给和需求函数，国民收入总量分别被看作进口国的供给和出口国的需求，距离表示运输成本。在通过这一方法的后续研究中，Linnemannn（1966）、Aitken（1973）、Aitken 和 Obutelewicz（1976）、Geraci 和 Prewo（1977）、Sapir（1981）、Brada 和 Mendez（1985）、Bergstrand（1985、1989）、Bikker（1987）、Thursby（1987）等经济学家发现国民收入和距离因素显著地影响着贸易流量，而人口变量却在统计上与两国的贸易量呈现负相关关系。同时，也有截然相反的结论，Glejser（1968）发现出口国的国民收入同贸易量呈负相关关系，而 Brada 和 Mendez（1983）发现人口规模同贸易流量显著地正相关。此外，Leamer 和 Stern（1970）、Goodman（1973）则借助于一个概率模型，假定需求方是按照随机方式同供给方展开贸易的，这种方法实际上是概率方法和一般均衡方式的综合。以 Anderson 的研究为起点，在引力模型的理论基础之上开发出一个新的研究方法：微观基础方式，这一方式认为标准模型中的完全可替代性的假设

① Tinbergen 是在 1962 年的一次演讲中系统地提出应当运用引力模型研究双边贸易流量的经济学家。Poyhonen 于 1963 年在德国著名的《世界经济》杂志上撰文尝试建立一个模型以解释国家间贸易流量的问题。三十多年来，该文几乎被所有研究引力模型的学者引用，成为引力模型研究的开山之作。有趣的是该文发表时编辑部在题注中特别声明，该文收到时间为 1961 年 11 月 3 日，由于版面原因，推迟至该期发表。

是不现实的，它假设线性支出系统同质偏好系数。

当然，引力模型也存在着自身的缺陷，比如有人认为模型缺乏理论基础，但在 Anderson（1979）、Helpman 和 Krugman（1985）、Bergstrand（1989）以及 Deardorff（1995）等的不断发展下，引力模型的理论根基已日渐稳固，并由此催生了大量的新的引力模型文献。同时，引力模型也在实践中得到不断的修正和扩展，许多学者采用增设解释变量的方式将模型的使用范围不断扩大。Bergstrand（1985）将用人均收入表示的资本劳动比引入模型；Park（2002）在引力模型中加入了贸易双方的价格指数，将模型应用于服务贸易领域。Grunfeld 和 Moxnes（2003）在模型中新增进口方的贸易限制指数（TRI），Lejour 和 Kox（2005）在模型中新增产品市场管制指标（PMR），等等。目前，关于引力模型外生变量的设定已经形成一个比较庞大的系列。整理如表 6-2 所示。

表 6-2　引力模型解释变量扩展表

表示法	含义	表示法	含义
Y_i	出口国 GDP	FTA	是否有优惠贸易协定
Y_j	进口国 GDP	L_{ij}	是否有共同语言
P_i	出口国人口	TCF	运输成本因素
P_j	进口国人口	CPI_i	出口国消费价格指数
D	距离	CPI_j	进口国消费价格指数
Y_i/P_i	出口国人均 GDP	YP_i	出口国人均收入
Y_j/P_j	进口国人均 GDP	YP_j	进口国人均收入
NT	非关税覆盖率指数	TS	消费偏好差异
T_i	1+平均关税率	KL	有形资本与劳动力数量之比
A_{ij}	人均农业用地的绝对差额	HC	人口资本密集度
B_{ij}	总出生率差异	ME	全部工业制成品出口
U_{ij}	城乡人口的绝对差额	IN	外国直接投资与 GNP 比例
I_{ij}	人均收入的绝对差额	PX	“一揽子”商品比价变量
VEX	汇率不确定性样本	WPI_i	出口国批发价格指数
EXR	双边汇率	WPI_j	进口国批发价格指数
XUV	出口单位值指数	TRI	进口国贸易限制指数
MUV	进口单位值指数	PMR	产品市场管制指标

6.2.2　模型设立

基于国内外学者对引力模型的经验研究，建立引力模型后，需要对各个变量取对数形式。这是因为经济生活中的各个变量间的相互关系往往呈现几何形式，取对数后一则可以使模型线性化，二则避免出现异方差（张海森和谢杰，2008）。基本的贸易引力模型取对数后一般表述为：

$$\ln X_{ijt} = \alpha_{ij} + \beta_1 \ln Y_{it} + \beta_2 \ln Y_{jt} + \beta_3 \ln(Y_{it}/P_{it}) + \beta_4 \ln(Y_{jt}/P_{jt}) + \beta_5 \ln Dis_{ij} + \varepsilon_{ijt} \quad (6\text{–}6)$$

根据本书研究需要引入新的变量，对模型进行修正并扩展如下：

$$\ln EX_{ijt} = \alpha_{ij} + \beta_1 \ln Y_{it} + \beta_2 \ln Y_{jt} + \beta_3 \ln(Y_{it}/P_{it}) + \beta_4 \ln(Y_{jt}/P_{jt}) + \beta_5 \ln Dis_{ij} + \beta_6 Rel_{ij} + \beta_7 Open_j + \beta_8 Cul_{ij} + \varepsilon_{ijt} \quad (6\text{–}7)$$

上式中因变量 EX_{ijt} 表示 t 期经济体 i 对 j 的出口额；α_{ij} 表示常数项；β_1，β_2，…，β_8 表示待估参数；ε_{ijt} 表示随机扰动项。解释变量的含义及其对因变量可能带来的影响详见表 6–3。

表 6–3　扩展后引力模型各变量含义及理论解释

解释变量	含义	预期符号	理论解释
Y_{it}	t 期出口方 i 的 GDP	+	反映出口方的出口供给能力，出口方的经济总量越大，潜在的供给能力也越强，双边贸易流量就越大
Y_{jt}	t 期进口方 j 的 GDP	+	反映进口方的进口需求能力，进口方的经济规模总量越大，潜在的进口能力也越大，双边贸易流量就越大
Y_{it}/P_{it}	t 期出口国 i 的人均 GDP	+	反映了出口方的经济发展水平，也反映了该经济体的出口能力，与双边贸易流量正相关
Y_{jt}/P_{jt}	t 期进口方 j 的人均 GDP	+	反映了进口方的经济发展水平，随着人均 GDP 的增长，进口需求会增加，贸易流量会增大
Dis_{ij}	经济体 i 和 j 之间的物理距离	–	反映贸易成本，是开展货物贸易的阻碍性因素，距离越远，运输成本越大，贸易流量会越小
Rel_{ij}	虚拟变量，表示两国之间的关系，过去 10 年间有元首互访取 1，无元首互访取 0	+	两国政治交往越密切，发生贸易往来的可能性就越大
$Open_j$	虚拟变量，表示进口国 j 的贸易开放度，用上一节的计算结果来度量	+	进口国的开放度越高，双方贸易流量越大
Cul_{ij}	虚拟变量，表示两国之间的文化交流情况，以进口国孔子学院的数量来度量	+	孔子学院的数量越多，意味着两国文化交流程度越频繁，对贸易的促进作用也越大

6.2.3 数据选取及处理

由于本章的研究目的是考察中国与拉美双边贸易流量的影响因素以及实证中

国与拉美之间的政策变量（两国关系）是否显著，故而没有选择其他国家作为比较对象。模型中贸易伙伴国仅选择 2011 年与中国贸易总量排名前十位的拉美国家。考虑到改革开放前中国对外出口数据较小的特征，本节数据选取的样本区间为 1980~2011 年。1980~1993 年中国向拉美 10 个国家出口的国别数据来自《中国对外经济贸易年鉴》（1984~1994），① 1994~2011 年的出口数据来自《中国统计年鉴》（1995~2012），中国和拉美 10 国的 GDP 数据均来自世界银行数据库，并且贸易额和 GDP 数据均使用的是当前价格，单位为美元。为避免经济短期波动的影响，本节对所有贸易额和 GDP 数据进行五年移动平均，平均后年度数据将减少 4 年，数据由原来的 32 组变成为 28 组，回归时样本区间记为 1982~2009 年。考虑到秘鲁、智利国土狭长，有多个海港，因此本书选取北京到各个国家首都的距离作为中国与拉美 10 国的贸易距离。Rel 变量以自 2001 年开始双方政府高层有无互访为依据，有则变量选 1，无则选 0，2001~2012 年，中国与哥伦比亚无高层互访，巴拿马与中国尚未建交，当然更无高层互访，其他 8 个国家都与中国实现高层互访（政治互访问题见第 4 章表 4-5）。贸易开放度指标利用本章第一节回归后计算的结果，由于数据都经过 5 年移动平均，直接选取 1982~2009 年的贸易开放度值即可。Cul 文化变量根据中国在拉美各国设立孔子学院的情况来判定，这里采取引力模型变量添加常规方法，由当年所在国孔子学院的数量（存量）来决定，如果仅有 1 所，选取 1，如果第二年新增设 3 所，则从第二年开始设为 4。由于贸易额和 GDP 数据经过五年移动平均，年份实际记为 1982~2009 年，记数时向前推进两年。所有原始数据见附表。

6.2.4 实证结果及分析

本书使用 Eviews 6.0 软件，采用混合最小二乘估计法基于面板数据进行多元线性回归分析。鉴于各变量已经通过对数变换避免了方程可能存在的异方差问题，因此，可能存在的其他问题有：序列相关，变量的内生性（如贸易量与收入）（Cyrus，2002）、多重共线性以及忽略出口国和进口国特定效应所带来的设定误差（Matyas，1998），这些可能会导致模型回归结果出现某些偏差，在回归过

---

① 其中 1994~1999 年中国向哥斯达黎加出口数据在《中国统计年鉴》没有记录，引用的是《中国对外经济贸易年鉴》数据，但从两个来源重合年份的数据相等这一事实来看，两个来源统计口径是一致的。

程应多加注意并做出相关处理。

考虑到引力模型中中国与各国距离不变，不能采用固定影响模型和随机影响模型，另外根据前期研究结果，模型的设定具有相当的合理性，而且解释变量和误差项之间不再存在相关性，模型参数的混合最小二乘估计量为一致估计量，因此在此可直接采用混合模型进行回归。首先对引力模型的基本方程（6-6）进行回归，结果显示，除距离 Dis 变量外，其余四个变量均比较显著，但中国人均 GDP 符号为负，与预期不相一致。R 平方值为 0.82，拟合较好，不过 DW 值太小，说明存在着自相关，因此需要做消除自相关的处理。我们根据张晓峒（2010）使用的方法，加入工具变量 AR（1）来消除一阶自相关。结果显示，距离变量依然不显著，中国人均 GDP 和距离变量依然为负值，R 平方达到 0.99，拟合很好；DW 值为 1.26，基本消除自相关（见表 6-4）。然后我们加进所有预设的虚拟变量，即对方程（6-7）进行混合最小二乘回归，并直接加入 AR(1) 消除一阶自相关。

结果显示，距离和文化交流两个虚拟变量不具有显著性，中国人均 GDP 和两国关系变量与预期系数相反，均为负值。此处也采用盛斌和廖明中（2004）、周念利（2010）的做法，采用“后向法”对解释变量逐个进行筛选和排除，即对方程（6-7）每次减少一个变量进行回归，减掉变量所遵循的原则是从 t 值最小的开始，回归后如果其 t 统计值仍不显著且比较小，将予以剔除，直到回归后所有变量的系数的 t 值均显著为止（见表 6-4）。

表 6-4　出口引力模型不同方程形式的回归结果

	方程（6-6）	方程（6-6）消除自相关	方程（6-7）	最终确定
常数项	-250.6785 (-5.63225)*	-1206.8800 (-5.9219)*	-1055.3350 (-5.7202)*	-1052.5630 (-5.7219)*
$\ln Y_{it}$	11.7281 (5.3714)*	58.5166 (6.0196)*	49.9993 (5.6437)*	50.1831 (5.7335)*
$\ln Y_{jt}$	0.5072 (10.4738)*	0.2706 (1.8292)**	0.3845 (2.7508)*	0.3769 (2.7550)*
$\ln(Y_{it}/P_{it})$	-10.8799 (-4.5754)*	-58.3942 (-6.0545)*	-50.2253 (-5.6974)*	-50.3604 (-5.7832)*
$\ln(Y_{jt}/P_{jt})$	0.33611 (1.8195)**	0.7388 (3.1446)*	1.1657 (4.6803)*	1.1695 (4.6781)*
$\ln Dis_{ij}$	0.34806 (0.7637)	-1.8021 (-1.3109)	0.7186 (0.5284)	

续表

	方程（6-6）	方程（6-6）消除自相关	方程（6-7）	最终确定
Rel_{ij}			-1.3869 (-2.8779)*	-1.2967 (-2.8298)*
$Open_j$			0.7296 (4.0201)*	0.7056 (4.0413)*
Cul_{ij}			0.0147 (0.6272)	
R^2	0.82	0.99	0.99	0.99
AR（1）		0.9353 (108.1311)*	0.9309 (95.6833)*	0.9319 (110.0799)*
F 统计量	241.88	6345.62	4533.91	5858.60
DW 值	0.05	1.26	1.28	1.27

注：括号内为 t 统计值；* 表示符合 1%的显著性水平，** 表示符合 5%的显著性水平。

从表 6-4 结果我们可以看出，在对方程（6-7）回归的基础上，最终确定的方程中只有双方 GDP、双方人均 GDP、两国关系和拉美各个国家的贸易开放度回归系数显著，而距离变量和文化交流变量 t 值过低，回归系数不显著，最终予以剔除。下面根据中国与拉美各国贸易状况对回归的结果进行经济意义层面的分析。

中国的 GDP 规模和拉美各国的 GDP 规模统计系数显著，特别是中国 GDP 总量系数达到 50.2，且具有很高的统计显著性，说明中国经济规模的不断增大是中国向拉美各国出口的重要原因，这一点不难理解，中国 GDP 的增长主要靠制造业的拉动，2011 年中国第二产业增加值为 22 万亿元，占三次产业增加值的比重为 46.6%，中国工业的增长无疑导致中国制造业商品的大量出口，从表 4-9 可以看出，中国向拉美出口的商品主要以电机、电气设备、机器和机械器具为主。拉美各国 GDP 规模的大小对中国向拉美的出口也有正向的促进作用，这说明随着拉美各国 GDP 的不断增大，拉美各国对中国工业制成品的需求不断增加，这一点从拉美各国的人均 GDP 对中国出口的影响可以看出来。拉美各国人均 GDP 与中国向拉美的出口也是正相关关系，而且系数比 GDP 规模的系数更大，系数的显著性更强。这意味着随着拉美各国人民生活水平的提高，对中国商品的需求必然会越来越大。中国人均 GDP 与中国向拉美的出口呈反向关系，这一点与我们的预期相反，并且看似与中国 GDP 绝对规模和中国出口的正向关系相矛盾，但仔细分析我们便发现有其合理之处。中国人均 GDP 的提高有两个因素：一是

GDP 总量的增加，二是人口的减少。显然，虽然中国的计划生育政策严控中国人口的增长，但由于中国人口基数过大，人口规模仍在不断扩大，因此，中国人均 GDP 的增加主要来自 GDP 绝对规模的增加，并且是 GDP 的增长幅度超过了人口增长幅度的结果。人均 GDP 的增加意味着人均可支配收入的增加，相应人们对生产资料和生活资料的需求也会增加，这就必然会拉动中国国内的需求，从而导致中国对外出口的相对减少。

此外，与我们之前预期不同的是，两国之间的距离系数不显著。原因是本模型中的出口目的地国家都处于拉美，各国首都与中国之间的距离之差基本可以忽略，离北京最远的是阿根廷首都布宜诺斯艾利斯，距离为 19266 公里，最近的是墨西哥首都墨西哥城，距离为 12458 公里，如果样本中加入东盟或者中东等国家，距离变量应会变得显著。另外，我们看三个虚拟变量对出口的影响。拉美各国的开放度情况也是影响中国向该国出口的重要因素，两者之间是正向关系，该国越开放，中国向该国出口越多，本系数显著跟我们先前通过回归计算得到各个国家的贸易开放度系数有关，因为回归后的开放度系数更能反映出一个国家真实的开放水平。有意思的是，国家关系变量的系数十分显著，但符号与我们的预期相反！中国与哥伦比亚和巴拿马两国虽然没有国家领导人互访，但中国对其出口却有着大幅的提高。通过仔细研究发现，2011 年巴拿马和哥伦比亚分别是除墨西哥之外中国在拉美地区的第二、第三大贸易顺差国。这充分说明，中国廉价的商品在拉美地区具有强大的竞争力，促进对拉美出口不应该是中国与拉美贸易战略构建的重心，而如何增加从诸如巴拿马和哥伦比亚等国家进口矿产、能源等初级产品才是战略构建的核心问题。系数为负的另一个可能的原因是中国与拉美领导人的互访所带来的双边关系的加强以中国在拉美投资增加的形式体现出来，从而出现投资替代效应，这个需要另设课题进行研究。资料显示，孔子学院在拉美各国主要以从事汉语教学为主，同时举办一些诸如汉语比赛及教材图书展览等交流活动，影响力并不大，而中国与拉美其他渠道的文化交流活动也并不多见，因此文化交流变量对中国对拉美出口的影响并不显著。

6.2.5　模型的稳健性检验

从表 6–4 回归的结果以及在运用“后向法”回归的过程中，我们已经发现，双方 GDP 和人均 GDP，两国关系和开放度这 6 个显著变量的系数正负符号没有发生变化，且系数值大小基本保持稳定，说明模型具有一定的稳健性。在上一节的实证分析中，我们使用的贸易开放度指标是本章第一节利用 Partrick（1998）回归的办法得出的拉美 10 国的贸易开放度，本节将使用贸易依存度（即进出口总额与 GDP 的比值）来代替贸易开放度进行再次回归。此外，考虑到贸易开放度里已经包含 FTA 的信息，因此，在前文的实证分析中，没有考虑 FTA 对中国出口的影响，在本节检验模型稳健性实证中，我们把 FTA 作为干扰变量加入模型当中。构造方程如下：

$$\ln EX_{ijt} = \alpha_{ij} + \beta_1 \ln Y_{it} + \beta_2 \ln Y_{jt} + \beta_3 \ln(Y_{it}/P_{it}) + \beta_4 \ln(Y_{jt}/P_{jt}) + \beta_5 \ln Dis_{ij} + \beta_6 Rel_{ij} + \beta_7 Open2_j + \beta_8 Cul_{ij} + \beta_9 Fta_{ij} + \varepsilon_{ijt} \quad (6-8)$$

其中，$Open2_j$ 表示拉美 10 国中 j 国的贸易依存度，Fta_{ij} 是虚拟变量，根据两国是否签订 FTA 来判定，关于 Fta 的取值问题比较复杂。中国—智利、中国—秘鲁、中国—哥斯达黎加自由贸易协定分别于 2005 年 10 月、2010 年 3 月、2011 年 8 月生效，因此，智利截面数据中虚拟变量 Fta 值在 2003 年、2009 年取 1，[①] 秘鲁截面数据中 Fta 值在 2008 年、2009 年两年取 1，哥斯达黎加截面数据中 Fta 值在 2009 年取 1。上述三个截面数据的其他年份以及其他国家所有年份虚拟变量 Fta 的值都一律取 0。回归结果如表 6-5 所示。

表 6-5 出口引力模型稳健性检验结果

	方程（6-8）	方程（6-8）（消除自相关）	最终确定
常数项	-264.2936 (-5.7672)*	-1090.7260 (-5.7063)*	-1087.3900 (-5.7633)*
$\ln Y_{it}$	12.3315 (5.4343)*	52.0296 (5.7140)*	51.8618 (5.7791)*
$\ln Y_{jt}$	0.6801 (10.4393)*	0.4985 (3.3575)*	0.5011 (3.5298)*
$\ln(Y_{it}/P_{it})$	-11.8463 (-4.7599)*	-52.2171 (-5.7672)*	-52.0111 (-5.8294)*
$\ln(Y_{jt}/P_{jt})$	0.4341 (2.3191)**	0.7391 (3.2933)*	0.7447 (3.3532)*
$\ln Dis_{ij}$	0.0001 (3.2668)*	0.0000 (0.1878)	

① 此处计算所遵循的原则是：凡是在数据平均中有涉及已签订 FTA 年份数据的，则该截面数据该年份在 Fta 变量处选择 1，否则选择 0，计算秘鲁和哥斯达黎加截面数据时也遵循这一原则。

续表

	方程（6-8）	方程（6-8）（消除自相关）	最终确定
Rel_{ij}	-1.0642 (-5.5232)*	-1.2176 (-2.4964)**	-1.1849 (-2.5873)**
$Open2_j$	1.5036 (2.6736)*	1.3725 (3.0751)*	1.3516 (3.1287)*
Cul_{ij}	0.0520 (0.7370)	0.0162 (0.6821)	
Fta_{ij}	-0.1491 (-0.3686)	-0.0132 (-0.1114)	
R^2	0.83	0.99	0.99
AR（1）		0.9306 (94.2920)*	0.9311 (97.4333)*
F 统计量	151.1657	3966.6180	5720.6330
DW 值	0.05	1.28	1.27

注：括号内为 t 统计值；* 表示符合 1%的显著性水平，** 表示符合 5%的显著性水平。

对照表 6-4 和表 6-5 的实证结果，当使用贸易依存度代替贸易开放度，并添加 FTA 作为新的虚拟变量时，各解释变量对出口的解释力基本不变，结果与前文一致，新加入的 FTA 变量也并不显著，原因在于中国与智利、秘鲁和哥斯达黎加三个国家的 FTA 签订都比较晚，在较长的时间序列和较大的样本空间里没有能够显现出来。检验结果表明模型的设定是稳健可靠的。

6.3 基于引力模型的中国自拉美进口实证分析

前文的研究结果已经证明，促进对拉美出口不应该是中国与拉美贸易战略构建的重心，中国与拉美的贸易战略构建应该以如何增加自拉美国家进口为核心。因此，我们需要通过建立模型找出影响中国自拉美进口的主要因素，进而在实证的基础之上对中国与拉美国家的贸易发展提出客观而且可行的贸易对策。

6.3.1 模型设立及数据处理

本节仍然利用引力模型对中国自拉美 10 国进口的影响因素进行分析，并主要检验“两国关系”这一政治变量对中国自拉美 10 国进口的影响，模型设定与上一节相同，唯一不同的是将模型中的因变量由原来的中国对拉美 10 国的出口改为中国自拉美 10 国的进口。如方程（6-9）所示：

$$lnIM_{ijt} = \alpha_{ij} + \beta_1 lnY_{it} + \beta_2 lnY_{jt} + \beta_3 ln(Y_{it}/P_{it}) + \beta_4 ln(Y_{jt}/P_{jt}) + \beta_5 lnDis_{ij} + \beta_6 Rel_{ij} + \beta_7 Open_j + \beta_8 Cul_{ij} + \varepsilon_{ijt} \tag{6-9}$$

数据方面，考虑到拉美各国在 20 世纪 80 年代处于债务危机当中，出口贸易政策多变，故而对中国的出口额起伏较大，不具有平稳性。此处选取 5 年移动平均后 1990~2009 年的数据，其他数据来源及处理方式与上一节相同。我们依然选取双方 GDP、双方人均 GDP、距离、两国关系、贸易开放度、文化这 8 个变量作为解释变量，利用 Eviews6.0 采取混合最小二乘法对面板数据进行回归，同样利用“后向法”对不显著变量进行剔除，并采取消除自相关的处理。所有原始数据见附表。

6.3.2 实证结果及分析

如表 6-6 所示的实证结果我们可以看出，贸易双方的 GDP、中国人均 GDP、两国关系 4 个变量系数显著，出口国人均 GDP、距离、出口国贸易开放度、文化 4 个变量的 t 值偏小，变量不显著。但用“后向法”一一剔除之后，原来显著的 4 个变量在不改变符号的情况下，显著性明显提高，均达到 1%的显著性水平。

表 6-6 进口引力模型的回归结果及稳健性检验结果

	方程（6-9）	最终确定	稳健性 1	稳健性 2
常数项	-966.1436 (-1.9419)**	-1247.0990 (-2.8490)*	-1350.0220 (-3.1054)*	-1247.0990 (-2.8490)*
lnY_{it}	46.1014 (1.9479)**	59.4732 (2.8547)*	64.3558 (3.1062)*	59.4732 (2.8547)*
lnY_{jt}	0.3146 (3.5742)*	0.2992 (4.0060)*	0.3085 (3.7191)*	0.2992 (4.0060)*
$ln(Y_{it}/P_{it})$	-46.3013 (-1.9485)**	-59.6190 (-2.8465)*	-64.5411 (-3.0940)*	-59.6190 (-2.8465)*
$ln(Y_{jt}/P_{jt})$	-0.2038 (-1.0864)		-0.2589 (-1.5941)	
$lnDis_{ij}$	0.0000 (0.8458)		0.0000 (0.7172)	
Rel_{ij}	1.0024 (3.2286)*	1.1086 (4.3705)*	1.0337 (3.8954)*	1.1086 (4.3705)*

续表

	方程（6–9）	最终确定	稳健性 1	稳健性 2
$Open_j$	0.0219 (0.1714)		0.0320 (0.1097)	
Cul_{ij}	0.0063 (0.4163)		0.0057 (0.3807)	
R^2	0.99	0.99	0.99	0.99
AR（1）	0.9069 (89.9834)*	0.9128 (80.3553)*	0.9183 (54.8687)*	0.9128 (80.3553)*
F 统计量	1504.933	2481.556	1384.979	2481.556
DW 值	1.15	1.26	1.20	1.26

注：括号内为 t 统计值；* 表示符合 1%的显著性水平，** 表示符合 5%的显著性水平。

下面根据中国与拉美各国贸易状况对回归的结果进行经济意义层面的分析。双方 GDP 对中国进口的影响符合我们的预期，是正相关关系，其中中国 GDP 的系数更大。中国是制造业大国，随着经济的增长，中国对矿产、石油、大豆等初级产品的需求必然不断增加，从而导致中国自拉美各国进口数量的增加。拉美各出口国的 GDP 也是促进拉美向中国出口的原因之一，不过系数比较小，只有 0.3，随着拉美各国经济的增长，工业化程度相对较高的国家的工业制成品的竞争力会进一步提升，这样会增加对中国制成品的出口，如表 4–7 所示的拉美国家向中国出口的第五大类产品即为第 85 章电机、电气设备及其零件等产品，对于主要向中国出口能源或初级产品的国家，GDP 的增加意味着矿物、石油等能源开采能力的提高及农产品生产率的提高，因此必然成为促进其向中国出口的因素之一。中国人均 GDP 的回归结果跟出口引力模型中的结果相同，为负值，与我们的预期相反。在中国经济总量不断增长的情况下，中国人均 GDP 的增加意味着人口的相对减少，即人口增长的速度不及 GDP 增长的速度，人口的相对减少意味着劳动力的减少，故而意味着制造业增长速度的降低，对初级产品需求的减少。此外，根据表 4–7、表 4–8 和表 4–9 可知，中国自拉美进口与中国对拉美的出口不同，是以初级产品为主，而不是可以直接进行消费的生活消费品。中国人均 GDP 的增加意味着人均收入的增加，而收入的增加可能导致对高档产品的需求的增加，从而减少对大豆等初级产品的消费。

值得注意的是，政策变量——两国关系（Rel）变量非常显著，而且其系数符号由出口引力模型中的负号变为正号。这验证了前文中关于两国的密切交往有利于中国自拉美进口增加的判断，并且找到了增加自拉美进口的重要影响因素。根据比较优势和要素禀赋贸易理论，单单从中国与拉美双边贸易的角度来讲，拉美的能源等初级产品在中国市场上具有极强的竞争力，双边贸易完全可以按照以产业间贸易为主，产业内贸易为辅的模式顺利开展。然而，现实的贸易状况否定了我们的这一想法，比如，巴拿马、哥伦比亚、巴拉圭等国大量从中国进口工业制成品，而向中国出口甚少。经过分析后可以得出，其未按照传统贸易理论发展的原因有二：第三方市场的存在和贸易产品的特殊性。在全球经济一体化程度日益加深的今天，贸易伙伴完全可以在全球范围内进行选择；而石油等战略资源的贸易不能完全靠市场价值规律来决定，政治是此类产品贸易与否的重要决定因素。因此，增加对拉美初级产品的进口必然坚持政治先行的战略部署。

此外，还有 4 个变量在回归结果中不显著。拉美各国的人均 GDP 对其对中国的出口没有影响。距离变量与出口引力模型中一样并不显著，原因在于样本国家均来自拉美，由于本章的研究目的是考查影响中国与拉美双边贸易流量的因素以及实证中国与拉美之间的政策变量（两国关系）是否显著，故而没有选择其他国家作为比较对象。与出口引力模型中不同的是，拉美各国贸易开放度变量不显著，说明其开放度只与其从中国进口有关系，而与其对中国出口没有关系。文化变量也不显著，结果与出口引力模型中一样，证明孔子学院尚未发挥其应该带来的文化交流效用。

6.3.3 模型的稳健性检验

在模型回归的过程中，我们已经注意到贸易开放度、文化交流等变量的增减并不会影响模型的稳定性，为了进一步检验模型的建立是否科学、稳定，此处再次采用上节中对出口引力模型的检验方法，对模型进行稳健性检验。首先，把贸易开放度变量替换为贸易依存度，并添加自由贸易区的变量 FTA，对模型再次进行回归。回归结果见表 6-6 中第 3 列、第 4 列。检验结果表明，用贸易依存度代替贸易开放度之后，该变量依然不显著，而且对其他变量没有大的影响；增加 FTA 变量之后，该变量在模型中也不显著，也未影响其他变量的符号和显著性，因此最终确定的有效回归方程未发生变化。可以断定，上文所设计的进口引力模型也具有稳健性。

6.4　本章小结

本章研究目的一方面为了找出影响中国和拉美双边贸易流量的主要因素，另一方面通过建立面板数据模型实证中国与拉美之间的政策变量（两国关系 Rel）对贸易流量的影响是否显著。在前几章研究的基础之上，所有实证围绕进口重于出口的战略重心而展开。因此，在截面样本选择上只选取 2011 年中国在拉美地区的前十大贸易伙伴作为研究对象（2011 年 10 个国家与中国贸易额占中国与拉美地区贸易额的 93.4%），未选取其他地区的国家样本做比较，选取对象符合本章的研究目标。数据选用 1980~2011 年的年度贸易额和 GDP 数据并进行五年移动平均（所有原始数据见附表），并引入必要的虚拟变量，分别构建出口贸易引力模型和进口贸易引力模型，实证结论如下。

第一，影响中国对拉美各国出口（EX）的因素有：中国的 GDP 总量、拉美进口国的 GDP 总量、中国的人均 GDP、拉美进口国的人均 GDP、两国关系（以高层互访为判断标准）以及拉美进口国的贸易开放度共 6 个变量。其中，中国和拉美进口国的 GDP 总量与 EX 呈现正相关关系；中国的人均 GDP 与 EX 呈负相关关系，即中国的人口总量与 EX 呈现正相关关系；拉美进口国的人均 GDP 与 EX 呈现正相关关系；两国关系与 EX 呈现负相关关系；拉美进口国的贸易开放度与 EX 呈现正相关关系。其他不显著的变量有：两国之间的距离和文化交流。

第二，影响中国自拉美各国进口（IM）的因素有：中国的 GDP 总量、拉美出口国的 GDP 总量、中国的人均 GDP 以及两国关系（以高层互访为判断标准）4 个变量。其中，中国和拉美出口国的 GDP 总量与 IM 呈现正相关关系；中国的人均 GDP 与 IM 呈负相关关系，即中国的人口总量与 IM 呈现正相关关系；两国关系与 IM 呈正相关关系。其他不显著的变量有 4 个：拉美出口国人均 GDP、两国之间的距离、拉美出口国的贸易开放度、文化交流。

第三，政策变量（两国关系）与中国对拉美出口呈现负相关关系，一个可能的原因是两国关系的改善增加了中国在拉美的直接投资，从而产生投资替代效应，这个需要另立课题再做研究。实证结果至少证明了中国商品在拉美市场具有较强竞争力，经济杠杆会自动调节，高层互访并不能增加中国对拉美的出口，这一点可以从中国与巴拿马和哥伦比亚两国的贸易关系上得到反证。由此带来的政策含义是：中国向拉美的出口并不需要过多的政治推动，中国商品凭借自身的比较优势可以自行进入拉美市场。

第四，政策变量（两国关系）与中国自拉美的进口呈现正相关关系，两国关系的改善有利于中国自拉美进口产品的增加。换句话说，中国自拉美进口的增加需要政治力量来推动。值得关注的是，根据比较优势和要素禀赋贸易理论，单单从中国与拉美双边贸易的角度来讲，拉美的能源等初级产品在作为制造业大国的中国市场上具有较强的竞争力，因此，拉美对中国的出口应该像中国商品出口到拉美市场上一样完全靠经济杠杆来调节，完全不需要政治力量的推动，双边贸易完全可以按照以产业间贸易为主，产业内贸易为辅的模式顺利开展，而事实并非如此。原因是第三方出口市场的存在以及拉美对中国出口商品的特殊性。

第五，传统贸易理论不能完全解释中国与拉美各国之间的贸易关系。对中国与拉美贸易关系的研究和贸易对策的构建应该立足于全球经济一体化的视角和双方处于泛亚洲垂直供应链不同位置的事实。由此带来的政策含义是：中国应加强与拉美各国的政治联系，改善与拉美各国的外交关系，进而增加对拉美各国的投资，以达到增加进口的目的。即使两国关系的改善因为投资替代减少了中国对拉美的出口，但从长远来看，中国在拉美投资的增加无疑会促进中国自拉美在矿产能源上的进口，这是符合中国与拉美长远利益的。

第六，以孔子学院数量为判定标准的文化变量在引力模型中并不显著，可以证明孔子学院并未起到大范围内文化交流的作用。由此带来的政策含义是：文化交流的形式需要多样化，应依托孔子学院开展更加丰富的文化交流活动，而不仅仅局限于汉语教学。

7　中国与拉美国家贸易发展的对策建议

根据第 1~6 章的分析，中国与拉美贸易大体上属于贸易互补，而非贸易竞争。双方的贸易结构说明，中国与拉美都遵循着历史遗留的路径依赖惯性，处于泛亚洲垂直供应链的不同位置。中国与拉美处于同一个集群当中，中国处于核心国地位，是拉美参与国家分工的通道国之一。中国与拉美整体上保持贸易平衡，但具体到各个国家情况并不相同，贸易顺差主要来自中美洲，而逆差主要来自南美洲。

中国工业制成品在拉美市场上具有较强的竞争力，中国向拉美的出口并不需要过多的政治推动，中国商品凭借自身的比较优势可以自行进入拉美市场。根据现存的比较优势和要素禀赋贸易理论，单从中国与拉美双边贸易的角度来讲，拉美的能源等初级产品在作为制造业大国的中国市场上也具有较强的竞争力，因此，拉美对中国的出口应该像中国商品出口到拉美市场上一样完全靠经济杠杆来调节，完全不需要政治力量的推动，双边贸易完全可以按照以产业间贸易为主，产业内贸易为辅的模式顺利开展，而事实并非如此。原因是第三方出口市场的存在以及拉美对中国出口商品的特殊性。因此，在全球化范围内，单单通过分析两个国家或地区之间的贸易关系，进而达到向对方增加出口（进口）目的的研究已经比较狭隘。对中国与拉美贸易关系的研究以及中国与拉美贸易政策的构建必须立足于全球经济一体化的视角和双方处于泛亚洲垂直供应链不同位置的事实。中国与拉美国家的贸易发展必须以增加中国自拉美进口为核心。实现这一核心目标就要加强中国与拉美各国的政治联系，改善中国与拉美各国的外交关系。

在中拉双边贸易关系上，必须充分重视中国自拉美进口的核心地位。虽然从贸易战略的政治经济学角度来看，对贸易的干预与自由放任的贸易政策相比往往不利于实现经济效率最大化（帕雷托最优），[①] 然而理论上的最优往往在现实中难以实现，根据中国与拉美特殊的政治经济关系，必须制定中长期的可以为双方带来“双赢”的贸易战略。而中国与拉美国家贸易关系的发展必须立足于全球经济一体化程度不断加深这一发展趋势，必须把中国与拉美放入全球经济的浪潮中进行判断，简单地把中国与拉美贸易看作是两个普通的发展中国家之间的双边贸易关系是有失偏颇的。鉴于拉美复杂的政治经济形势以及中国与拉美语言文化方面的巨大差异，中国与拉美贸易政策的制定必须从政治、经济、文化等多方面入手，从宏观、微观两个维度，政治、经济、文化三个层面建立立体式“三层二维”的贸易发展策略。

综合来讲，首先，政治交往先行。良好的外交关系可以为贸易发展提供良好的外部环境，降低贸易（特别是投资）的政治风险。一方面，建立健全高层互访机制及中层对话机制，保持政治交流渠道的畅通；另一方面，针对拉美地区的经济和能源大国制定不同的贸易政策，并做好与南共市、安第斯等拉美区域性组织的沟通与协作。其次，把贸易和投资作为双方互利合作的主要经济手段，坚持以能源、矿产资源进口为重心，突出进口的重要战略地位。一方面，加强对拉美地区的投资，特别是在能源设施、矿产资源、基础设施等方面积极与拉美各国开展合作；另一方面，针对拉美特殊的地理位置和语言、文化背景建立健全行之有效的经济信息收集机制，并通过行业协会等组织为中小企业创建与拉美经济合作的平台。最后，淡化军事、重视文化。文化是建立诚信、增进了解、打开市场、增进合作的重要影响因素。一方面，全方位开展与拉美各国的人文交流，包括创建兄弟院校和姐妹城市等形式在内的学术和人文交流方式都是双方增加认可度的重要渠道；另一方面，以孔子学院为依托，拨付专款对拉美各国进行文化援助，把文化援助与经济援助放在同等重要的位置上。

① 刘伟丽. 公共选择理论和交易成本政治经济学的分析框架——从政治经济学视角分析战略性贸易政策的制定［J］. 财经问题研究，2005（10）.

7.1　政治层面

7.1.1　建立中高层互访机制

进入 21 世纪以来，中国与拉美各国的高层互访逐渐频繁。2001 年，时任国家主席的江泽民出访智利、阿根廷、乌拉圭、巴西、委内瑞拉和古巴六国，2002 年又对墨西哥进行了非正式访问。胡锦涛在任期间，分别于 2004 年、2005 年、2008 年、2010 年、2011 年、2012 年六次出访拉美。同时，拉美主要国家自 2001 年以来每年也频频出访中国（见表 4–5）。高层出访释放的不仅仅是两国政治关系加深的信号，对双方企业和人民来说，还意味着互信的增强和贸易机会的增多。更为重要的是，元首访问往往会带领庞大的代表团，访问可以为这些政界、企业界的重要负责人提供重要的经贸信息，这对制定双边贸易发展战略具有重要的意义。例如，2009 年巴西总统卢拉第二次访华，其代表团共有 240 名成员，其中大部分是经贸界的重要负责人，在短短三天的访问中，巴西与中国共签署了 12 项合作文件，所牵涉的领域包括石油、航空、矿产和农业等。巴西国家石油公司与中国国家开发银行签署了为期 10 年的 100 亿美元双边贷款协议，贷款将用于巴西国家石油公司的投资计划，包括从中国购买货物和服务的融资。此外，巴西国家石油公司当天还启动了与中石化全资子公司——联合石化亚洲有限公司签署的一份长期出口协议，协议规定 2009 年巴西国家石油公司每天向中国出口 15 万桶原油，从 2010~2019 年每日向中国出口 20 万桶原油，相当于每年 1000 万吨原油。巴西国家石油公司还与中石化签署了谅解备忘录，将在包括石油勘探、精炼、石化以及产品和服务的提供等几个领域展开合作。因此，高层互访特别是具有实质性意义的由元首带队、大量企业界精英参与的访问无疑可以大大促进双方的贸易发展。

巴拿马是中国在拉美地区前十大贸易伙伴中唯一一个未与中国建交的国家。2011 年，中国与巴拿马双边贸易额达到 145.99 亿美元，巴拿马是中国在拉美地区的第 6 大贸易伙伴；然而双方的贸易失衡度达到 99.4%，中国向巴拿马出口

145.56亿美元，自巴拿马进口仅0.43亿美元，巴拿马成为中国在拉美地区仅次于墨西哥的第二大贸易顺差国（2010年巴拿马是中国在拉美地区最大的顺差国）。虽然这说明了中国的工业制成品很有竞争力，在巴拿马市场上获得了巨大的成功，但由于政治障碍的存在中国无法从巴拿马进口处于制造业大国地位的中国所需要的诸如石油、矿产等初级产品。这一贸易模式不符合中国在拉美的整体贸易战略。哥伦比亚、巴拉圭和厄瓜多尔的情况大致类似。根据第5章的实证结果，CS指数和CC指数显示了中国与巴拿马在全球出口市场上有一定的竞争性，但G-L指数却显示在双边进出口方面，两国接近完全的产业间贸易，不存在任何的贸易竞争。第6章的实证结果也再次证明，政策变量（两国关系）与中国自拉美的进口呈现正相关关系，说明两国关系的推进可以增加中国自拉美的进口，中国与拉美贸易政策的制定必须坚持政治先行的准则，政治因素在中国与拉美贸易关系中的重要性尤为突出。

7.1.2 针对拉美大国制定国别贸易政策

2008年11月5日，中国发表《中国对拉丁美洲和加勒比政策文件》，全面规划了中拉各领域的友好合作。自2003年公布中国对欧盟的政策文件，2006年公布中国对非洲的政策文件之后，此次对拉美和加勒比地区的政策文件是中国发布的第三个政策文件也是中国第一次制定针对该地区的政策文件。文件涵盖了从贸易投资到金融合作，从工农业合作到减免债务，从经济技术援助到商协会合作等14个具体领域。其中，经济方面特别详细地说明了在贸易、投资和金融等方面展开合作事项。在贸易方面，中国政府将继续本着平等互利的原则，同拉美国家一道，努力扩大和平衡双边贸易，优化贸易结构，促进共同发展。同时，通过磋商协作，妥善解决贸易摩擦。中国愿在互利共赢的基础上积极考虑同拉美国家或地区一体化组织商签自由贸易协定。可以说，政策文件对中拉未来贸易合作做出了一个较为细致的规划，对推动中拉关系健康稳定的全面发展具有重大意义。

根据第4章、第5章对中国与拉美国家双边贸易的详细分析可以看出，中国在拉美的贸易伙伴可以分为三种类型：第一种是以巴西、智利、墨西哥、哥斯达黎加为代表的产业内贸易与产业间贸易并存的国家，这一类国家的特点是GDP规模及与中国的贸易规模都比较大，在与中国的贸易中以顺差为主。第二种是以委内瑞拉和乌拉圭为代表的产业间贸易占主要地位的国家，这一类国家的特点是

与中国的出口结构差异较大，双方的贸易量也相对较大。第三类国家以危地马拉、多米尼加共和国、巴拉圭为代表的与中国贸易严重失衡的国家，这一类国家的特点是未与中国建交，GDP 规模较大而与中国贸易额不大，在对中国的贸易上存在着大量逆差。

针对这三类国家必须制定不同的贸易政策：第一类以巴西为例，巴西是南半球最大的发展中国家，国土面积 851 万平方公里，2011 年巴西 GDP 总量 2.5 万亿美元，人口 1.97 亿，不仅是拉美地区潜力巨大的消费市场，更是拉美地区重要的能源生产大国。目前巴西石油储藏量达 500 亿桶，潜在可开采的石油储备量可能高达 800 亿桶，这使它跻身世界十大产油国之列。巴西之前日产石油 200 万桶，2015 年甚至有望提高到 300 万桶。因此，在制定与巴西的贸易政策上应该进口与出口并重。同样，第 4 章分析显示，中国也与墨西哥、阿根廷等国贸易摩擦不断，墨西哥工业制成品在整个美洲市场拥有中国所不具备的距离、时间等比较优势，长期来看这对中国在美洲的市场占有率存在巨大的威胁，因此也应制定针对墨、阿两国的国别贸易政策。对于第二类国家应该在维持好贸易现状的同时，着重发展中国在这些国家的对外直接投资，保证中国进口的顺利进行。第三类国家有着较大的经济规模，发展对其贸易合作尚有较大的空间。中国商品在这些国家有较强的竞争力，导致中国对这些国家连年顺差，然而，由于与这些国家尚未建立正式的外交关系，中国自这些国家的进口少之又少，而这些国家又是拉美地区能源较为丰富的国家，因此，对于这一类国家应该发挥政治先行的战略方针。

7.1.3 处理好与美国、欧盟、日本等国在拉美问题上的关系

第 3 章的分析显示，近几年美国把战略重心转向亚太，奥巴马上任后在一片“美国正在失去拉美”的呼声中依然积极地加入了 TPP 的谈判，并在《2013 年总统贸易政策议程》中把贸易政策重点确定为继续推进五年出口计划，继续推动与亚太地区的跨太平洋战略经济伙伴协定谈判以及与欧盟商谈全面的跨大西洋贸易与投资伙伴协定，拉美仍未被放在贸易政策的重点。虽然目前很多拉美国家对 TPP 谈判很感兴趣，并有加入谈判的愿望，但在短期内，美国显然不可能借助 TPP 来达到控制拉美经济的目的。这对于中国而言是开拓和发展与拉美国家贸易关系的重要时机。然而，美国依然是拉美最大的贸易伙伴，虽然美国在拉美的贸

易份额不断下降，2011 年美国与拉美贸易额占拉美对外贸易总额的比例依然达到 36.6%，比欧盟和中国的总和还要多出 10 个百分点。美国对拉美的政治和经济影响力还是一股不可小觑的力量。截至 2011 年底，美国在拉美地区的投资存量为 8312 亿美元，而中国只有 552 亿美元，美国通过对拉美直接投资的方式依然对拉美经济具有强大的控制力。同时，中国与拉美快速发展的贸易关系也早已引起美国的注意，因此，构建中国与拉美贸易战略，美国绝对不是可以绕得过去的因素，在拉美问题上与美国建立战略对话甚至在需要的时候建立中—美—拉三方战略对话是十分有必要的。

而对拉美与欧盟、日本、印度和俄罗斯的经贸关系的分析我们可以看出，欧盟国家与拉美国家在文化、宗教和价值观方面有许多共通之处，欧盟目前仍然是拉美的第二大贸易伙伴和投资伙伴。2013 年 1 月，欧盟与新成立的拉共体在圣地亚哥召开拉美—欧盟第 7 次峰会，这也是拉共体成立之后双方召开的第一次峰会，显示出拉美依然在欧盟的对外经贸合作战略中处于十分重要的地位。日本在其 21 世纪多边化合作政策的指导下，积极地推行与拉美国家的自由贸易区谈判，贸易和投资并重，并展开对拉美各国的大量经济和文化援助。因此，在未来 5~10 年内，欧盟和日本将是中国在拉美地区经贸合作的主要竞争对手，应引起中国的充分重视，中国必须协调好与欧盟和日本在拉美问题上的利益关系。印度和俄罗斯与拉美的贸易关系虽然也发展较为迅速，但总量都比较小。中东的石油、天然气等能源在地理位置上必然是印度的首选进口来源地，而俄罗斯本身就是能源大国，自拉美国家的进口也主要是香蕉、蔗糖等生活用品。因此，印度和俄罗斯在未来 10 年之内不会在拉美经贸问题上与中国产生竞争。

7.2 经济层面

7.2.1 扩大对拉美投资，保证进口

基于中国与拉美在国际分工中的地位，保证自拉美地区的进口是中国与拉美贸易政策制定的重心。保证进口的一个方法是高层互访，增强政治互信，而另一

个重要手段就是加大对拉美地区的投资。相比较而言，这是比同拉美国家建立自由贸易区更为重要的工作。跨国公司在拉美地区的投资战略可分为三大类：第一类为资源寻求型投资战略，其主要投资地是安第斯集团、阿根廷、智利等，主要投资领域是石油、天然气和矿产等部门。第二类是市场寻求型投资战略，主要投资地有巴西、阿根廷、墨西哥等拉美地区大国，主要投资领域有金融、通信、能源等部门。第三类是效率寻求型投资战略，主要投资地是墨西哥和加勒比地区，主要投资部门有汽车、电子、服装等。不同类型的投资战略，其特点和要求有所不同。从投资来源地看，美国不管是在流量还是存量上都排第一，2011 年美国对拉美 FDI 流量达到 856 亿美元，欧盟达到 546 亿美元，中国和日本分别达到 117 亿美元和 113 亿美元。截至 2011 年底，中国在拉美的投资存量仅为 292 亿美元，而美国则达到 8311 亿美元，是中国的 28 倍。欧盟、日本对拉美的投资近些年也增长较快，拉美作为各国投资的重点区域竞争十分激烈。

另一个影响投资的最重要因素是政治风险。拉美地区如委内瑞拉、巴西、阿根廷、玻利维亚、厄瓜多尔、秘鲁等国纷纷由“左派”上台执政，这给中国企业在拉美的投资带来好的发展机遇，[①] 但“左派”政权的不稳定性就增加了投资的风险。2011 年，中国在秘鲁、委内瑞拉、厄瓜多尔和哥伦比亚四国的投资占中国在拉美总投资的比例将近 90%，投资的过于集中无疑增加了投资的风险。此外，“左派”政府上台后，纷纷实行能源企业国有化，2005 年中石油和中石化收购加拿大恩卡纳集团的安第斯石油公司，该公司在厄瓜多尔拥有 5 个石油区块的资产和开发权，日产石油 8 万桶，产量居南美地区第 5 位，是厄瓜多尔最大的外资企业。但在 2007 年 10 月 12 日，厄瓜多尔突然以总统令形式宣布，征收高额特别收益金，将外国石油公司额外收入中的 99%收归国家所有，令我国企业的投资损失惨重。在玻利维亚，因当地政府宣布石油天然气国有化政策，中国石油企业不得不改变原有开发计划，以避免其在玻利维亚的产权被没收，甚至被驱逐出境的风险。

因此，对投资企业自身来说还有很多工作要做。首先，要做好拉美国家风险评价，密切关注一些国际知名风险测评机构公布的主权评级和国家风险指数，有条件的大型国企可以联合成立专门机构建立自己的测试体系，根据测评结果开拓

① 李紫莹. 投资拉美：政治风险不容忽视 [N]. 国际商报，2011 年 7 月 25 日.

新的投资目的国，实现投资多元化。其次，除了投资石油、能源等企业外，可以把资金投向基础设施、建筑和制造业这些可以改善当地人民生活的领域，从而改善与投资国政府和企业所在地居民的关系。最后，实施本土化的员工战略，为当地居民增加更多的工作岗位，减轻当地政府的就业压力。此外还要在当地做好公益事业，关注当地社会发展，保护当地环境不受破坏，等等。只有这样才可以把企业做大做强，才能把企业做得久远，才符合企业的长远目标。

7.2.2 完善中国在拉美经济信息收集机制

从第 4 章的分析可知，语言是影响中国和拉美国家贸易的重要障碍之一，拉美大部分国家的母语为西班牙语，巴西的母语为葡萄牙语。这对于国内学者对拉美的研究而言是一大障碍。研究拉美的机构主要有联合国拉美经委会、美洲国家组织、美洲开发银行等，这些组织经常会以英文发布最新的数据和研究报告等，拉美各国政府和大学虽然也有英文研究资料，但往往比较滞后。国内的研究机构主要是中国社会科学院的拉丁美洲研究所和现代国际关系研究院下属的拉丁美洲研究所，虽然北京大学、南开大学和复旦大学等也在近几年设立了对拉美的研究机构，但这些研究主要集中在历史领域，研究成员的背景也大部分是西班牙语或者葡萄牙语专业，既精通语言又精通经济的人才并不多。这一现状直接导致了对拉美经贸的研究成果较少，更重要的是由于缺乏对经贸类信息收集的动力机制，经济信息由外语翻译到中文的时滞较长，甚至会造成信息的不可得。这种现状一则影响国内学者对拉美国家经济发展状况、外贸发展状况的研究；二则不利于企业特别是中小企业对拉美经济形势的评估和把握，显然不利于中国与拉美贸易关系的发展。

拉美经济信息情报收集机制的建立需要政府、企业和学界的共同努力。政府层面，由外交部和商务部出面，加大和加强驻拉美各国外交使官的数量和质量。每次金融危机或经济危机的爆发都有来自一线市场的征兆，对于这些敏感信息的收集工作，需要政府来完成，并且做出预警。2007 年次贷危机爆发前全球经济已经出现下滑迹象，然而国内却对此一无所知，主要原因在于信息收集机制出现问题。调查发现驻外人员多系政府雇用且以非政府正式公务人员为主，而且大部分这类人员驻外的主要目的是经商，存在着信息收集动力不足的问题。企业层面，特别是大型企业内部应设立目标市场贸易信息采集和分析研究室，专门收集

来自一线的贸易资讯及与之相关的新的政策法律，用于指导自己的贸易和投资策略。学术层面，一方面可以加大拉美研究机构的数量和资源配置，另一方面可以推动国内大学“走出去”，在拉美国家设立分校或者研究机构。2012 年 11 月 22 日，拉美地区规模最大的高等学府——墨西哥国立自治大学在北京成立，这是在亚太地区建立的首所墨西哥研究中心，这无疑有利于墨西哥对中国经济信息的采集，以及对中国政治、经济、文化的全方面研究。这也为中国大学进驻拉美提供了重要的启示。

7.2.3 打造“中国制造”品牌，创建中小企业与拉美贸易合作平台

对于中小企业而言，开展与拉美的贸易和投资，面临着渠道、资金等种种问题，对市场的开拓又面临着语言、文化等重重障碍。因此，促进中国企业与拉美企业合作的平台显得尤为重要。可喜的是，目前多个平台已经初步建立。2009 年，拉美贸易网[①] 在中国创立，该公司由美国人创办，是中国与拉美及加勒比地区双向进出口贸易与服务的商务及贸易服务机构，这是连接中国与拉美地区进口商的网络桥梁。2007 年，中国贸促会倡议建立中国—拉美企业家高峰会，从 2007 年起每年一届，由拉美国家和中国轮流举办，是中国首个针对拉美地区的贸易合作促进机制。2012 年 10 月在杭州举行的第六届中国—拉美企业家高峰会吸引了 600 多家中国和拉美企业，27 家中国中央及地方贸促机构与来自 26 个国家的 58 家拉美商协会、联合国拉美经委会及泛美开发银行共同签署并发表《中国—拉美贸促机构杭州宣言》。中拉企业间举行了对口洽谈 1500 余场，成交额逾 1000 万美元，意向成交额数亿美元。作为这次会议的重大成果，中国和拉美企业家理事会宣告成立，这是中国和拉美首个企业合作固定机制。历次高峰会内容见表 7-1。

然而从整体上看，促进中拉双边贸易的平台数量还较少，波及范围还不够大。从中国—拉美企业家高峰会的情况来看，参会企业数量不够多，会议影响力不够大，类似平台需要不断加强和扩大。一方面这可以切实解决企业拓展与拉美各国的贸易往来的问题，另一方面通过类似会议的新闻扩大效应，可以向中拉各国消费者传递积极的信息。另外，创建中小企业促进平台的过程中，应严把企业

① 网址为：http：//cn.latincomercio.com/。

表 7-1 2007~2012 年中国—拉美企业家高峰会举办情况

时间	地点	会议主题	会议情况
2007.11	圣地亚哥	—	500 多位中国与拉美地区企业家就贸易投资政策和机遇展开研讨，并进行项目洽谈对接
2008.10	哈尔滨	创新贸易服务、加强区域合作	来自 24 个国家和地区的近 300 名企业家，联合国拉美加勒比经济委员会、泛美开发银行等国际组织的代表，国内 21 个省份的 700 余位企业家参加高峰会
2009.11	哥伦比亚首都波哥大	增进信心、战胜危机、推动中拉共同发展	200 多名来自能源、矿产、服务、农业及食品、医药制造、电子通信以及工程建筑等多个领域的中国企业家赴哥参会，墨西哥、秘鲁、智利等 15 个拉美国家的商协会也组织企业出席会议
2010.10	成都	合作凝聚力量，和谐见证成长	多个由部长组成的高级别代表团和来自 13 个国家的泛美开发银行执行董事与会，还吸引了来自矿业、纺织、建材、石油化工、电子通信、物流和咨询等各国各行业领域的 500 余家企业出席
2011.11	利马	包容性发展：中拉合作的新篇章	吸引了来自中国二十余个省市的 300 多名中国企业家和 600 多名拉美地区企业家参加
2012.10	杭州	加快转型升级、共迎跨越发展	共有来自 30 个国家和地区的 260 余家企业、400 余名外国企业家以及来自中国 26 个省、市、自治区的 450 余家企业与近 700 名企业家参加了本次峰会

资料来源：网络资料收集整理。

资质关。拉美国家不像发达国家一样具有严格的进口检验检查程序，这就为劣质产品流入拉美创造了机会，不但不利于“中国制造”品牌在拉美的创建，而且会造成中国企业诚信的缺失，反过来影响中国企业在拉美的投资，进而影响中国自拉美的进口。

7.3 文化层面

文化是吸引力，是认可度，是品牌。文化是软实力，不会像军事和政治一样遭到排斥和抵制。和平和发展仍是当前世界的主题，拥有强大军事和政治力量的美国对拉美控制力的不断减弱值得我们思考。人文的交流与合作可以使双方从陌生到熟悉，是文明的对话，是文化的整合，从新中国成立 60 多年以来的历史经验可知，中国与大部分拉美国家建交都是以文化作为先锋。2009 年 7 月，胡锦涛总书记在第 11 次驻外使节会议上强调，“努力使我国在形象上更有亲和力、道

义上更有感召力，要加强公共外交和人文外交，开展各种形式的对外文化交流活动，扎实传播中华优秀文化”，已经体现出中国对文化这一软实力的重视。拉美与中国地理位置遥远，文化差异较大，加上语言上的障碍，导致中国与拉美的人文交流相对于其他地区来说较小，且交流的渠道有限。目前，虽然中国既不是拉美最大的贸易伙伴，也不是对拉美最大的投资来源地，但“中国威胁论”，中国在拉美地区“新殖民主义”等论调曾一度盛行，这是双方沟通不够、文化交流不足的表现。

2006 年 2 月 13 日，中国建立在拉美的第一个孔子学院——墨西哥城孔子学院。孔子学院是中外合作建立的非营利性教育机构，致力于适应世界各国（地区）人民对汉语学习的需要，增进世界各国（地区）人民对中国语言文化的了解，加强中国与世界各国教育文化交流合作，发展中国与外国的友好关系，促进世界多元文化发展，构建和谐世界。① 目前，全球共有孔子学院近 400 所，整个拉美地区共有 23 所，其中墨西哥 5 所、巴西 4 所、智利 4 所、哥伦比亚 3 所，其他零星分布在阿根廷、哥斯达黎加等国。中国与拉美地区的文化交流起步晚，交流面临障碍较多，拉美地区需要更多的孔子学院来促进双方文化交流。第 6 章在选取中国在拉美各国的孔子学院数量作为中国对拉美出口考核指标的实证研究中，这一变量并不显著，这表明孔子学院的建立目前尚未加强拉美人民对“中国制造”的认同。资料显示，孔子学院在拉美各国主要从事汉语教学，此外举办一些图书展览和汉语比赛等活动，活动范围并不宽泛，影响力也十分有限。本书认为，孔子学院是中国对拉美各国进行文化交流的重要平台，国家应该拨付专项基金，以孔子学院为依托开展全方位的人文交流活动，比如设立涵盖中华文化和拉美各国文化在内的图书馆，并免费向市民开放，提供免费借阅等服务。此外，中国大学与拉美各知名大学联合创建兄弟院校，定期进行学术互访交流，不但有利于双方学术层面的提高，更重要的是可以增加拉美各国大学生对中国文化的理解和认知。

① 国家汉办官方网站：http：//www.hanban.org/index.html。

附　录

附表 1　1961~2011 年拉丁美洲各国 GDP 增长率

单位：%

	1961 年	1962 年	1963 年	1964 年	1965 年	1966 年	1967 年	1968 年	1969 年	1970 年
拉丁美洲	6.2	4.1	2.2	8	5.8	3.8	4.4	7.3	6.4	6.2
阿根廷	5.4	−0.9	−5.3	10.1	10.6	−0.7	3.2	4.8	9.7	3.0
阿鲁巴岛	—	—	—	—	—	—	—	—	—	—
巴哈马	10.7	10.5	10.5	10.5	10.4	9.1	9.6	8.4	9.0	−5.6
巴巴多斯	7.7	9.1	−5.1	5.0	11.4	4.0	10.6	6.9	7.5	9.5
伯利兹	4.9	4.9	5.0	5.0	4.9	4.8	4.9	7.4	5.1	4.8
玻利维亚	2.1	5.6	6.4	4.8	5.6	6.5	6.9	−12.2	3.1	−0.5
巴西	10.3	5.2	0.9	3.5	3.1	4.2	4.9	11.4	9.7	8.8
智利	4.0	5.2	6.1	2.7	0.4	10.0	3.6	3.8	3.5	2.1
哥伦比亚	5.3	5.5	2.9	6.6	3.0	5.3	4.2	6.4	6.5	7.0
哥斯达黎加	−1.0	8.1	4.8	4.1	9.8	7.9	5.7	8.4	5.6	7.5
多米尼加共和国	−2.3	17.0	6.5	6.8	−12.5	13.5	3.3	0.2	10.9	18.2
厄瓜多尔	1.5	4.6	3.9	7.8	3.2	−0.1	7.0	2.3	5.4	7.6
萨尔瓦多	3.5	12.0	4.3	9.3	5.4	7.2	5.4	3.2	3.5	3.0
危地马拉	4.3	3.5	9.5	4.6	4.4	5.5	4.1	8.8	4.7	5.7
法属圭亚那	4.7	1.1	−12.3	11.4	10.5	5.2	4.3	1.0	7.0	4.3
海地	—	—	—	—	—	—	—	—	—	—
洪都拉斯	1.9	5.8	3.6	5.4	9.0	5.4	6.0	6.6	0.7	3.6
牙买加	—	—	—	—	—	—	1.8	5.7	5.6	12.1
墨西哥	5.0	4.7	8.1	11.9	6.6	6.1	5.9	9.4	3.4	6.5
尼加拉瓜	7.4	11.7	9.9	11.1	9.0	3.3	7.0	1.3	6.2	1.4
巴拿马	10.8	8.4	8.4	4.5	9.1	7.5	8.6	6.9	8.5	6.4
巴拉圭	7.1	1.3	3.9	3.9	5.4	1.2	8.5	3.1	4.1	4.9
秘鲁	7.4	8.3	3.7	6.6	4.9	8.4	3.8	0.4	3.8	5.8
波多黎各	9.5	7.5	10.4	7.1	9.1	7.1	6.3	4.8	8.9	8.7
圣文森特和格林纳丁斯	4.5	3.7	−6.3	3.7	0.9	0.0	−9.5	6.5	2.9	10.7
特立尼达和多巴哥	14.0	2.7	5.6	7.6	0.7	4.1	2.0	5.2	2.7	3.5

续表

	1961年	1962年	1963年	1964年	1965年	1966年	1967年	1968年	1969年	1970年
特克斯和凯科斯群岛	—	—	—	—	—	—	—	—	—	—
乌拉圭	2.5	−1.6	0.2	2.4	1.0	3.1	−3.7	1.9	5.9	2.3
委内瑞拉	3.2	8.5	3.9	11.1	4.2	1.5	2.8	7.3	0.7	7.7
	1971年	1972年	1973年	1974年	1975年	1976年	1977年	1978年	1979年	1980年
拉丁美洲	6.2	6.5	7.6	6	3.4	5.1	4.9	3.7	7	6
安提瓜和巴布达	—	—	—	—	—	—	—	4.2	7.3	8.6
阿根廷	5.7	1.6	2.8	5.5	0.0	−2.0	6.9	−4.5	10.2	4.2
巴哈马	1.6	−3.5	7.6	−16.8	−14.8	5.2	9.2	14.2	26.1	6.5
巴巴多斯	3.9	1.3	1.3	−4.7	4.0	−0.1	4.4	6.1	7.7	4.7
伯利兹	4.0	10.2	5.4	13.6	3.6	0.0	6.5	7.9	7.5	15.2
玻利维亚	5.1	8.0	5.7	2.9	7.3	4.6	5.0	2.1	0.1	−1.4
巴西	11.3	12.1	14.0	9.0	5.2	9.8	4.6	3.2	6.8	9.1
智利	9.0	−0.8	−4.9	2.5	−11.4	3.4	8.7	7.5	8.7	8.1
哥伦比亚	6.0	7.7	6.7	5.7	2.2	4.8	4.1	8.5	5.4	4.1
哥斯达黎加	6.8	8.2	7.7	5.5	2.1	5.5	8.9	6.3	4.9	0.8
古巴	8.6	4.8	3.4	1.0	9.5	5.4	8.7	6.6	1.1	−4.8
多米尼加联邦	—	—	—	—	—	—	—	11.8	−18.4	14.3
多米尼加共和国	10.9	10.4	12.9	6.0	5.2	6.7	5.0	2.1	4.5	8.0
厄瓜多尔	6.5	4.6	16.2	8.4	8.3	7.6	2.3	6.8	5.2	4.4
萨尔瓦多	3.9	6.1	4.9	5.3	2.9	5.0	6.8	5.3	−4.2	−11.8
格林纳达	—	—	—	—	—	—	—	5.4	6.0	−0.4
危地马拉	5.6	7.3	6.8	6.4	1.9	7.4	7.8	5.0	4.7	3.8
法属圭亚那	3.1	−3.3	1.2	7.7	8.5	1.5	−2.6	−1.8	−1.8	1.7
海地	—	—	—	—	—	—	—	—	—	—
洪都拉斯	4.0	5.8	7.9	−1.2	2.1	10.5	10.4	10.0	4.7	0.7
牙买加	2.5	18.0	−5.5	−4.2	−0.3	−6.7	−2.6	−0.1	−1.1	−5.7
墨西哥	3.8	8.2	7.9	5.8	5.7	4.4	3.4	9.0	9.7	9.2
尼加拉瓜	3.3	2.2	6.4	14.2	−0.2	5.2	8.4	−7.8	−26.5	4.6
巴拿马	9.6	4.6	5.4	2.4	1.6	1.6	1.2	9.7	4.5	1.1
巴拉圭	5.4	6.4	7.2	8.2	6.3	7.0	10.9	11.4	11.4	14.8
秘鲁	4.2	2.9	5.4	9.3	3.4	2.0	0.4	0.3	5.8	3.1
波多黎各	6.3	7.4	6.0	0.1	−2.5	5.3	6.5	6.6	6.1	1.5
圣其茨—尼维斯	—	—	—	—	—	—	—	7.4	9.2	8.2
圣文森特和格林纳丁斯	3.0	25.8	−11.1	−8.8	−7.6	10.4	2.8	11.9	3.4	2.0
苏里南	—	—	—	—	—	−3.2	10.3	7.4	−5.9	−5.3
特立尼达和多巴哥	1.0	5.8	1.7	3.8	1.5	6.4	9.1	10.0	3.6	10.4
乌拉圭	−0.3	−1.3	0.3	2.9	6.1	3.9	1.5	5.4	6.2	5.8
委内瑞拉	1.5	1.3	7.1	2.1	2.9	7.7	6.3	2.3	0.8	−4.4
英属维尔京群岛	12.1	14.7	8.3	3.2	−0.6	−2.3	−1.1	3.5	8.9	9.8

续表

	1981年	1982年	1983年	1984年	1985年	1986年	1987年	1988年	1989年	1990年
拉丁美洲	0.8	-1.1	-2.3	3.9	2.5	4	3.2	0.7	1	0.3
安提瓜和巴布达	4.1	0.2	4.7	9.8	8.0	12.7	8.3	5.4	5.8	2.5
阿根廷	-5.7	-5.0	3.9	2.2	-7.6	7.9	2.9	-2.6	-7.5	-2.4
阿鲁巴岛	—	—	—	—	—	—	—	17.0	9.0	12.0
巴哈马	-9.2	6.7	3.6	14.2	4.8	1.8	3.0	2.3	6.7	-1.6
巴巴多斯	-3.2	-5.0	0.2	3.4	0.5	9.4	1.0	6.3	5.0	-4.8
伯利兹	1.3	-0.3	-2.1	2.0	1.1	4.6	11.2	9.2	13.1	10.6
玻利维亚	0.3	-3.9	-4.0	-0.2	-1.7	-2.6	2.5	2.9	3.8	4.6
巴西	-4.4	0.6	-3.4	5.3	7.9	8.0	3.6	-0.1	3.3	-4.3
智利	4.7	-10.3	-3.8	8.0	7.1	5.6	6.6	7.3	10.6	3.7
哥伦比亚	2.3	0.9	1.6	3.4	3.1	5.8	5.4	4.1	3.4	6.0
哥斯达黎加	-2.3	-7.3	2.9	6.2	1.0	5.8	6.9	3.8	5.1	3.9
古巴	19.7	8.9	5.4	7.9	1.6	0.1	-2.4	3.7	0.7	-2.9
多米尼加联邦	12.1	4.1	2.7	5.4	1.3	7.1	7.5	8.6	-0.2	5.3
多米尼加共和国	4.3	1.7	4.6	1.3	-2.1	3.5	10.1	2.2	4.4	-5.5
厄瓜多尔	3.4	-0.6	-2.5	3.8	2.9	4.1	-2.1	8.4	1.0	2.7
萨尔瓦多	-10.5	-6.3	1.5	1.3	0.6	0.2	2.5	1.9	1.0	4.8
格林纳达	0.9	4.9	2.9	4.8	8.1	8.2	11.1	3.4	6.1	5.2
危地马拉	0.6	-3.5	-2.6	0.5	-0.6	0.1	3.5	3.9	3.9	3.1
法属圭亚那	1.5	-13.2	-6.8	-5.0	2.4	-0.9	0.9	-3.7	-4.9	-3.0
洪都拉斯	2.5	-1.4	-0.9	4.3	4.2	0.7	6.0	4.6	4.3	0.1
牙买加	2.6	2.1	1.9	-1.5	-2.9	1.9	7.9	4.0	7.2	4.2
墨西哥	8.8	-0.6	-4.2	3.6	2.6	-3.8	1.9	1.2	4.2	5.1
尼加拉瓜	5.4	-0.8	4.6	-1.6	-4.1	-1.0	-0.7	-12.4	-1.7	-0.1
巴拿马	9.2	5.3	-4.5	2.7	4.9	3.6	-1.8	-13.4	1.6	8.1
巴拉圭	8.5	-3.7	-3.0	3.1	4.0	0.0	4.3	6.4	5.8	3.1
秘鲁	7.2	-0.6	-11.8	5.2	2.8	10.0	8.0	-8.7	-11.7	-5.1
波多黎各	1.1	-3.0	0.5	7.3	2.1	8.2	4.9	6.5	4.9	3.8
圣其茨—尼维斯	1.1	-1.6	-1.0	10.4	6.4	11.7	8.7	9.1	7.6	2.3
圣卢西亚	3.5	-10.8	4.3	23.5	-5.8	14.9	1.9	12.2	9.1	23.5
圣文森特和格林纳丁斯	6.1	4.8	4.4	5.9	6.1	6.7	4.5	14.6	2.5	5.0
苏里南	0.1	-1.8	-3.0	-3.8	-1.7	-3.3	-13.4	8.4	10.4	-0.5
特立尼达和多巴哥	4.6	4.0	-9.2	-5.8	-4.1	-3.3	-4.6	-3.9	-0.8	1.5
乌拉圭	1.6	-9.8	-10.3	-1.1	1.5	8.8	8.0	1.5	1.1	0.3
委内瑞拉	-0.4	-2.1	-3.8	1.4	0.2	6.5	3.6	5.8	-8.6	6.5
英属维尔京群岛	3.0	-4.8	6.0	3.6	-2.4	2.0	7.4	1.6	7.1	—

续表

	1991年	1992年	1993年	1994年	1995年	1996年	1997年	1998年	1999年	2000年
拉丁美洲	4.2	3.6	3.4	4.6	0.8	3.6	5.4	2.5	0.6	4
安提瓜和巴布达	2.0	0.8	5.4	6.3	−4.2	6.7	4.9	4.4	4.1	5.1
阿根廷	12.7	11.9	5.9	5.8	−2.8	5.5	8.1	3.9	−3.4	−0.8
阿鲁巴岛	4.0	4.0	4.0	6.0	11.2	1.2	7.8	6.7	1.2	3.7
巴哈马	−4.2	−3.8	0.3	3.1	4.4	4.2	2.1	4.7	7.1	4.1
巴巴多斯	−2.9	−5.0	1.0	4.0	1.5	1.8	6.4	4.1	2.6	2.3
伯利兹	10.5	12.0	6.3	0.2	0.6	1.4	3.5	3.7	8.8	13.0
玻利维亚	5.3	1.6	4.3	4.7	4.7	4.4	5.0	5.0	0.4	2.5
巴西	1.5	−0.5	4.7	5.3	4.4	2.1	3.4	0.0	0.3	4.3
开曼群岛	—	—	—	5.3	—	—	—	—	—	—
智利	8.0	12.3	7.0	5.7	10.6	7.4	6.6	3.2	−0.8	4.5
哥伦比亚	2.3	5.0	2.4	5.8	5.2	2.1	3.4	0.6	−4.2	4.4
哥斯达黎加	2.6	9.2	7.4	4.7	3.9	0.9	5.6	8.4	8.2	1.8
古巴	−10.7	−11.6	−14.9	0.7	2.5	7.8	2.8	0.2	6.2	5.9
多米尼加联邦	0.6	2.0	1.7	1.4	2.0	2.6	1.5	5.0	0.7	−1.0
多米尼加共和国	0.9	10.5	7.2	2.3	5.5	7.1	8.0	7.0	6.7	5.7
厄瓜多尔	5.2	1.5	0.3	4.7	1.8	2.4	4.1	2.1	−6.3	2.8
萨尔瓦多	3.6	7.5	7.4	6.1	6.4	1.7	4.2	3.7	3.4	2.2
格林纳达	2.3	−0.3	−2.6	2.8	2.5	4.1	4.6	6.5	10.1	2.5
危地马拉	3.7	4.8	3.9	4.0	4.9	3.0	4.4	5.0	3.8	3.6
法属圭亚那	6.0	7.8	8.2	8.5	5.0	7.9	6.2	−1.7	3.0	−1.4
海地	—	−5.3	−5.4	−12.0	9.9	4.1	2.7	2.2	2.7	0.9
洪都拉斯	3.3	5.6	6.2	−1.3	4.1	3.6	5.0	2.9	−1.9	5.7
牙买加	4.8	2.0	9.4	1.4	2.3	−0.1	−1.1	−2.3	1.0	0.9
墨西哥	4.2	3.6	2.0	4.5	−6.2	5.1	6.8	4.9	3.9	6.6
尼加拉瓜	−0.2	0.4	−0.4	3.3	5.9	6.3	4.0	3.7	7.0	4.1
巴拿马	9.4	8.2	5.5	2.9	1.8	2.8	6.5	7.3	3.9	2.7
巴拉圭	2.5	3.4	3.9	3.7	5.5	0.4	3.0	0.6	−1.5	−3.3
秘鲁	2.2	−0.4	4.8	12.8	8.6	2.5	6.9	−0.7	0.9	3.0
波多黎各	2.3	4.6	4.6	4.2	4.5	2.3	4.9	5.5	5.4	3.3
圣其茨—尼维斯	0.4	3.3	6.7	5.1	3.7	6.5	6.8	1.1	5.2	0.7
圣卢西亚	2.7	7.0	2.6	1.4	3.3	5.4	0.4	6.4	2.4	0.7
法属圣马丁岛	—	—	—	—	—	—	—	—	—	—
圣文森特和格林纳丁斯	0.6	7.5	0.2	−3.0	1.0	1.3	13.3	5.2	4.4	−0.6
苏里南	2.8	−0.2	−7.3	3.2	1.1	1.3	5.7	1.6	−0.9	−0.1
特立尼达和多巴哥	2.7	−1.6	−1.4	3.6	4.0	3.9	2.7	7.8	4.4	6.1
乌拉圭	3.5	7.9	2.7	7.3	−1.4	5.6	8.5	4.5	−1.9	−1.9
委内瑞拉	9.7	6.1	0.3	−2.3	4.0	−0.2	6.4	0.3	−6.0	3.7

续表

	2001 年	2002 年	2003 年	2004 年	2005 年	2006 年	2007 年	2008 年	2009 年	2010 年	2011 年
拉丁美洲	0.5	-0.3	2.1	6	4.8	5.7	5.7	4.1	-1.6	6	4.7
安提瓜和巴布达	-3.1	2.9	6.6	4.9	6.1	13.5	9.6	0.0	-11.9	-7.9	-5.0
阿根廷	-4.4	-10.9	8.8	9.0	9.2	8.5	8.7	6.8	0.9	9.2	8.9
阿鲁巴岛	-0.7	-2.6	1.6	—	—	—	—	—	—	—	—
巴哈马	2.6	2.7	-1.3	0.9	3.4	2.5	1.4	-2.3	-4.9	0.2	1.6
巴巴多斯	-5.1	-3.5	2.0	3.7	3.2	3.4	0.5	0.2	-5.3	—	—
伯利兹	5.0	5.1	9.3	4.6	3.0	4.7	1.3	3.5	0.0	2.9	1.9
玻利维亚	1.7	2.5	2.7	4.2	4.4	4.8	4.6	6.1	3.4	4.1	5.2
巴西	1.3	2.7	1.1	5.7	3.2	4.0	6.1	5.2	-0.3	7.5	2.7
智利	3.3	2.2	4.0	6.0	5.6	4.6	4.6	3.7	-1.0	6.1	6.0
哥伦比亚	1.7	2.5	3.9	5.3	4.7	6.7	6.9	3.5	1.7	4.0	5.9
哥斯达黎加	1.1	2.9	6.4	4.3	5.9	8.8	7.9	2.7	-1.0	4.7	4.2
古巴	3.2	1.4	3.8	5.8	11.2	12.1	7.3	4.1	1.4	2.1	—
多米尼加联邦	-0.1	-2.1	7.4	3.0	-0.8	4.4	5.4	8.0	5.9	1.0	-0.3
多米尼加共和国	1.8	5.8	-0.3	1.3	9.3	10.7	8.5	5.3	3.5	7.8	4.5
厄瓜多尔	5.3	5.1	3.3	8.8	5.7	4.8	2.0	7.2	0.4	3.6	7.8
萨尔瓦多	1.7	2.3	2.3	1.9	3.6	3.9	3.8	1.3	-3.1	1.4	1.5
格林纳达	-2.1	3.6	9.6	-1.0	13.5	-3.9	5.9	1.0	-6.6	0.0	1.0
危地马拉	2.3	3.9	2.5	3.2	3.3	5.4	6.3	3.3	0.5	2.9	3.9
法属圭亚那	2.2	1.1	-1.0	3.3	-2.0	5.1	7.0	2.0	3.3	4.4	—
海地	-1.0	-0.3	0.4	-3.5	1.8	2.3	3.3	0.8	2.9	-5.4	5.6
洪都拉斯	2.7	3.8	4.5	6.2	6.1	6.6	6.2	4.2	-2.1	2.8	3.6
牙买加	1.3	—	—	—	—	—	—	—	—	—	—
墨西哥	-0.2	0.8	1.4	4.1	3.2	5.2	3.3	1.2	-6.0	5.5	3.9
尼加拉瓜	3.0	0.8	2.5	5.3	4.3	4.2	5.0	2.9	-1.4	3.1	5.1
巴拿马	0.6	2.2	4.2	7.5	7.2	8.5	12.1	10.1	3.9	7.6	10.6
巴拉圭	2.1	-4.1	2.1	3.5	7.3	3.6	9.2	4.2	-3.5	14.2	6.9
秘鲁	0.2	5.0	4.0	5.0	6.8	7.7	8.9	9.8	0.8	8.8	6.8
波多黎各	6.3	0.9	0.1	3.0	0.8	-0.1	-2.4	-1.9	-2.3	-2.1	—
圣其茨—尼维斯	5.2	1.9	-1.4	4.4	9.9	4.7	2.8	4.7	-6.9	-2.4	2.1
圣卢西亚	-4.8	0.1	4.4	8.4	-1.9	9.3	1.5	5.3	0.1	0.4	1.3
法属圣马丁岛	—	—	—	—	—	—	—	—	—	—	—
圣文森特和格林纳丁斯	1.6	6.3	7.6	4.2	2.5	7.7	3.4	1.4	-2.2	-2.8	0.1
苏里南	4.5	4.8	6.0	8.7	4.6	3.8	5.1	4.1	3.0	4.1	—
特立尼达和多巴哥	4.1	8.0	14.4	7.9	5.8	13.2	4.8	2.7	-3.3	0.0	-4.1
乌拉圭	-3.8	-7.7	0.8	5.0	7.5	4.1	6.5	7.2	2.4	8.9	5.7
委内瑞拉	3.4	-8.9	-7.8	18.3	10.3	9.9	8.8	5.3	-3.2	-1.5	4.2

注：—表示数据无法获取，本表只列举了有数据的国家。

资料来源：World Bank Database。

附表 2　1961~2011 年拉丁美洲各国人均 GDP 增长率

单位：%

	1961 年	1962 年	1963 年	1964 年	1965 年	1966 年	1967 年	1968 年	1969 年	1970 年
拉丁美洲	3.3	1.2	−0.7	5.1	3.0	1.1	1.8	4.7	3.8	3.6
阿根廷	3.7	−2.4	−6.8	8.5	8.9	−2.1	1.7	3.3	8.1	1.5
巴哈马	5.3	5.0	5.1	5.2	5.4	4.4	5.1	4.3	5.3	−8.5
巴巴多斯	7.4	8.6	−5.5	4.6	11.0	3.7	10.4	6.7	7.2	9.1
伯利兹	1.3	1.2	1.3	1.6	1.9	2.0	2.4	5.1	3.1	3.1
玻利维亚	−0.2	3.2	4.1	2.5	3.3	4.1	4.5	−14.2	0.7	−2.8
巴西	7.0	2.1	−2.1	0.5	0.2	1.3	2.2	8.6	7.0	6.1
智利	1.4	2.6	3.5	0.2	−1.9	7.6	1.5	1.7	1.5	0.2
哥伦比亚	2.2	2.4	−0.1	3.5	0.0	2.3	1.2	3.5	3.7	4.2
哥斯达黎加	−4.4	4.4	1.2	0.7	6.4	4.6	2.6	5.4	2.8	4.8
多米尼加共和国	−5.5	13.2	3.1	3.4	−15.2	10.0	0.3	−2.7	7.7	14.9
厄瓜多尔	−1.4	1.5	0.8	4.6	0.1	−3.0	3.8	−0.7	2.4	4.5
萨尔瓦多	0.4	8.5	1.0	5.9	2.2	4.0	2.4	0.4	0.7	0.2
危地马拉	1.5	0.8	6.6	1.8	1.6	2.7	1.4	5.9	2.0	2.9
圭亚那	1.8	−1.6	−14.6	8.5	7.6	2.4	1.6	−1.5	4.7	2.5
洪都拉斯	−1.4	2.3	0.2	2.1	5.8	2.4	3.2	3.8	−2.0	0.9
牙买加	—	—	—	—	—	—	0.6	4.6	4.4	10.6
墨西哥	1.7	1.4	4.8	8.5	3.4	3.0	2.9	6.4	0.5	3.4
尼加拉瓜	4.1	8.4	6.7	7.8	5.8	0.2	3.8	−1.7	3.1	−1.7
巴拿马	7.6	5.3	5.3	1.5	6.0	4.4	5.4	3.8	5.4	3.4
巴拉圭	4.3	−1.3	1.2	1.2	2.6	−1.5	5.6	0.4	1.4	2.3
秘鲁	4.3	5.3	0.8	3.6	2.0	5.4	0.9	−2.4	0.9	2.9
波多黎各	7.6	5.3	8.0	5.0	7.4	5.8	5.5	4.1	8.0	7.3
圣文森特和格林纳丁斯	3.0	2.4	−7.3	2.6	−0.2	−1.0	−10.4	5.4	1.8	9.6
特立尼达和多巴哥	12.0	1.5	4.6	6.6	−0.5	2.5	0.3	3.4	1.1	2.2
乌拉圭	1.2	−2.8	−1.0	1.3	0.0	2.0	−4.6	1.0	5.1	1.8
委内瑞拉	−0.6	4.6	0.2	7.2	0.6	−1.8	−0.5	3.9	−2.5	4.2
	1971 年	1972 年	1973 年	1974 年	1975 年	1976 年	1977 年	1978 年	1979 年	1980 年
拉丁美洲	3.7	4.0	5.1	3.5	1.0	2.6	2.5	1.3	4.6	3.7
安提瓜和巴布达	—	—	—	—	—	—	—	3.8	7.4	9.1
阿根廷	4.0	−0.1	1.1	3.8	−1.7	−3.5	5.3	−5.9	8.6	2.6
巴哈马	−1.0	−5.7	5.4	−18.4	−16.5	3.0	6.8	11.7	23.4	4.2
巴巴多斯	3.4	0.6	0.7	−5.2	3.5	−0.4	4.1	5.9	7.4	4.4
伯利兹	2.5	8.9	4.1	12.0	1.8	−2.1	3.9	5.1	4.6	12.1
玻利维亚	2.6	5.4	3.2	0.5	4.7	2.1	2.5	−0.3	−2.2	−3.6
巴西	8.6	9.4	11.3	6.5	2.8	7.2	2.2	0.8	4.3	6.6

续表

	1971 年	1972 年	1973 年	1974 年	1975 年	1976 年	1977 年	1978 年	1979 年	1980 年
智利	7.1	–2.5	–6.5	0.9	–12.7	1.9	7.2	6.0	7.2	6.6
哥伦比亚	3.4	5.2	4.3	3.4	–0.1	2.4	1.8	6.0	3.0	1.8
哥斯达黎加	4.2	5.7	5.3	3.1	–0.4	2.9	6.1	3.4	2.1	–2.0
古巴	6.7	3.0	1.7	–0.5	8.1	4.3	7.7	5.8	0.4	–5.4
多米尼加	—	—	—	—	—	—	—	10.5	–19.2	13.7
多米尼加共和国	7.9	7.5	10.0	3.3	2.6	4.1	2.5	–0.2	2.1	5.5
厄瓜多尔	3.4	1.6	12.8	5.3	5.2	4.6	–0.6	3.8	2.3	1.6
萨尔瓦多	1.1	3.4	2.3	2.8	0.6	2.8	4.6	3.3	–5.9	–13.2
格林纳达	—	—	—	—	—	—	—	6.7	6.6	–0.9
危地马拉	2.8	4.4	3.9	3.6	–0.7	4.7	5.2	2.5	2.2	1.3
圭亚那	1.8	–4.1	0.7	7.1	7.8	0.7	–3.6	–2.7	–2.5	1.5
洪都拉斯	1.2	2.8	4.8	–4.1	–0.9	7.2	7.0	6.6	1.4	–2.4
牙买加	1.0	16.2	–7.0	–5.7	–1.6	–7.8	–3.6	–1.1	–2.2	–7.0
墨西哥	0.7	5.0	4.6	2.7	2.7	1.5	0.5	6.1	6.9	6.7
尼加拉瓜	0.2	–0.9	3.2	10.8	–3.2	2.1	5.1	–10.6	–28.6	1.7
巴拿马	6.6	1.8	2.6	–0.2	–1.0	–0.9	–1.4	7.1	2.0	–1.3
巴拉圭	2.9	3.9	4.7	5.7	3.7	4.4	8.1	8.5	8.4	11.7
秘鲁	1.3	0.0	2.5	6.3	0.6	–0.8	–2.3	–2.4	3.1	0.5
波多黎各	4.6	5.3	3.7	–2.0	–4.3	3.6	5.0	5.2	4.8	0.3
圣其茨—尼维斯	—	—	—	—	—	—	—	7.2	9.5	6.5
圣文森特和格林纳丁斯	1.9	24.4	–12.1	–9.8	–8.6	9.2	1.8	10.8	2.4	1.1
苏里南	—	—	—	—	—	–2.9	10.3	7.3	–6.1	–5.5
特立尼达和多巴哥	0.0	4.9	1.0	3.0	0.6	5.3	7.8	8.6	2.1	8.6
乌拉圭	–0.6	–1.4	0.3	2.8	5.9	3.5	0.9	4.7	5.5	5.1
委内瑞拉	–1.9	–2.1	3.5	–1.4	–0.6	4.0	2.6	–1.1	–2.5	–7.4
美属维尔京群岛	–0.6	7.1	–2.0	–3.7	–4.8	–4.4	2.1	0.2	8.9	8.7

	1981 年	1982 年	1983 年	1984 年	1985 年	1986 年	1987 年	1988 年	1989 年	1990 年
拉丁美洲	–1.4	–3.2	–4.3	1.8	0.4	2.0	1.2	–1.2	–0.8	–1.5
安提瓜和巴布达	5.0	1.4	6.2	11.5	9.8	14.6	10.0	6.8	6.6	2.5
阿根廷	–7.1	–6.4	2.3	0.7	–9.0	6.3	1.4	–4.0	–8.8	–3.8
阿鲁巴岛	—	—	—	—	—	—	—	18.5	9.1	10.0
巴哈马	–11.2	4.3	1.3	11.8	2.7	–0.1	1.2	0.6	4.9	–3.3
巴巴多斯	–3.6	–5.4	–0.3	2.9	0.0	9.0	0.6	5.8	4.6	–5.1
伯利兹	–1.3	–2.8	–4.1	–1.2	–1.5	2.0	8.2	6.4	11.0	7.2
玻利维亚	–1.9	–6.0	–6.0	–2.3	–3.8	–4.7	0.2	0.6	1.5	2.3
巴西	–6.6	–1.7	–5.6	3.0	5.7	5.8	1.6	–2.0	1.4	–5.9
智利	3.2	–11.7	–5.3	6.2	5.4	3.9	4.8	5.5	8.7	1.9

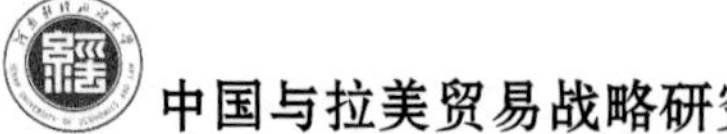

续表

	1981年	1982年	1983年	1984年	1985年	1986年	1987年	1988年	1989年	1990年
哥伦比亚	0.0	-1.3	-0.6	1.1	0.9	3.6	3.2	2.0	1.4	4.0
哥斯达黎加	-4.9	-9.8	0.0	3.3	-1.7	3.0	4.1	1.1	2.4	1.3
古巴	19.1	8.4	5.0	7.4	0.9	-0.8	-3.4	2.6	-0.4	-3.8
多米尼加	12.0	4.4	3.3	6.2	2.1	8.0	8.5	9.5	0.5	5.7
多米尼加共和国	1.9	-0.6	2.3	-1.0	-4.2	1.3	7.8	0.0	2.3	-7.3
厄瓜多尔	0.6	-3.2	-5.1	1.1	0.3	1.5	-4.5	5.8	-1.4	0.3
萨尔瓦多	-11.8	-7.7	0.1	0.0	-0.7	-1.1	1.2	0.6	-0.4	3.4
格林纳达	-0.9	2.1	-0.2	2.2	6.5	8.0	12.0	4.8	7.4	5.8
危地马拉	-1.8	-5.9	-5.0	-1.9	-3.0	-2.2	1.2	1.6	1.6	0.8
圭亚那	1.7	-12.7	-6.1	-4.2	3.3	0.0	1.8	-2.9	-4.3	-2.6
洪都拉斯	-0.6	-4.4	-3.9	1.2	1.1	-2.2	2.9	1.6	1.4	-2.7
牙买加	1.2	0.3	0.1	-3.2	-4.3	0.8	7.2	3.7	6.3	3.5
墨西哥	6.4	-2.7	-6.1	1.6	0.6	-5.7	-0.2	-0.8	2.1	3.0
尼加拉瓜	2.5	-3.5	1.9	-4.0	-6.4	-3.2	-2.8	-14.3	-3.8	-2.3
巴拿马	6.7	3.0	-6.6	0.5	2.7	1.4	-3.8	-15.1	-0.5	5.9
巴拉圭	5.5	-6.5	-5.9	0.1	1.0	-2.8	1.4	3.5	3.0	0.4
秘鲁	4.6	-3.0	-13.9	2.8	0.5	7.5	5.6	-10.7	-13.6	-7.1
波多黎各	-0.1	-4.1	-0.6	6.3	1.1	7.1	3.9	5.5	4.0	2.9
圣其茨—尼维斯	0.3	-2.3	-0.1	13.0	8.7	12.1	9.1	9.4	8.0	2.6
圣卢西亚	1.8	-12.3	2.8	21.7	-7.2	13.2	0.5	10.5	7.6	21.8
法属圣马丁岛	—	—	—	—	—	—	—	—	—	—
圣文森特和格林纳丁斯	5.2	4.0	3.6	5.1	5.4	5.9	3.9	13.9	2.0	4.6
苏里南	-0.2	-2.2	-3.5	-4.5	-2.6	-4.6	-14.8	6.6	8.6	-2.1
特立尼达和多巴哥	2.8	2.1	-10.8	-7.3	-5.4	-4.3	-5.3	-4.5	-1.4	0.9
乌拉圭	0.9	-10.3	-10.9	-1.8	0.8	8.1	7.3	0.8	0.5	-0.4
委内瑞拉	-3.8	-5.0	-6.5	-1.4	-2.5	3.8	1.0	3.3	-10.7	4.0
美属维尔京群岛	1.9	-8.5	4.0	-0.3	-1.5	2.5	7.9	3.0	8.7	—

	1991年	1992年	1993年	1994年	1995年	1996年	1997年	1998年	1999年	2000年
拉丁美洲	2.3	1.8	1.6	2.9	-0.8	1.9	3.8	0.9	-0.9	2.5
安提瓜和巴布达	1.1	-0.8	3.1	3.7	-6.6	4.0	2.2	1.8	-0.2	2.8
阿根廷	11.1	10.5	4.5	4.5	-4.1	4.2	6.8	2.6	-4.5	-1.8
阿鲁巴岛	0.0	-1.6	-2.1	0.2	6.3	-2.1	5.1	4.6	-0.7	1.6
巴哈马	-5.9	-5.6	-1.5	1.4	2.8	2.8	0.8	3.5	5.9	2.9
巴巴多斯	-3.2	-5.3	0.7	3.7	1.2	1.5	6.1	3.8	2.3	2.0
伯利兹	7.6	9.2	3.2	-2.7	-1.9	-1.1	-0.1	0.0	6.7	10.0
玻利维亚	2.9	-0.7	1.9	2.3	2.3	2.1	2.7	2.8	-1.6	0.4
巴西	-0.2	-2.0	3.1	3.7	2.8	0.6	1.8	-1.5	-1.2	2.8

续表

	1991年	1992年	1993年	1994年	1995年	1996年	1997年	1998年	1999年	2000年
开曼群岛	—	—	—	0.7	—	—	—	—	—	—
智利	6.0	10.2	5.1	3.9	8.8	5.8	5.1	1.9	−2.0	3.2
哥伦比亚	0.3	3.1	0.5	3.9	3.3	0.2	1.6	−1.2	−5.8	2.7
哥斯达黎加	0.1	6.5	4.9	2.2	1.4	−1.6	2.9	5.7	5.7	−0.5
古巴	−11.4	−12.2	−15.4	0.2	2.0	7.4	2.4	−0.2	5.8	5.6
多米尼加	0.7	1.9	1.4	1.2	2.0	2.9	2.0	5.6	−6.4	−0.5
多米尼加共和国	−1.1	8.4	5.2	0.4	3.6	5.3	6.2	5.3	5.0	4.0
厄瓜多尔	2.9	−0.7	−1.8	2.6	−0.1	0.6	2.4	0.5	−7.8	1.2
萨尔瓦多	2.0	5.9	5.7	4.6	5.1	0.7	3.4	3.1	2.9	1.7
格林纳达	2.1	−1.1	−3.7	1.6	1.6	3.5	4.3	6.4	10.5	2.3
危地马拉	1.3	2.4	1.5	1.7	2.6	0.6	2.0	2.6	1.5	1.2
圭亚那	6.2	7.8	8.0	8.3	4.8	7.7	6.1	−1.8	2.8	−1.6
海地	—	−7.2	−7.3	−13.7	7.8	2.1	0.8	0.3	0.8	−0.9
洪都拉斯	0.4	2.8	3.5	−3.8	1.6	1.2	2.7	0.7	−3.9	3.6
牙买加	4.1	1.2	8.6	0.6	1.5	−1.3	−2.1	−3.2	0.4	0.3
墨西哥	2.3	1.7	0.1	2.6	−7.8	3.4	5.0	3.2	2.3	5.1
尼加拉瓜	−2.5	−2.0	−2.8	0.9	3.6	4.2	2.0	1.9	5.3	2.5
巴拿马	7.2	6.0	3.3	0.8	−0.3	0.7	4.3	5.2	1.9	0.8
巴拉圭	−0.1	0.9	1.4	1.3	3.0	−1.8	0.7	−1.6	−3.5	−5.3
秘鲁	0.1	−2.3	2.8	10.8	6.7	0.7	5.1	−2.3	−0.7	1.4
波多黎各	1.6	3.9	3.8	3.2	3.6	1.2	3.9	4.9	4.9	3.0
圣其茨—尼维斯	0.9	3.8	7.2	5.6	4.1	6.9	7.1	2.7	−0.1	2.6
圣卢西亚	1.2	6.1	0.6	−0.6	1.3	4.3	−1.3	4.8	1.2	2.4
圣文森特和格林纳丁斯	0.3	7.3	0.1	−3.0	1.0	1.4	13.3	5.2	4.4	−0.6
苏里南	1.3	−1.6	−8.5	1.9	−0.2	−0.1	4.3	0.2	−2.2	−1.4
特立尼达和多巴哥	1.9	−2.4	−2.2	2.8	3.3	3.3	2.2	7.3	3.9	5.7
乌拉圭	2.8	7.2	1.9	6.5	−2.2	5.2	7.9	4.0	−2.4	−2.3
委内瑞拉	7.3	3.7	−1.9	−4.4	1.8	−2.2	4.3	−1.7	−7.8	1.8

	2001年	2002年	2003年	2004年	2005年	2006年	2007年	2008年	2009年	2010年	2011年
拉丁美洲	−0.9	−1.7	0.8	4.7	3.5	4.4	4.5	2.9	−2.7	4.8	3.5
安提瓜和巴布达	−5.0	1.2	5.0	3.5	4.8	12.2	8.4	−1.1	−12.8	−8.9	−6.0
阿根廷	−5.4	−11.7	7.9	8.1	8.2	7.5	7.7	5.8	0.0	8.2	7.9
阿鲁巴岛	−2.9	−4.9	−0.8	—	—	—	—	—	—	—	—
巴哈马	1.3	1.3	−2.7	−0.6	1.9	1.0	0.0	−3.7	−6.2	−1.1	0.4
巴巴多斯	−5.3	−3.8	1.8	3.5	3.0	3.2	0.3	0.0	−5.5	—	—
伯利兹	1.9	2.0	5.9	1.3	−0.2	1.3	−2.0	0.1	−3.3	−0.5	−1.5

续表

	2001年	2002年	2003年	2004年	2005年	2006年	2007年	2008年	2009年	2010年	2011年
玻利维亚	-0.3	0.5	0.7	2.2	2.6	3.0	2.8	4.4	1.7	2.5	3.5
巴西	-0.1	1.3	-0.2	4.4	2.0	2.9	5.1	4.2	-1.2	6.6	1.8
开曼群岛	—	—	—	—	—	—	—	—	—	—	—
智利	2.1	1.0	2.8	4.9	4.5	3.5	3.6	2.7	-2.0	5.1	5.0
哥伦比亚	0.0	0.9	2.3	3.7	3.1	5.1	5.3	2.0	0.2	2.6	4.5
哥斯达黎加	-1.0	0.9	4.4	2.4	4.1	7.0	6.2	1.2	-2.5	3.1	2.7
古巴	2.9	1.1	3.5	5.5	11.0	12.0	7.2	4.1	1.5	2.1	—
多米尼加	0.3	-1.9	7.5	3.2	-0.6	4.7	5.8	8.5	6.3	1.2	-0.2
多米尼加共和国	0.2	4.2	-1.7	-0.2	7.7	9.1	7.0	3.8	2.1	6.3	3.1
厄瓜多尔	3.6	3.3	1.5	7.0	4.0	3.1	0.5	5.7	-1.1	2.1	6.3
萨尔瓦多	1.3	2.0	2.0	1.5	3.2	3.5	3.4	0.8	-3.6	0.8	0.9
格林纳达	-2.3	3.4	9.4	-1.3	13.2	-4.1	5.6	0.7	-6.9	-0.4	0.6
危地马拉	-0.1	1.3	0.0	0.6	0.7	2.8	3.7	0.8	-1.9	0.4	1.3
圭亚那	1.9	0.7	-1.4	2.9	-2.3	4.8	6.8	1.8	3.1	4.2	—
海地	-2.7	-1.9	-1.2	-4.9	0.3	0.8	2.0	-0.5	1.5	-6.6	4.2
洪都拉斯	0.6	1.7	2.5	4.1	4.0	4.5	4.1	2.2	-4.1	0.7	1.6
牙买加	0.7	—	—	—	—	—	—	—	—	—	—
墨西哥	-1.5	-0.5	0.1	2.8	1.9	3.8	2.0	-0.1	-7.1	4.2	2.7
尼加拉瓜	1.5	-0.6	1.2	4.0	3.0	2.8	3.7	1.6	-2.7	1.8	3.6
巴拿马	-1.3	0.3	2.3	5.6	5.3	6.7	10.2	8.3	2.2	5.9	8.9
巴拉圭	0.0	-6.1	0.1	1.6	5.3	1.6	7.2	2.3	-5.2	12.2	5.0
秘鲁	-1.2	3.6	2.7	3.7	5.6	6.6	7.7	8.7	-0.2	7.6	5.6
波多黎各	6.1	0.8	0.0	3.0	1.0	0.3	-1.9	-1.3	-1.7	-1.6	—
圣其茨-尼维斯	1.1	0.6	-1.4	0.4	8.5	3.3	1.4	3.4	-8.1	-3.6	0.9
圣卢西亚	-5.9	-0.7	3.5	7.2	-3.0	7.9	0.3	4.1	-1.1	-0.5	0.1
圣文森特和格林纳丁斯	1.6	6.1	7.4	4.0	2.3	7.5	3.3	1.3	-2.3	-2.8	0.1
苏里南	3.1	3.4	4.6	7.3	3.3	2.7	4.0	3.1	2.1	3.2	—
特立尼达和多巴哥	3.7	7.6	14.0	7.5	5.4	12.8	4.4	2.3	-3.7	-0.4	-4.4
乌拉圭	-4.1	-7.7	1.0	5.1	7.3	3.8	6.2	6.8	2.1	8.5	5.3
委内瑞拉	1.5	-10.5	-9.4	16.2	8.5	8.0	7.0	3.6	-4.7	-3.0	2.6

注：—表示数据无法获取，本表只列举了有数据的国家。

资料来源：World Bank Database。

附表 3 1960~2011 年拉美各国 GDP

单位：亿美元（当前价格）

	1960 年	1961 年	1962 年	1963 年	1964 年	1965 年	1966 年	1967 年
拉丁美洲	810.6	860.4	989.9	993.3	1105.3	1181.7	1297.5	1329.2
阿根廷	—	—	244.5	182.7	256.1	283.4	286.3	242.6
巴哈马	1.7	1.9	2.1	2.4	2.7	3.0	3.4	3.9
巴巴多斯	0.9	0.9	1.0	1.1	1.1	1.1	1.2	1.4
伯利兹	0.3	0.3	0.3	0.3	0.4	0.4	0.4	0.5
玻利维亚	5.6	6.1	6.7	7.2	8.1	9.1	9.9	10.8
巴西	151.7	152.4	199.3	230.2	212.1	217.9	270.6	305.9
智利	42.1	47.1	55.0	54.8	57.9	60.5	70.1	69.1
哥伦比亚	40.4	45.5	49.7	48.4	59.9	57.9	54.5	57.3
哥斯达黎加	5.1	4.9	4.8	5.1	5.4	5.9	6.5	7.0
多米尼加共和国	6.7	6.5	8.2	9.4	10.3	8.9	9.8	10.3
厄瓜多尔	10.1	9.8	9.6	10.4	11.6	12.4	13.3	14.6
萨尔瓦多	6.3	6.4	7.1	7.5	8.2	8.8	9.3	9.8
危地马拉	10.4	10.8	11.4	12.6	13.0	13.3	13.9	14.5
法属圭亚那	1.7	1.9	1.9	1.8	1.9	2.1	2.3	2.5
洪都拉斯	3.4	3.6	3.9	4.1	4.6	5.1	5.5	6.0
牙买加	7.0	7.5	7.8	8.3	9.0	9.7	11.0	11.5
墨西哥	130.6	141.5	152.2	169.4	200.7	218.3	243.4	265.6
尼加拉瓜	2.3	2.4	2.7	3.0	3.5	5.6	6.1	6.6
巴拿马	4.2	4.6	5.0	5.6	6.0	6.6	7.2	8.0
秘鲁	25.0	28.2	32.0	35.1	42.4	50.3	59.5	60.3
波多黎各	16.9	18.7	20.9	23.3	25.7	28.8	31.7	35.5
圣其茨—尼维斯	0.1	0.1	0.1	0.1	0.1	0.1	0.1	0.2
圣文森特和格林纳丁斯	0.1	0.1	0.1	0.1	0.1	0.2	0.2	0.2
苏里南	1.0	1.0	1.1	1.2	1.3	1.5	1.8	2.1
特立尼达和多巴哥	5.4	5.8	6.2	6.8	7.1	7.4	7.2	7.6
乌拉圭	12.4	15.5	17.1	15.4	19.7	18.9	18.1	16.0
委内瑞拉	86.1	89.2	98.7	106.6	91.1	96.0	101.0	104.7
美属维尔京群岛	0.2	0.3	0.4	0.4	0.5	0.7	0.8	1.2
	1968 年	1969	1970 年	1971 年	1972 年	1973 年	1974 年	1975 年
拉丁美洲	1433.5	1602.4	1745.2	1950.5	2193.6	2875.5	3725.0	3907.5
阿根廷	264.4	312.6	315.8	332.9	347.3	525.4	724.4	524.4
巴哈马	4.4	5.3	5.4	5.7	5.9	6.7	6.3	6.0
巴巴多斯	1.4	1.5	1.8	2.0	2.3	2.8	3.4	4.0
伯利兹	0.4	0.5	0.5	0.6	0.7	0.8	1.0	1.2
玻利维亚	9.1	9.6	10.2	11.0	12.6	12.6	21.0	24.0

续表

	1968年	1969年	1970年	1971年	1972年	1973年	1974年	1975年
巴西	338.8	374.6	423.3	492.0	585.4	792.8	1051.4	1237.1
智利	70.7	81.8	89.8	106.9	115.3	163.9	155.4	72.3
哥伦比亚	59.2	64.1	72.0	78.2	86.7	103.2	123.7	131.0
哥斯达黎加	7.7	8.5	9.8	10.8	12.4	15.3	16.7	19.6
古巴	—	—	56.9	69.1	81.4	99.9	114.1	130.3
多米尼加共和国	10.8	12.3	14.9	16.7	19.9	23.4	29.3	36.0
厄瓜多尔	15.6	17.4	16.7	16.2	19.3	25.9	39.3	46.5
萨尔瓦多	10.1	10.5	11.3	11.9	12.6	14.4	16.7	18.8
危地马拉	16.1	17.2	19.0	19.8	21.0	25.7	31.6	36.5
法属圭亚那	2.3	2.5	2.7	2.8	2.9	3.1	4.3	4.9
洪都拉斯	6.5	6.7	7.2	7.3	8.0	9.1	10.3	11.2
牙买加	10.8	11.9	14.0	15.4	18.8	19.1	23.8	28.6
墨西哥	293.6	325.2	355.4	392.0	451.8	552.7	719.8	880.0
尼加拉瓜	6.9	7.5	7.8	8.3	8.8	10.9	15.2	15.8
巴拿马	8.6	9.5	10.2	11.5	12.6	14.4	16.5	18.4
巴拉圭	5.2	5.6	5.9	6.6	7.7	10.0	13.3	15.1
秘鲁	55.8	62.5	72.4	80.7	89.5	107.0	134.9	164.1
波多黎各	39.9	44.6	50.3	56.5	63.3	70.0	76.8	82.0
圣其茨—尼维斯	0.1	0.2	0.2	0.2	0.2	0.2	0.3	0.3
圣文森特和格林纳丁斯	0.2	0.2	0.2	0.2	0.3	0.3	0.3	0.3
苏里南	2.3	2.5	2.6	2.9	3.2	3.4	4.1	5.2
特立尼达和多巴哥	7.6	7.8	8.2	9.0	10.8	13.1	20.4	24.4
乌拉圭	15.9	20.0	21.4	28.1	21.9	39.6	40.9	35.4
委内瑞拉	114.7	119.3	129.9	144.7	159.2	194.5	290.9	314.1
美属维尔京群岛	1.7	2.1	2.2	2.6	3.1	3.5	4.0	4.0
	1976年	1977年	1978年	1979年	1980年	1981年	1982年	1983年
拉丁美洲	4345.2	4780.4	5426.1	6459.1	7688.2	8846.4	8283.4	7350.7
安提瓜和巴布达	—	0.7	0.7	0.9	1.1	1.2	1.4	1.5
阿根廷	511.7	567.8	580.8	692.5	769.6	786.8	843.1	1039.8
巴哈马	6.4	7.1	8.3	11.4	13.4	14.3	15.8	17.3
巴巴多斯	4.4	5.0	5.5	6.7	8.6	9.5	9.9	10.5
伯利兹	1.0	1.2	1.4	1.5	1.9	1.9	1.8	1.9
玻利维亚	27.3	32.3	37.6	44.2	45.4	58.9	55.9	54.2
巴西	1526.8	1761.7	2008.0	2249.7	2350.2	2635.6	2816.8	2033.0
智利	98.6	133.6	154.0	207.3	275.7	326.4	243.4	197.7
哥伦比亚	153.4	194.7	232.6	279.4	334.0	363.9	389.7	387.3
哥斯达黎加	24.1	30.7	35.2	40.4	48.3	26.2	26.1	39.8

续表

	1976 年	1977 年	1978 年	1979 年	1980 年	1981 年	1982 年	1983 年
古巴	137.9	142.1	178.4	195.8	199.1	201.5	209.5	222.1
多米尼加联邦	—	0.4	0.5	0.4	0.6	0.7	0.7	0.8
多米尼加共和国	39.5	45.9	47.7	55.0	66.3	72.7	79.6	86.2
厄瓜多尔	56.9	69.3	77.8	95.9	119.0	139.7	131.9	111.9
萨尔瓦多	23.3	29.4	31.3	34.6	35.7	34.4	34.0	35.1
格林纳达	—	0.5	0.7	0.8	0.8	0.9	1.0	1.0
危地马拉	43.7	54.8	60.7	69.0	78.8	86.1	87.2	90.5
法属圭亚那	4.5	4.5	5.1	5.3	6.0	5.7	4.8	4.9
洪都拉斯	13.5	16.7	19.3	22.5	25.7	28.2	29.0	30.8
牙买加	29.7	32.5	26.4	24.3	26.8	29.8	32.9	36.2
墨西哥	890.2	818.3	1025.2	1345.4	1943.6	2500.8	1737.2	1488.7
尼加拉瓜	18.4	22.3	21.3	15.7	21.4	24.7	24.5	27.5
巴拿马	19.6	20.8	24.6	28.2	38.1	43.1	47.6	48.9
巴拉圭	17.0	20.9	25.6	34.2	45.8	57.8	54.2	56.0
秘鲁	155.2	142.3	121.6	155.4	206.6	249.7	248.2	191.3
波多黎各	89.7	99.1	111.6	127.5	144.4	159.6	167.6	172.8
圣其茨—尼维斯	0.3	0.3	0.3	0.4	0.5	0.6	0.6	0.6
圣卢西亚	—	—	—	1.0	1.3	1.5	1.4	1.5
圣文森特和格林纳丁斯	0.3	0.4	0.5	0.5	0.6	0.7	0.9	0.9
苏里南	5.7	7.2	8.2	8.8	8.9	10.0	10.3	9.9
特立尼达和多巴哥	25.0	31.4	35.6	46.0	62.4	68.5	79.9	78.0
乌拉圭	36.7	41.1	49.1	71.8	101.6	110.5	91.8	51.0
委内瑞拉	362.7	423.4	465.1	557.5	671.4	755.0	766.9	785.9
美属维尔京群岛	4.4	4.6	5.1	6.1	7.3	8.2	8.3	9.2

	1984 年	1985 年	1986 年	1987 年	1988 年	1989 年	1990 年	1991 年
拉丁美洲	7258.6	7464.7	7606.1	8009.8	9092.1	9950.1	11594.0	12314.0
安提瓜和巴布达	1.7	2.0	2.5	2.9	3.4	3.7	3.9	4.1
阿根廷	790.9	884.2	1109.3	1111.1	1262.1	766.4	1413.5	1897.2
巴哈马	20.4	23.2	24.7	27.1	28.2	30.6	31.7	31.1
巴巴多斯	11.4	12.0	13.2	14.5	15.4	17.0	17.1	16.9
伯利兹	2.1	2.1	2.3	2.8	3.1	3.6	4.1	4.4
玻利维亚	61.7	53.8	39.6	43.2	46.0	47.2	48.7	53.4
巴西	2090.2	2229.4	2681.4	2940.8	3304.0	4256.0	4619.5	4073.4
智利	192.3	164.9	177.2	209.0	246.4	283.9	315.6	364.2
哥伦比亚	382.5	348.9	349.4	363.7	392.1	395.4	402.7	412.4
哥斯达黎加	45.9	48.0	54.8	58.4	60.6	68.7	74.0	71.6
古巴	240.4	229.2	242.3	252.1	274.6	270.3	286.5	243.2

续表

	1984年	1985年	1986年	1987年	1988年	1989年	1990年	1991年
多米尼加联邦	0.9	1.0	1.1	1.3	1.4	1.5	1.7	1.8
多米尼加共和国	103.3	50.4	61.2	58.3	53.7	66.9	70.7	97.2
厄瓜多尔	113.9	118.4	103.1	91.0	91.0	95.3	103.6	113.5
萨尔瓦多	36.6	38.0	37.7	39.6	41.9	43.7	48.0	53.1
格林纳达	1.1	1.3	1.4	1.7	1.8	2.1	2.2	2.4
危地马拉	94.7	97.2	72.3	70.8	78.4	84.1	76.5	94.1
法属圭亚那	4.4	4.5	5.0	3.5	4.1	3.8	4.0	3.4
洪都拉斯	33.2	36.4	38.1	41.5	39.7	35.6	30.5	30.7
牙买加	23.7	21.0	27.5	32.9	38.3	44.0	45.9	41.1
墨西哥	1756.3	1844.7	1294.4	1402.6	1831.4	2229.8	2627.1	3144.5
尼加拉瓜	31.2	26.8	28.9	38.5	26.3	10.1	10.1	14.9
巴拿马	51.1	54.0	56.1	56.4	48.7	48.9	53.1	58.4
巴拉圭	43.9	31.6	35.4	37.3	39.5	43.6	52.6	62.5
秘鲁	198.5	188.4	179.8	239.1	123.8	205.8	262.9	345.4
波多黎各	191.6	202.9	219.7	238.8	261.8	282.7	306.0	322.9
圣其茨—尼维斯	0.7	0.8	0.9	1.1	1.3	1.4	1.6	1.6
圣卢西亚	2.0	1.9	2.3	2.4	2.7	3.1	4.0	4.3
圣文森特和格林纳丁斯	1.0	1.1	1.3	1.4	1.6	1.8	2.0	2.1
苏里南	9.7	9.8	10.0	11.0	13.0	5.5	4.0	4.4
特立尼达和多巴哥	77.6	73.8	47.9	48.0	45.0	43.2	50.7	53.6
乌拉圭	48.5	47.3	58.8	73.7	82.1	84.4	93.0	112.1
委内瑞拉	559.5	579.4	589.2	453.4	584.3	421.4	470.3	517.3
美属维尔京群岛	9.9	9.9	10.4	11.5	12.0	13.4	15.6	16.7
	1992年	1993年	1994年	1995年	1996年	1997年	1998年	1999年
拉丁美洲	13347.0	14525.0	17345.0	18286.0	19732.0	21513.0	21580.0	19302.0
安提瓜和巴布达	4.2	4.6	5.0	4.9	5.4	5.8	6.2	6.5
阿根廷	2287.8	2367.5	2574.4	2580.3	2721.5	2928.6	2989.5	2835.2
阿鲁巴岛	9.6	10.8	12.5	13.2	13.8	15.3	16.7	17.2
巴哈马	31.1	30.9	32.6	34.3	36.1	49.6	53.5	60.2
巴巴多斯	15.9	16.4	17.3	18.6	19.8	21.9	23.6	24.7
伯利兹	5.2	5.6	5.8	6.2	6.4	6.5	6.9	7.3
玻利维亚	56.4	57.3	59.8	67.2	74.0	79.3	85.0	82.9
巴西	3905.7	4383.0	6144.6	7689.5	8396.8	8712.0	8438.3	5868.6
智利	444.7	476.9	551.5	713.5	757.7	828.1	793.7	730.0
哥伦比亚	492.8	558.0	817.0	925.1	971.6	1066.6	984.4	861.9
哥斯达黎加	85.7	96.4	105.6	117.2	118.4	128.3	141.0	158.0
古巴	220.9	223.7	284.5	304.3	250.2	253.7	257.4	283.7

续表

	1992年	1993年	1994年	1995年	1996年	1997年	1998年	1999年
多米尼加联邦	1.9	2.0	2.2	2.2	2.4	2.5	2.6	2.7
多米尼加共和国	112.8	129.8	145.1	163.6	181.3	195.9	211.7	217.1
厄瓜多尔	120.0	150.6	185.8	202.1	212.8	236.5	232.7	166.8
萨尔瓦多	59.5	69.4	80.9	95.0	103.2	111.3	120.1	124.6
格林纳达	2.5	2.5	2.6	2.8	2.9	3.0	3.4	3.8
危地马拉	104.4	114.0	129.8	146.6	157.8	177.9	193.9	183.2
法属圭亚那	3.7	4.4	5.4	6.2	7.1	7.5	7.2	6.9
海地	21.1	18.1	21.2	27.0	29.7	32.4	37.6	40.9
洪都拉斯	34.2	34.8	34.3	39.1	40.3	46.6	52.0	53.7
牙买加	35.4	48.9	49.4	58.1	65.3	74.7	87.4	88.3
墨西哥	3636.1	4032.0	4217.3	2867.0	3329.1	4014.8	4212.1	4812.0
尼加拉瓜	17.9	17.6	38.6	41.4	43.1	43.9	46.4	48.6
巴拿马	66.4	72.5	77.3	79.1	93.2	100.8	109.3	114.6
巴拉圭	64.5	68.7	69.4	80.7	87.4	88.7	79.2	72.9
秘鲁	360.8	348.3	449.1	536.7	558.8	592.2	567.5	515.1
波多黎各	346.3	369.2	396.9	426.5	453.4	481.9	540.9	578.4
圣其茨—尼维斯	1.8	2.0	2.2	2.3	2.5	2.8	2.9	3.1
圣卢西亚	4.8	4.9	5.2	5.6	5.7	6.0	6.6	6.9
圣文森特和格林纳丁斯	2.3	2.4	2.4	2.7	2.8	2.9	3.2	3.3
苏里南	4.0	4.4	6.0	6.9	8.6	9.3	9.4	8.9
特立尼达和多巴哥	55.3	45.8	49.5	53.3	57.6	57.4	60.4	68.1
乌拉圭	128.8	150.0	174.7	193.0	205.2	239.7	253.9	239.8
委内瑞拉	584.7	581.1	565.3	748.9	682.6	858.4	913.4	979.7
美属维尔京群岛	17.7	20.0	—	—	—	—	—	—
	2000年	2001年	2002年	2003年	2004年	2005年	2006年	2007年
拉丁美洲	21429.0	20887.0	18762.0	20114.0	23145.0	27932.0	32752.0	38559.0
安提瓜和巴布达	7.9	7.8	8.1	8.5	9.1	10.0	11.4	13.0
阿根廷	2842.0	2687.0	1020.4	1296.0	1531.3	1831.9	2140.7	2607.7
阿鲁巴岛	18.6	19.0	19.1	—	—	—	—	—
巴哈马	63.3	65.2	69.6	69.5	70.9	77.1	79.7	83.2
巴巴多斯	25.6	25.5	24.8	26.9	28.2	30.1	31.9	34.1
伯利兹	8.3	8.7	9.3	9.9	10.6	11.1	12.1	12.8
玻利维亚	84.0	81.4	79.1	80.8	87.7	95.5	114.5	131.2
巴西	6447.0	5535.8	5042.2	5524.7	6637.6	8821.9	10889.2	13659.8
智利	793.3	723.4	709.8	778.4	1006.3	1244.0	1544.1	1728.7
哥伦比亚	998.9	982.0	979.3	946.8	1170.7	1465.2	1627.7	2075.2
哥斯达黎加	159.5	164.0	168.4	175.2	186.0	199.6	225.3	263.2

续表

	2000年	2001年	2002年	2003年	2004年	2005年	2006年	2007年
古巴	305.7	316.8	335.9	359.0	382.0	426.4	527.4	586.0
多米尼加联邦	3.2	3.3	3.3	3.4	3.7	3.6	3.9	4.2
多米尼加共和国	240.0	248.9	265.7	212.7	220.4	340.0	359.5	413.1
厄瓜多尔	159.4	212.5	247.2	284.1	326.5	369.4	417.1	455.0
萨尔瓦多	131.3	138.1	143.1	150.5	158.0	170.9	185.5	201.0
格林纳达	5.2	5.2	5.4	6.0	6.0	7.0	7.0	7.6
危地马拉	192.9	187.0	207.8	219.2	239.7	272.1	302.3	341.1
法属圭亚那	7.1	7.0	7.2	7.4	7.9	8.2	14.6	17.4
海地	36.6	35.1	32.1	28.3	36.6	41.5	48.8	59.7
洪都拉斯	71.1	75.7	77.8	82.3	88.7	97.1	108.8	123.2
牙买加	90.1	91.0	97.2	94.3	101.7	110.8	118.3	127.0
墨西哥	5814.3	6220.9	6490.8	7003.2	7597.8	8489.5	9522.8	10359.3
尼加拉瓜	51.1	53.2	52.2	53.2	58.0	63.2	67.9	74.5
巴拿马	116.2	118.1	122.7	129.3	141.8	154.6	171.4	197.9
巴拉圭	70.7	64.5	50.9	55.5	69.5	74.7	92.8	122.2
秘鲁	532.9	539.4	567.7	613.5	697.3	793.9	923.0	1075.1
波多黎各	617.0	692.1	716.2	748.3	792.1	828.1	861.6	884.0
圣其茨—尼维斯	4.2	4.6	4.8	4.6	5.0	5.4	6.3	6.9
圣卢西亚	7.6	7.1	7.2	7.8	8.6	9.1	10.2	11.3
圣文森特和格林纳丁斯	4.0	4.3	4.6	4.8	5.2	5.5	6.1	6.8
苏里南	8.9	7.6	10.8	12.7	14.8	17.9	26.3	29.4
特立尼达和多巴哥	81.5	88.2	90.1	112.4	128.8	160.9	184.6	217.4
乌拉圭	228.2	209.0	136.1	120.5	136.9	173.6	195.8	234.1
委内瑞拉	1171.5	1229.1	928.9	836.2	1124.5	1455.1	1834.8	2303.6

	2008年	2009年	2010年	2011年
拉丁美洲	44751.0	41908.0	51785.0	58020.0
安提瓜和巴布达	13.5	12.1	11.5	11.2
阿根廷	3265.8	3071.6	3687.4	4460.4
巴哈马	82.5	77.2	77.7	77.9
巴巴多斯	36.7	36.0	41.1	36.9
伯利兹	13.6	13.5	14.0	14.5
玻利维亚	166.8	173.4	196.5	239.5
巴西	16528.2	16216.6	21430.4	24766.5
智利	1796.3	1725.9	2163.1	2485.9
哥伦比亚	2440.8	2343.6	2863.8	3333.7
哥斯达黎加	298.3	294.0	362.2	408.7
古巴	608.1	—	—	—

续表

	2008年	2009年	2010年	2011年
多米尼加联邦	4.6	4.8	4.7	4.8
多米尼加共和国	458.1	467.9	515.8	556.1
厄瓜多尔	542.1	520.2	579.8	659.5
萨尔瓦多	214.3	206.6	214.3	230.5
格林纳达	8.3	7.8	7.8	8.2
危地马拉	391.4	377.3	413.4	469.0
法属圭亚那	19.2	20.3	22.6	25.8
海地	64.1	64.7	66.3	73.5
洪都拉斯	138.4	141.2	153.4	174.3
牙买加	130.8	120.1	134.1	144.4
墨西哥	10944.8	8797.0	10352.7	11533.4
尼加拉瓜	82.2	80.6	84.3	93.2
巴拿马	230.0	240.8	267.8	267.8
巴拉圭	168.9	143.0	183.3	238.4
秘鲁	1268.9	1269.2	1536.2	1769.3
波多黎各	926.1	952.1	962.6	—
圣其茨—尼维斯	7.4	6.9	6.7	7.0
圣卢西亚	11.7	11.7	12.1	12.6
圣文森特和格林纳丁斯	7.0	6.7	6.7	6.9
苏里南	35.3	38.9	43.5	—
特立尼达和多巴哥	280.2	197.4	209.5	224.8
乌拉圭	303.7	305.0	394.1	467.1
委内瑞拉	3156.0	3294.2	3938.1	3164.8

注：—表示数据不可获取。

资料来源：World Bank Database。

附表4 1960~2011年拉美各国人均GDP

单位：美元（当前价格）

	1960年	1961年	1962年	1963年	1964年	1965年	1966年	1967年
拉丁美洲	369.6	381.5	426.8	416.5	450.9	469.3	502.1	501.4
阿根廷	—	—	1148.1	844.6	1165.7	1271.3	1265.6	1057.2
巴哈马	1550.3	1651.4	1752.9	1867.0	1994.4	2144.7	2322.7	2556.6
巴巴多斯	378.6	402.5	417.0	467.2	462.3	487.5	524.0	579.9
伯利兹	308.3	318.0	326.2	333.5	346.0	371.9	401.3	418.1
玻利维亚	167.8	178.6	190.9	201.1	221.5	242.2	258.9	275.9
巴西	208.4	203.2	257.8	289.1	258.6	258.2	312.0	343.5
智利	550.4	599.5	683.6	664.2	685.1	699.4	792.6	765.0

续表

	1960年	1961年	1962年	1963年	1964年	1965年	1966年	1967年
哥伦比亚	252.5	276.1	292.5	276.6	332.5	312.0	285.4	291.3
哥斯达黎加	380.4	354.9	334.9	345.5	354.1	374.7	396.7	416.3
多米尼加共和国	203.2	191.2	233.0	257.5	271.8	228.1	245.0	250.1
厄瓜多尔	227.6	214.2	203.7	214.2	231.5	240.5	251.5	267.2
萨尔瓦多	225.6	222.5	239.2	244.8	261.4	270.5	278.1	283.7
危地马拉	250.9	251.9	260.4	279.9	280.2	279.5	284.2	289.2
法属圭亚那	303.9	322.7	329.6	289.4	312.3	332.9	347.6	370.2
洪都拉斯	167.9	172.4	181.5	185.8	200.5	216.5	227.5	240.9
牙买加	429.1	452.8	463.4	484.3	517.6	552.4	615.1	636.4
墨西哥	339.8	356.7	371.5	400.7	460.6	486.2	526.4	558.2
尼加拉瓜	128.2	133.5	142.8	153.1	173.5	273.7	285.7	300.1
巴拿马	368.5	399.2	422.1	454.4	473.9	505.4	534.7	578.2
巴拉圭	—	—	—	—	—	203.8	208.4	214.6
秘鲁	252.2	276.3	304.3	323.8	380.6	438.3	504.2	497.0
波多黎各	717.5	777.2	852.5	929.1	1006.4	1111.0	1207.5	1341.8
圣其茨—尼维斯	242.5	247.0	250.5	258.7	273.0	279.1	302.0	355.1
圣文森特和格林纳丁斯	161.4	170.4	174.6	162.9	173.5	175.7	185.3	180.5
苏里南	343.2	349.9	358.2	370.6	396.4	442.6	531.1	599.0
特立尼达和多巴哥	636.8	683.1	714.4	775.1	805.8	824.0	797.7	825.6
乌拉圭	490.1	602.7	656.6	584.2	741.0	701.3	664.4	581.3
委内瑞拉	1138.3	1136.3	1211.4	1261.4	1040.4	1059.1	1076.9	1081.2
美属维尔京群岛	756.3	753.7	1016.5	1069.8	1302.7	1511.4	1778.0	2271.7

	1968年	1969年	1970年	1971年	1972年	1973年	1974年	1975年
拉丁美洲	527.5	575.3	611.3	666.6	731.7	936.1	1183.8	1212.7
阿根廷	1135.9	1323.5	1316.9	1365.8	1401.0	2083.2	2823.6	2010.8
巴哈马	2804.4	3215.2	3179.0	3297.8	3322.5	3696.6	3416.7	3156.7
巴巴多斯	579.4	649.7	760.7	850.6	967.0	1172.1	1393.0	1637.1
伯利兹	387.9	400.9	443.7	486.4	536.2	628.4	816.5	917.6
玻利维亚	226.0	234.3	241.2	253.6	284.1	278.5	451.9	505.0
巴西	370.7	399.7	440.6	499.8	580.6	767.9	994.6	1143.1
智利	767.3	870.2	937.7	1096.5	1161.9	1623.2	1514.2	693.6
哥伦比亚	292.6	308.2	337.5	357.7	387.4	450.5	528.1	546.7
哥斯达黎加	447.8	481.0	541.0	577.5	648.7	782.8	833.5	957.1
古巴	—	—	654.2	780.8	902.8	1090.3	1226.6	1382.8
多米尼加共和国	253.2	280.5	329.2	359.3	417.1	479.3	582.9	699.3
厄瓜多尔	276.9	299.9	280.4	263.3	305.1	397.9	585.3	673.3
萨尔瓦多	285.4	288.6	303.2	309.1	320.9	357.2	402.8	445.3

续表

	1968 年	1969 年	1970 年	1971 年	1972 年	1973 年	1974 年	1975 年
危地马拉	312.0	323.5	349.5	354.6	365.3	434.7	520.9	585.4
法属圭亚那	331.5	352.0	371.6	386.5	387.8	414.9	583.3	660.8
洪都拉斯	253.7	255.3	269.0	264.6	282.6	312.1	343.6	362.3
牙买加	594.3	645.7	751.6	812.3	974.0	974.3	1196.0	1421.0
墨西哥	599.9	645.5	685.2	733.5	820.2	973.6	1230.5	1461.3
尼加拉瓜	307.0	322.4	324.7	335.1	344.6	415.8	561.4	566.1
巴拿马	604.1	644.2	673.1	738.7	789.8	879.5	979.0	1068.4
巴拉圭	219.5	229.8	239.5	261.2	295.1	373.0	487.7	539.4
秘鲁	447.7	487.4	548.6	595.1	641.6	746.7	915.6	1083.8
波多黎各	1497.7	1661.9	1852.3	2044.3	2246.5	2432.4	2614.5	2738.3
圣其茨—尼维斯	314.8	347.3	363.0	440.0	516.8	548.7	719.5	765.2
圣文森特和格林纳丁斯	173.2	186.0	203.9	219.3	298.3	322.6	348.2	347.7
苏里南	649.0	673.3	704.0	768.7	864.7	924.9	1126.0	1429.4
特立尼达和多巴哥	807.8	816.1	849.3	917.2	1099.3	1318.9	2042.7	2421.8
乌拉圭	574.5	717.3	760.8	996.4	776.2	1405.1	1448.7	1250.5
委内瑞拉	1146.7	1154.3	1216.5	1310.1	1393.3	1644.1	2375.3	2477.2
美属维尔京群岛	3183.2	3605.8	3476.2	3619.7	4040.8	4185.7	4393.3	4253.2
	1976 年	1977 年	1978 年	1979 年	1980 年	1981 年	1982 年	1983 年
拉丁美洲	1317.1	1415.6	1570.2	1827.3	2127.2	2394.5	2194.5	1906.9
安提瓜和巴布达	—	940.9	1061.3	1307.9	1567.3	1787.3	2005.0	2260.9
阿根廷	1931.5	2110.9	2127.3	2499.0	2735.8	2754.6	2907.0	3530.9
巴哈马	3328.9	3617.6	4131.6	5533.3	6340.5	6624.7	7168.0	7698.5
巴巴多斯	1768.1	2003.5	2233.0	2701.8	3458.4	3792.1	3944.9	4168.2
伯利兹	737.4	873.6	985.3	1067.8	1333.9	1286.9	1165.1	1203.9
玻利维亚	560.2	646.1	734.8	844.8	847.7	1076.9	1000.9	949.9
巴西	1377.9	1553.0	1729.0	1892.2	1931.0	2115.5	2209.0	1558.4
智利	932.5	1246.2	1417.1	1881.3	2466.5	2876.6	2111.5	1687.7
哥伦比亚	625.7	776.1	906.1	1063.5	1242.8	1323.9	1386.6	1348.1
哥斯达黎加	1147.9	1423.7	1588.9	1770.5	2061.8	1089.0	1052.1	1560.9
古巴	1447.7	1477.6	1841.7	2007.8	2029.4	2043.2	2115.3	2231.9
多米尼加联邦	—	495.4	608.4	591.2	784.7	878.5	958.6	1069.3
多米尼加共和国	749.1	849.0	863.1	971.2	1144.4	1225.8	1313.2	1390.0
厄瓜多尔	799.9	946.7	1033.6	1238.9	1495.5	1708.6	1570.2	1296.5
萨尔瓦多	538.5	666.7	695.5	756.4	767.6	726.8	708.3	720.6
格林纳达	—	591.6	758.9	884.8	940.2	971.1	1023.8	1055.3
危地马拉	683.5	837.4	905.5	1005.1	1119.7	1193.5	1179.1	1194.1
法属圭亚那	601.8	590.0	658.9	684.7	776.5	735.4	624.7	639.3

续表

	1976 年	1977 年	1978 年	1979 年	1980 年	1981 年	1982 年	1983 年
洪都拉斯	421.4	505.8	566.4	640.4	707.3	753.5	752.5	773.5
牙买加	1455.6	1578.0	1271.2	1152.5	1256.2	1377.7	1497.0	1615.2
墨西哥	1436.6	1284.1	1566.1	2003.5	2825.9	3556.4	2419.9	2033.1
尼加拉瓜	637.7	750.0	695.5	497.6	661.4	742.2	716.3	782.4
巴拿马	1106.0	1143.5	1322.7	1477.8	1951.0	2158.2	2331.7	2342.2
巴拉圭	591.3	709.9	846.3	1099.6	1433.2	1758.5	1601.1	1606.7
秘鲁	997.3	890.1	740.7	922.3	1195.2	1409.0	1367.2	1029.3
波多黎各	2946.5	3208.8	3567.8	4024.5	4502.8	4920.7	5115.0	5217.7
圣其茨—尼维斯	695.0	683.4	782.1	913.1	1081.1	1263.8	1328.9	1334.9
圣卢西亚	—	—	—	906.6	1155.1	1296.8	1202.6	1275.8
圣文森特和格林纳丁斯	339.4	374.3	472.7	547.6	600.4	738.3	836.6	913.8
苏里南	1558.6	1977.3	2265.1	2405.2	2435.1	2716.0	2786.1	2677.3
特立尼达和多巴哥	2452.8	3042.2	3407.0	4337.2	5783.6	6243.2	7150.0	6853.9
乌拉圭	1291.0	1440.6	1707.9	2480.6	3486.8	3765.7	3108.2	1716.6
委内瑞拉	2761.3	3111.2	3301.0	3827.0	4464.9	4848.9	4779.1	4756.4
美属维尔京群岛	4583.3	4965.6	5342.7	6319.8	7503.1	8385.7	8162.7	8816.3
	1984 年	1985 年	1986 年	1987 年	1988 年	1989 年	1990 年	1991 年
拉丁美洲	1844.4	1858.7	1856.4	1917.0	2134.6	2292.5	2622.8	2736.2
安提瓜和巴布达	2601.3	3076.5	3810.0	4510.7	5404.5	6004.0	6295.1	6539.6
阿根廷	2645.2	2912.8	3600.5	3553.1	3977.6	2381.0	4330.3	5732.8
阿鲁巴岛	—	—	—	—	—	—	—	13490.7
巴哈马	8878.2	9894.1	10345.7	11157.9	11389.6	12166.7	12361.0	11927.2
巴巴多斯	4521.1	4709.5	5148.3	5645.6	5981.2	6589.3	6591.2	6480.4
伯利兹	1302.0	1258.4	1337.1	1578.5	1751.4	1982.3	2185.4	2292.4
玻利维亚	1058.1	902.6	650.2	694.7	722.5	724.6	731.0	784.2
巴西	1567.1	1636.3	1928.4	2074.1	2287.0	2893.5	3086.9	2677.3
智利	1615.1	1361.7	1439.6	1669.6	1935.1	2190.9	2393.0	2712.3
哥伦比亚	1302.9	1163.4	1140.8	1163.2	1228.7	1214.5	1213.0	1218.3
哥斯达黎加	1754.0	1782.0	1980.7	2056.3	2079.1	2294.0	2411.4	2275.7
古巴	2403.6	2276.4	2385.6	2458.3	2648.8	2580.3	2710.0	2282.5
多米尼加联邦	1210.7	1338.8	1534.8	1746.0	2004.0	2152.9	2345.0	2547.0
多米尼加共和国	1628.9	778.2	924.4	861.4	778.1	948.4	983.2	1324.9
厄瓜多尔	1285.3	1302.5	1105.8	952.0	929.1	950.2	1009.3	1081.5
萨尔瓦多	742.6	760.7	745.3	772.4	807.4	831.4	900.3	981.1
格林纳达	1119.4	1284.4	1439.2	1684.2	1883.4	2201.4	2298.0	2506.7
危地马拉	1219.4	1222.1	888.1	850.1	919.8	964.4	857.3	1030.1
法属圭亚那	577.0	603.3	677.4	480.1	564.7	521.6	547.1	465.4

续表

	1984 年	1985 年	1986 年	1987 年	1988 年	1989 年	1990 年	1991 年
海地	—	—	—	—	—	—	—	477.9
洪都拉斯	809.4	861.2	874.7	925.8	859.7	749.7	623.6	610.4
牙买加	1041.1	908.8	1179.3	1398.4	1624.7	1854.8	1921.4	1706.6
墨西哥	2352.0	2421.7	1665.0	1767.5	2260.8	2697.3	3116.1	3659.7
尼加拉瓜	863.9	726.0	763.2	997.0	667.0	251.4	245.0	352.9
巴拿马	2392.9	2478.4	2522.3	2481.6	2102.0	2064.9	2199.2	2369.1
巴拉圭	1222.7	855.2	931.3	953.7	982.0	1055.6	1240.5	1435.1
秘鲁	1043.4	968.1	903.2	1174.7	595.0	968.6	1212.5	1561.5
波多黎各	5730.1	6008.1	6443.5	6937.5	7535.7	8063.2	8652.5	9064.0
圣其茨—尼维斯	1603.9	1824.6	2209.9	2548.1	2993.6	3397.3	3788.2	3937.2
圣卢西亚	1603.7	1515.8	1782.0	1886.3	2101.1	2356.4	2961.9	3172.6
圣文森特和格林纳丁斯	998.4	1081.2	1217.4	1345.0	1545.8	1656.7	1844.7	1972.0
苏里南	2600.0	2601.5	2620.2	2837.1	3304.7	1377.1	980.8	1061.0
特立尼达和多巴哥	6704.5	6289.6	4045.8	4017.8	3743.5	3578.8	4169.6	4380.6
乌拉圭	1621.4	1571.7	1940.7	2416.4	2677.0	2732.7	2990.8	3578.9
委内瑞拉	3292.7	3318.2	3287.1	2466.7	3101.4	2184.2	2381.1	2561.5
美属维尔京群岛	9124.1	9256.1	9723.9	10828.3	11527.3	13047.6	15050.5	15945.5
	1992 年	1993 年	1994 年	1995 年	1996 年	1997 年	1998 年	1999 年
拉丁美洲	2914.6	3118.1	3661.8	3797.5	4031.8	4326.3	4271.5	3763.6
安提瓜和巴布达	6641.8	6998.0	7475.7	7199.5	7680.3	8017.6	8357.4	8578.7
阿根廷	6821.1	6967.0	7479.3	7403.0	7712.4	8199.9	8273.2	7759.0
阿鲁巴岛	14038.9	14926.2	16229.5	16442.0	16611.4	17987.6	19180.2	19480.6
巴哈马	11698.5	11422.2	11832.6	12256.3	12722.2	17273.1	18424.2	20476.9
巴巴多斯	6083.0	6267.0	6575.4	7057.8	7504.2	8270.3	8891.2	9253.3
伯利兹	2603.7	2730.5	2752.4	2863.9	2888.6	2844.3	2888.4	3013.6
玻利维亚	809.3	803.4	818.9	898.8	968.5	1015.6	1066.0	1018.0
巴西	2526.6	2792.0	3854.9	4751.1	5109.3	5220.9	4981.0	3413.3
开曼群岛	—	—	—	—	29693.9	—	—	—
智利	3251.0	3424.0	3891.0	4951.6	5178.7	5580.1	5277.8	4792.4
哥伦比亚	1428.5	1587.7	2282.4	2537.7	2618.0	2823.5	2561.0	2204.1
哥斯达黎加	2658.6	2917.7	3119.4	3379.3	3329.5	3516.5	3768.4	4122.8
古巴	2058.9	2072.8	2622.5	2791.4	2284.9	2307.6	2333.0	2562.7
多米尼加联邦	2702.3	2815.6	3019.8	3139.4	3321.6	3469.2	3670.0	3824.7
多米尼加共和国	1506.6	1700.5	1866.4	2066.4	2251.1	2392.2	2543.2	2566.6
厄瓜多尔	1118.5	1375.2	1663.0	1774.8	1836.8	2008.4	1945.4	1373.2
萨尔瓦多	1083.0	1242.5	1427.6	1657.0	1781.2	1906.9	2042.9	2108.7
格林纳达	2583.7	2548.2	2635.9	2758.5	2925.8	3018.0	3367.1	3745.6

续表

	1992 年	1993 年	1994 年	1995 年	1996 年	1997 年	1998 年	1999 年
危地马拉	1117.2	1191.9	1326.4	1463.4	1540.2	1697.1	1808.6	1669.1
法属圭亚那	508.9	610.1	744.4	853.9	967.6	1026.6	982.3	949.8
海地	284.4	238.5	275.1	342.2	369.9	396.1	450.4	481.3
洪都拉斯	662.0	656.5	630.9	701.5	706.9	799.1	872.4	882.2
牙买加	1459.1	2003.8	2007.4	2344.1	2600.6	2948.8	3419.2	3430.4
墨西哥	4154.4	4524.7	4650.1	3107.1	3546.9	4206.6	4342.3	4884.6
尼加拉瓜	414.7	396.5	851.7	892.9	910.2	909.9	943.7	972.2
巴拿马	2638.2	2822.4	2948.6	2953.4	3412.5	3617.9	3845.0	3950.9
巴拉圭	1443.6	1502.6	1481.4	1682.0	1782.7	1769.2	1544.7	1393.3
秘鲁	1599.9	1515.9	1918.9	2252.6	2304.3	2400.9	2262.9	2021.7
波多黎各	9659.3	10212.3	10876.4	11579.2	12173.2	12817.6	14304.4	15221.0
圣其茨—尼维斯	4372.1	4793.1	5384.0	5627.8	6008.2	6752.3	7159.8	7217.4
圣卢西亚	3485.2	3516.8	3627.2	3856.0	3851.2	4038.4	4327.2	4505.5
圣文森特和格林纳丁斯	2160.2	2209.8	2250.5	2465.4	2605.5	2714.1	2945.6	3076.6
苏里南	966.0	1025.3	1406.5	1591.1	1946.1	2075.2	2080.9	1923.1
特立尼达和多巴哥	4484.0	3686.6	3948.3	4224.7	4539.2	4498.6	4716.5	5291.1
乌拉圭	4083.3	4722.1	5460.2	5986.7	6340.6	7361.3	7754.3	7292.6
委内瑞拉	2830.3	2751.2	2619.2	3397.4	3033.4	3738.7	3901.2	4105.0
美属维尔京群岛	16752.3	18728.2	—	—	—	—	—	—
	2000 年	2001 年	2002 年	2003 年	2004 年	2005 年	2006 年	2007 年
拉丁美洲	4118.0	3957.9	3507.1	3710.8	4215.7	5024.9	5821.4	6774.0
安提瓜和巴布达	10143.4	9831.5	10017.8	10392.5	10926.3	11940.2	13436.0	15079.1
阿根廷	7695.6	7203.3	2709.7	3410.3	3993.9	4736.0	5485.5	6623.9
阿鲁巴岛	20589.8	20558.9	20203.5	—	—	—	—	—
巴哈马	21258.3	21606.5	22753.3	22402.6	22540.6	24130.4	24580.1	25296.4
巴巴多斯	9565.4	9523.7	9211.3	10003.7	10461.3	11108.9	11771.8	12551.5
伯利兹	3329.7	3388.4	3516.9	3610.5	3737.8	3820.7	4025.1	4098.7
玻利维亚	1010.9	960.5	914.3	916.8	976.7	1044.0	1230.4	1386.4
巴西	3696.1	3129.8	2812.3	3041.7	3609.9	4743.3	5793.4	7197.0
智利	5144.6	4635.7	4497.3	4877.3	6237.9	7631.3	9376.1	10392.9
哥伦比亚	2512.0	2429.4	2384.1	2268.9	2762.1	3404.2	3725.1	4678.9
哥斯达黎加	4068.8	4097.9	4125.3	4210.5	4390.5	4632.9	5140.9	5911.6
古巴	2752.6	2844.1	3005.7	3203.2	3400.3	3789.2	4681.9	5200.6
多米尼加联邦	4657.0	4765.5	4718.5	4924.9	5311.8	5246.5	5643.7	6119.2
多米尼加共和国	2792.9	2852.9	2998.7	2364.3	2413.9	3670.5	3825.5	4334.3
厄瓜多尔	1291.3	1693.0	1936.0	2187.4	2471.5	2751.5	3057.6	3285.5
萨尔瓦多	2211.0	2315.2	2389.1	2504.2	2620.5	2825.2	3053.9	3295.4

续表

	2000 年	2001 年	2002 年	2003 年	2004 年	2005 年	2006 年	2007 年
格林纳达	5154.1	5143.8	5339.5	5835.3	5856.4	6817.9	6839.9	7389.4
危地马拉	1716.7	1624.5	1760.7	1811.6	1931.9	2139.7	2319.2	2553.6
法属圭亚那	972.1	946.9	978.9	1001.4	1056.7	1105.4	1949.0	2320.2
海地	423.9	399.0	359.8	311.4	397.3	444.4	514.8	621.5
洪都拉斯	1142.7	1192.1	1200.5	1245.8	1315.6	1412.1	1550.0	1720.4
牙买加	3479.1	3495.3	3713.1	3591.5	3856.3	4178.9	4441.3	4747.1
墨西哥	5816.6	6139.3	6324.2	6740.2	7223.9	7972.6	8830.8	9484.7
尼加拉瓜	1006.6	1033.9	1000.9	1006.5	1082.1	1165.6	1235.3	1338.4
巴拿马	3931.0	3919.3	3998.7	4137.9	4456.1	4775.5	5201.6	5907.4
巴拉圭	1323.5	1181.8	915.0	978.2	1200.9	1267.1	1543.8	1997.2
秘鲁	2060.6	2056.4	2136.0	2279.2	2559.5	2880.6	3312.4	3817.1
波多黎各	16192.1	18123.2	18731.5	19557.1	20698.2	21669.9	22642.0	23368.9
圣其茨—尼维斯	9406.3	9887.1	10234.8	9881.8	10249.6	10908.6	12638.0	13664.9
圣卢西亚	4900.5	4485.8	4543.5	4864.5	5283.7	5528.9	6118.7	6727.0
圣文森特和格林纳丁斯	3683.8	3991.4	4277.8	4452.0	4813.2	5070.4	5610.1	6278.1
苏里南	1911.0	1612.6	2246.1	2611.0	3009.3	3592.6	5201.6	5756.5
特立尼达和多巴哥	6311.1	6804.3	6921.1	8602.9	9831.0	12231.0	13981.1	16395.8
乌拉圭	6914.4	6317.0	4112.6	3646.3	4145.2	5252.4	5907.3	7043.1
委内瑞拉	4818.7	4963.0	3683.2	3257.1	4304.0	5475.2	6787.7	8382.1

	2008 年	2009 年	2010 年	2011 年
拉丁美洲	7772.5	7197.5	8795.7	9747.0
安提瓜和巴布达	15591.6	13829.8	13006.3	12479.5
阿根廷	8223.3	7666.9	9124.3	10942.0
巴哈马	24715.7	22807.4	22664.9	22431.0
巴巴多斯	13484.5	13181.3	15034.9	13452.6
伯利兹	4233.2	4048.6	4057.2	4059.2
玻利维亚	1733.6	1774.2	1978.9	2374.0
巴西	8629.0	8391.7	10992.9	12593.9
智利	10694.9	10178.9	12639.5	14394.5
哥伦比亚	5423.3	5133.4	6186.0	7104.0
哥斯达黎加	6596.7	6403.6	7773.9	8646.8
古巴	5396.9	—	—	—
多米尼加联邦	6780.7	7085.4	6963.9	7153.9
多米尼加共和国	4739.3	4775.8	5195.4	5530.1
厄瓜多尔	3856.4	3647.7	4008.2	4496.5
萨尔瓦多	3496.3	3353.8	3460.0	3702.0
格林纳达	8024.6	7449.9	7499.5	7780.1

续表

	2008年	2009年	2010年	2011年
危地马拉	2858.6	2688.8	2873.1	3178.1
法属圭亚那	2558.1	2689.9	2994.4	3408.2
海地	658.1	655.9	663.9	725.6
洪都拉斯	1894.6	1895.8	2018.8	2247.2
牙买加	4865.7	4456.5	4964.2	5329.5
墨西哥	9893.4	7852.2	9127.5	10047.1
尼加拉瓜	1458.9	1411.8	1455.8	1587.2
巴拿马	6752.3	6955.7	7614.0	7498.4
巴拉圭	2710.6	2254.2	2840.3	3629.1
秘鲁	4457.9	4412.4	5283.2	6017.9
波多黎各	24623.5	25454.8	25862.7	—
圣其茨—尼维斯	14482.9	13307.0	12846.9	13143.6
圣卢西亚	6897.6	6810.5	6947.4	7153.9
圣文森特和格林纳丁斯	6402.4	6153.1	6171.6	6290.8
苏里南	6859.3	7486.2	8292.5	—
特立尼达和多巴哥	21049.5	14771.9	15613.7	16699.3
乌拉圭	9107.9	9117.4	11741.7	13866.3
委内瑞拉	11297.7	11605.8	13657.7	10809.6

注：—表示数据无法获取。
资料来源：World Bank Database。

附表5　1948~2011年拉美10国的对外贸易情况

单位：亿美元（当前价格）

年份	巴西		墨西哥		阿根廷		委内瑞拉		哥伦比亚	
	出口	进口	出口	进口	出口	进口	出口	进口	出口	进口
1948	1.2	1.1	0.6	0.6	1.6	1.6	0.9	0.8	0.3	0.3
1949	1.1	1.2	0.4	0.4	1.0	1.2	0.9	0.8	0.3	0.3
1950	1.4	1.1	0.5	0.5	1.2	1.0	0.9	0.6	0.4	0.4
1951	1.8	2.0	0.6	0.8	1.2	1.5	1.2	0.8	0.5	0.4
1952	1.4	2.0	0.7	0.8	0.7	1.2	1.4	0.9	0.5	0.4
1953	1.5	1.3	0.6	0.8	1.1	0.8	1.5	1.0	0.6	0.5
1954	1.6	1.6	0.7	0.7	1.0	1.0	1.4	0.9	0.7	0.7
1955	1.4	1.3	0.8	0.9	0.9	1.2	1.8	1.1	0.6	0.7
1956	1.5	1.2	0.8	1.1	0.9	1.1	2.1	1.3	0.5	0.7
1957	1.4	1.5	0.7	1.2	1.0	1.3	2.5	1.9	0.5	0.5
1958	1.2	1.4	0.7	1.1	1.0	1.2	2.3	1.6	0.5	0.4
1959	1.3	1.4	0.8	1.0	1.0	1.0	2.2	1.6	0.5	0.4

续表

年份	巴西		墨西哥		阿根廷		委内瑞拉		哥伦比亚	
	出口	进口	出口	进口	出口	进口	出口	进口	出口	进口
1960	1.3	1.5	0.8	1.2	1.1	1.2	2.3	1.2	0.5	0.5
1961	1.4	1.5	0.8	1.1	1.0	1.5	2.2	1.2	0.4	0.6
1962	1.2	1.5	0.9	1.1	1.2	1.4	2.3	1.3	0.5	0.5
1963	1.4	1.5	1.0	1.2	1.4	1.0	2.3	1.2	0.4	0.5
1964	1.4	1.3	1.1	1.5	1.4	1.1	2.5	1.2	0.5	0.6
1965	1.6	1.1	1.1	1.6	1.5	1.2	2.5	1.4	0.5	0.5
1966	1.7	1.5	1.2	1.6	1.6	1.1	2.4	1.3	0.5	0.7
1967	1.7	1.7	1.1	1.7	1.5	1.1	3.1	1.4	0.5	0.5
1968	1.9	2.1	1.3	2.0	1.4	1.2	2.8	1.7	0.6	0.6
1969	2.3	2.3	1.4	2.1	1.6	1.6	3.1	1.7	0.6	0.7
1970	2.7	2.8	1.4	2.5	1.8	1.7	3.2	1.9	0.7	0.8
1971	2.9	3.7	1.5	2.4	1.7	1.9	3.1	2.1	0.7	0.9
1972	4.0	4.8	1.7	2.7	1.9	1.9	3.2	2.5	0.8	0.9
1973	6.2	7.0	2.3	3.8	3.3	2.2	3.3	2.8	1.2	1.1
1974	8.0	14.2	3.0	6.1	3.9	3.6	11.2	4.1	1.5	1.6
1975	8.7	13.6	2.9	6.6	3.0	3.9	8.8	6.0	1.5	1.5
1976	10.1	13.7	3.4	6.0	3.9	3.0	9.3	7.7	1.9	1.7
1977	12.1	13.3	4.2	5.5	5.7	4.2	9.6	10.9	2.4	1.9
1978	12.7	15.1	6.0	8.1	6.4	3.8	9.2	11.8	3.0	3.0
1979	15.2	19.8	9.0	12.1	7.8	6.7	14.3	10.7	3.4	3.4
1980	20.1	25.0	18.0	22.1	8.0	10.5	19.2	11.8	3.9	4.7
1981	23.3	24.1	23.3	28.5	9.1	9.4	21.0	13.1	2.9	5.2
1982	20.2	21.1	24.1	17.7	7.6	5.3	16.6	12.9	3.0	5.5
1983	21.9	16.8	26.0	12.5	7.8	4.5	13.9	6.4	3.0	5.0
1984	27.0	15.2	29.1	16.7	8.1	4.6	16.0	7.8	3.5	4.5
1985	25.6	14.3	26.8	19.1	8.4	3.8	14.4	8.1	3.6	4.1
1986	22.3	15.6	21.8	17.6	6.9	4.7	8.7	8.5	5.1	3.9
1987	26.2	16.6	27.6	19.7	6.4	5.8	10.6	9.7	4.6	4.3
1988	33.5	16.1	30.7	29.4	9.1	5.3	10.2	12.7	5.0	5.0
1989	34.4	19.9	35.2	36.4	9.6	4.2	13.3	7.8	5.7	5.0
1990	31.4	22.5	40.7	43.5	12.4	4.1	17.5	7.3	6.8	5.6
1991	31.6	23.0	42.7	51.7	12.0	8.3	15.2	11.1	7.2	4.9
1992	35.8	23.1	46.2	64.2	12.2	14.9	14.2	14.1	6.9	6.5
1993	38.6	27.7	51.9	67.5	13.1	16.8	14.7	12.5	7.1	9.8
1994	43.5	36.0	60.9	82.0	15.7	21.5	16.1	9.2	8.4	11.9
1995	46.5	54.1	79.5	74.4	21.0	20.1	18.5	12.6	10.1	13.9
1996	47.7	56.8	96.0	92.0	23.8	23.8	23.1	9.9	10.6	13.7

续表

年份	巴西		墨西哥		阿根廷		委内瑞拉		哥伦比亚	
	出口	进口	出口	进口	出口	进口	出口	进口	出口	进口
1997	53.0	63.3	110.4	113.1	26.4	30.5	23.9	14.6	11.5	15.4
1998	51.1	61.1	117.5	129.1	26.4	31.4	17.7	15.8	10.9	14.6
1999	48.0	51.9	136.4	146.1	23.3	25.5	21.0	14.1	11.6	10.7
2000	55.1	59.1	166.4	179.5	26.3	25.2	33.5	16.2	13.0	11.5
2001	58.2	58.6	158.5	173.0	26.5	20.3	26.7	18.3	12.3	12.8
2002	60.4	49.7	160.7	173.1	25.7	9.0	26.8	13.0	11.9	12.7
2003	73.1	50.9	165.4	175.0	29.6	13.8	27.2	9.3	13.1	13.9
2004	96.7	66.4	188.0	202.3	34.6	22.4	39.7	16.7	16.2	16.7
2005	118.5	77.6	214.2	228.2	40.4	28.7	55.7	24.0	21.2	21.2
2006	137.8	95.8	250.0	263.5	46.5	34.2	65.6	33.6	24.4	26.2
2007	160.6	126.6	271.8	290.2	55.8	44.7	70.0	46.1	30.0	32.9
2008	197.9	182.4	291.3	318.3	70.0	57.5	95.0	49.6	37.6	39.7
2009	153.0	133.7	229.7	241.5	55.7	38.8	57.6	40.6	32.9	32.9
2010	201.9	191.5	298.3	310.2	68.1	56.5	65.7	39.6	39.8	40.7
2011	256.0	236.9	349.6	361.1	84.0	73.9	92.6	47.6	57.0	54.7

年份	智利		秘鲁		巴拿马		乌拉圭		哥斯达黎加	
	出口	进口	出口	进口	出口	进口	出口	进口	出口	进口
1948	0.3	0.3	0.2	0.2	0.0	0.1	0.2	0.2	0.1	0.0
1949	0.3	0.3	0.2	0.2	0.0	0.1	0.2	0.2	0.1	0.0
1950	0.3	0.2	0.2	0.2	0.0	0.1	0.3	0.2	0.1	0.0
1951	0.4	0.3	0.3	0.3	0.0	0.1	0.2	0.4	0.1	0.1
1952	0.5	0.4	0.2	0.3	0.0	0.1	0.2	0.3	0.1	0.1
1953	0.4	0.3	0.2	0.3	0.0	0.1	0.3	0.2	0.1	0.1
1954	0.4	0.3	0.2	0.2	0.0	0.1	0.2	0.3	0.1	0.1
1955	0.5	0.4	0.3	0.3	0.0	0.1	0.2	0.2	0.1	0.1
1956	0.5	0.4	0.3	0.4	0.0	0.1	0.2	0.2	0.1	0.1
1957	0.5	0.4	0.3	0.4	0.0	0.1	0.1	0.3	0.1	0.1
1958	0.4	0.5	0.3	0.3	0.0	0.1	0.2	0.1	0.1	0.1
1959	0.5	0.5	0.3	0.3	0.0	0.1	0.1	0.2	0.1	0.1
1960	0.5	0.6	0.4	0.4	0.0	0.1	0.1	0.2	0.1	0.1
1961	0.5	0.7	0.5	0.5	0.0	0.1	0.2	0.2	0.1	0.1
1962	0.5	0.7	0.5	0.5	0.0	0.2	0.2	0.2	0.1	0.1
1963	0.5	0.7	0.5	0.6	0.0	0.2	0.2	0.2	0.1	0.1
1964	0.6	0.7	0.7	0.6	0.1	0.2	0.2	0.2	0.1	0.1
1965	0.6	0.7	0.7	0.7	0.1	0.2	0.2	0.2	0.1	0.2
1966	0.8	0.9	0.8	0.8	0.1	0.2	0.2	0.2	0.1	0.2
1967	0.8	0.8	0.8	0.8	0.1	0.3	0.2	0.2	0.1	0.2

续表

年份	智利		秘鲁		巴拿马		乌拉圭		哥斯达黎加	
	出口	进口	出口	进口	出口	进口	出口	进口	出口	进口
1968	0.9	0.9	0.9	0.6	0.1	0.3	0.2	0.2	0.2	0.2
1969	1.1	1.0	0.9	0.6	0.1	0.3	0.2	0.2	0.2	0.2
1970	1.2	1.1	1.0	0.6	0.1	0.4	0.2	0.2	0.2	0.3
1971	1.0	1.1	0.9	0.8	0.1	0.4	0.2	0.2	0.2	0.3
1972	0.9	1.1	0.9	0.8	0.1	0.4	0.2	0.2	0.3	0.4
1973	1.2	1.3	1.1	1.0	0.1	0.5	0.3	0.3	0.3	0.5
1974	2.5	2.1	1.5	1.5	0.2	0.8	0.4	0.5	0.4	0.7
1975	1.6	1.5	1.3	2.6	0.3	0.9	0.4	0.6	0.5	0.7
1976	2.1	1.9	1.4	2.0	0.2	0.8	0.5	0.6	0.6	0.8
1977	2.2	2.5	1.7	1.9	0.3	0.9	0.6	0.7	0.8	1.0
1978	2.5	3.4	1.9	1.2	0.3	0.9	0.7	0.8	0.9	1.2
1979	3.9	4.8	3.5	1.8	0.3	1.2	0.8	1.2	0.9	1.4
1980	4.7	5.8	3.9	2.6	0.4	1.4	1.1	1.7	1.0	1.5
1981	3.8	7.2	3.3	3.2	0.3	1.5	1.2	1.6	1.0	1.2
1982	3.7	4.0	3.3	2.9	0.4	1.6	1.0	1.1	0.9	0.9
1983	3.8	3.1	3.0	2.2	0.3	1.4	1.0	0.8	0.9	1.0
1984	3.7	3.6	3.1	1.9	0.3	1.4	0.9	0.8	1.0	1.1
1985	3.8	3.1	3.0	1.8	0.3	1.4	0.9	0.7	1.0	1.1
1986	4.2	3.4	2.5	2.4	0.3	1.2	1.1	0.9	1.1	1.1
1987	5.2	4.4	2.7	3.0	0.4	1.3	1.2	1.1	1.2	1.4
1988	7.1	5.3	2.7	3.1	0.3	0.8	1.4	1.2	1.2	1.4
1989	8.1	7.1	3.5	2.0	0.3	1.0	1.6	1.2	1.4	1.7
1990	8.4	7.7	3.2	2.6	0.3	1.5	1.7	1.3	1.4	2.0
1991	8.9	8.2	3.3	2.8	0.4	1.7	1.6	1.6	1.6	1.9
1992	10.0	10.2	3.5	4.0	0.5	2.0	1.7	2.0	1.8	2.4
1993	9.2	11.1	3.5	4.2	0.6	2.2	1.6	2.3	2.6	3.5
1994	11.6	11.8	4.6	5.6	0.6	2.4	1.9	2.8	2.9	3.8
1995	16.0	15.9	5.6	7.6	0.6	2.5	2.1	2.9	3.5	4.0
1996	16.6	19.2	5.9	7.9	0.6	2.8	2.4	3.3	3.7	4.3
1997	17.9	20.8	6.8	8.6	0.7	3.0	2.7	3.7	4.3	4.9
1998	16.3	19.9	5.8	8.2	0.8	3.4	2.8	3.8	5.5	6.2
1999	17.2	16.0	6.1	6.8	0.8	3.5	2.2	3.4	6.6	6.3
2000	19.2	18.5	7.0	7.4	0.9	3.4	2.3	3.5	5.9	6.4
2001	18.3	17.4	7.0	7.3	0.9	3.0	2.1	3.1	5.0	6.6
2002	18.2	17.1	7.7	7.5	0.8	3.0	1.9	2.0	5.3	7.2
2003	21.7	19.3	9.1	8.4	0.9	3.1	2.2	2.2	6.1	7.7
2004	32.5	24.8	12.8	10.1	0.9	3.6	2.9	3.1	6.3	8.3

续表

年份	智利		秘鲁		巴拿马		乌拉圭		哥斯达黎加	
	出口	进口	出口	进口	出口	进口	出口	进口	出口	进口
2005	41.3	32.7	17.4	12.5	7.1	9.6	3.4	3.9	7.0	9.8
2006	58.7	38.4	23.8	15.3	8.0	10.8	4.0	4.8	8.2	11.5
2007	68.0	47.2	27.9	20.5	8.8	13.3	4.5	5.6	9.3	13.0
2008	64.5	62.8	31.0	30.0	9.8	15.7	5.9	9.1	9.5	15.4
2009	55.5	42.8	27.0	21.9	10.7	13.9	5.4	6.9	8.8	11.4
2010	70.9	59.4	35.6	30.1	11.0	16.7	6.7	8.6	9.4	13.6
2011	81.4	74.9	46.3	38.0	14.6	21.8	7.9	10.7	10.4	16.2

资料来源：WTO Database。

附表 6　1980~2011 年拉美国家的对外总债务表

单位：百万美元（当前价格）

	1980 年	1981 年	1982 年	1983 年	1984 年	1985 年	1986 年	1987 年
拉丁美洲	223249.4	278101.1	322344.1	343535.9	364548.4	383349.5	400100.6	428904.9
阿根廷	27162	35671	43634	45069	46191	49326	51422	58324
玻利维亚	2340	2653	2803	3176	3208	3294	3536	4278
巴西	64000	71878	83205	91362	99765	105126	111045	121174
智利	11207	15591	17159	18037	19659	20403	20829	20660
哥伦比亚	6805	8518	10269	11458	12350	14063	16100	17512
哥斯达黎加	2209	2687	3188	3880.5	3924.9	4140.2	4078.7	4384.3
厄瓜多尔	5997.5	7666.1	7705.4	7594.9	8305.6	8702.8	9334.4	10473.5
萨尔瓦多	1176	1608	1710	1890	1949	1980	1928	1880
危地马拉	1053	1386	1839	2156	2495	2694	2674	2700
圭亚那	834.5	909.9	998.8	1245.9	1307.8	1520.5	1658.3	1761.6
海地	348.4	372	410	551	607	600	696	752
洪都拉斯	1387.6	1587.9	1985.8	2162	2697.4	3033.5	3365.5	3773
牙买加	1912.6	2212	2690	2920	3207	3355	3575	4014
墨西哥	50700	74900	90100	91300	96700	100400	103500	107800
尼加拉瓜	1825	2566	3139	3788	4362	4936	5760	6270
巴拿马	2211	2333	2820	3392	3644	3642	3835	3731
巴拉圭	861	948	1203	1469	1654	1772	1855	2043
秘鲁	9595	9606	11465	12445	13338	13721	14477	15373
多米尼加共和国	2173	2549	2966	3313	3536	3720	3812	3899
特立尼达和多巴哥	828.6	1052	1220	1423	1539	1763	1898	2082
乌拉圭	1659.8	2174.4	2646.8	3292.1	3271.3	3919.4	3906.1	4298.8
委内瑞拉	26963.4	29232.8	29187.3	31611.5	30837.4	31238.1	30815.6	31721.7

续表

	1988 年	1989 年	1990 年	1991 年	1992 年	1993 年	1994 年	1995 年
拉丁美洲	418179.4	421161.5	325384	442529.6	462614.3	524389	564070	628224.3
安提瓜和巴布达	—	—	295.3	290.3	279.6	263.3	276.5	285.6
阿根廷	58473	63314	62233	61337	62973	72425	87524	101462.5
巴哈马	—	—	198	341	377.7	359.7	334.7	304.7
巴巴多斯	—	—	1050.2	1070.1	961.1	882.9	871.2	881.2
玻利维亚	4043	3492	3778.9	3628	3784.5	4003.3	4479	4790.8
巴西	113469	115096	123438.5	123910.4	135949	145726	148295	159256
智利	18960	17520	18576	17319	18964	19665	21768	25662
哥伦比亚	17935	17587	17992.9	17335.2	17277.7	18866.4	22736.5	26340.1
哥斯达黎加	4470.3	4488	3923.6	3991.9	4055.7	4010.4	4132.5	4208.6
古巴	—	—	—	—	—	8784.7	9082.8	10504
多米尼加	—	—	84.7	92.9	95.9	93.1	99.1	105
厄瓜多尔	10669	11533	—	—	—	13631	14589	13934
萨尔瓦多	1912.7	2168.8	—	—	2343	1975.9	2055.7	2168.4
格林纳达	—	—	87.7	88.8	92.6	88.9	96.2	96
危地马拉	2599.1	2731	2487.2	2402.8	2251.6	2086.2	2160.2	2107.1
圭亚那	1889.9	1656.9	1820	1855	1967	1954	2000	2058
海地	778	803	841	809	872.5	866.3	875.1	901.2
洪都拉斯	3809.6	3374.2	3577.8	3440.5	3537.8	3850.1	4040	4242.6
牙买加	4002	4038	—	—	—	—	—	3452
墨西哥	100100	94400	—	117000	116500	130500	139800	165600
尼加拉瓜	7220	9740.9	10715.4	10312.5	10792.1	10987.3	11695	10248.4
巴拿马	3771	3814	5610.8	5811.2	4967.5	5271	5505.5	5890.5
巴拉圭	2002	2027	1695	1666	1279	1253	1749.6	2032
秘鲁	16493	18536	22856.5	25444.5	26612	27453.3	30279.8	33362.2
多米尼加共和国	3883	4181	4499.1	4613.7	4412.8	4561.5	3946.4	3998.6
圣其茨—尼维斯	—	—	39.9	41.6	44	46.7	50.9	53.2
圣文森特和格林纳丁斯	—	—	55.6	65.2	70.2	76.5	86.8	87.3
圣卢西亚	—	—	70.1	79.6	95.9	98.8	103.9	114.2
特立尼达和多巴哥	2012	2400	—	—	—	—	—	1905
乌拉圭	3820.8	4448.7	3928.7	3583.5	3611.1	3772.7	4438.8	4636.3
委内瑞拉	35867	33812	35528	36000	38447	40836	40998	37537

	1996 年	1997 年	1998 年	1999 年	2000 年	2001 年	2002 年	2003 年
拉丁美洲	649582.2	681592	744033.8	766203.1	743995.4	750588	739505.4	768439
安提瓜和巴布达	274.6	346.6	394.5	398.2	391.4	388.1	433.7	497.2
阿根廷	114423.1	129964.3	147634.1	152562.9	155014.5	166272	156747.8	164645.3
巴哈马	284.1	336	338.2	355.3	349.8	327.9	309.5	363.5
巴巴多斯	911.2	1191.1	1169.5	1353.9	1898.9	2266.5	2321.3	2475.1

续表

	1996年	1997年	1998年	1999年	2000年	2001年	2002年	2003年
伯利兹	—	—	232.8	255.4	430.8	494.9	651.6	822
玻利维亚	4643.2	4531.5	4659.3	6982.5	6740.4	6861.3	6970	7734
巴西	179935	199998	223791.9	225610.5	216921	209935	210711	214929
智利	26272	29034	32591	34758	37177	38527	40504	43067
哥伦比亚	31114.5	34409.3	36681.5	36733	36129.9	39163.5	37381.8	38064.6
哥斯达黎加	3288.7	3086.4	3401.7	3641	5306.9	5265.1	5310.2	5575.2
古巴	10456	10146	11208.9	11078	10961.3	10893	10900	11300
多米尼加	105.1	91.1	93.1	136.2	152.8	177.8	204.7	222.5
厄瓜多尔	14488.9	15015.2	16221.4	15902.3	13216.3	14375.8	16236.3	16756.1
萨尔瓦多	2517.4	2689.4	2646	2788.9	2831.3	3147.7	3987.1	7916.7
格林纳达	98.4	103	105.1	114.9	138.9	154.2	261.6	279.3
危地马拉	2074.9	2135.1	2367.9	2631.3	2643.7	2925	3119.1	3467.2
圭亚那	1537	1513	1516	1210	1193.2	1197.3	1246.7	1084.6
海地	914.3	1024.9	1104.2	1162.3	1170.3	1188.8	1228.8	1315.8
洪都拉斯	4120.6	4073.3	4369.4	4691.2	4710.8	4757	5025.4	5342.7
牙买加	3231.9	3277.6	3306.4	3024.1	3375.3	4146	4347.5	4192.1
墨西哥	157200	149028	160258	166381	148651.9	144526.1	134979.7	132523.7
尼加拉瓜	6094.3	6001	6287.1	6548.9	6659.9	6374.2	6362.6	6595.8
巴拿马	5069.6	5051	5348.8	5568.1	5604.1	6262.8	6349.1	6503.6
巴拉圭	1883.3	2029	2235.4	2741	2869.5	2653.9	2899.9	2951.2
秘鲁	33782	28863.4	30142.1	28586.1	27980.8	27194.8	27872.2	29586.9
多米尼加共和国	3806.6	3572.2	3546.1	3661.2	3679.4	4176.1	4536.4	5987
圣其茨—尼维斯	59.4	106.3	123.6	152.4	162	213.9	265.1	317.2
圣文森特和格林纳丁斯	86.8	88.8	100.7	159.7	160.4	168.3	167.6	194.5
圣卢西亚	125	134.5	133.7	152.8	170	204.2	246	324
苏里南	—	—	—	—	290.8	349.5	372	383.2
特立尼达和多巴哥	1876	1564.8	1471.1	1584.8	1680.4	1665.9	1549.1	1553
乌拉圭	4791.3	4945.4	5467.5	8261.4	8894.9	8936.5	10547.8	11012.9
委内瑞拉	34117	37242	35087	37016	36437	35398	35460	40456

	2004年	2005年	2006年	2007年	2008年
拉丁美洲	764303.3	674994.1	667866.9	739487.8	753480.8
安提瓜和巴布达	532	317.4	320.5	480.5	435.8
阿根廷	171205.3	113798.9	108863.9	124559.5	124922.8
巴哈马	345.2	337.5	334	336.8	443.1
巴巴多斯	2434.6	2695.4	2990.8	3130.2	3486.8
伯利兹	912.7	969.7	985	972.7	957.7
玻利维亚	7561.5	7665.7	6277.8	5403.2	5929.8
巴西	201373	169451	172589	193219	198340

续表

	2004 年	2005 年	2006 年	2007 年	2008 年
智利	43515	46210.6	49497	55733	64318
哥伦比亚	39497.5	38506.5	40102.7	44553.3	46368.8
哥斯达黎加	5765.3	6763.3	7186.4	8444.3	9105.3
古巴	5806	5898.2	7793.7	8908.2	—
多米尼加	208.6	221	224.6	241.1	234.3
厄瓜多尔	17210.6	17237.2	17099.4	17444.6	16899.5
萨尔瓦多	8210.5	8876.8	9692.3	9349.1	9994.2
格林纳达	331.2	401.3	481	468.9	481.4
危地马拉	3843.9	3723.2	3958.3	4226	4382.4
圭亚那	1071.2	1214.6	1043	718.6	833.7
海地	1375.9	1334.9	1484.2	1628.1	1917.4
洪都拉斯	6022.7	5134.6	3934.9	3190	3464
牙买加	5120.4	5375.5	5795.6	6122.7	6343.7
墨西哥	130925.4	128247.7	119084.3	127668.8	128850.8
尼加拉瓜	5390.6	5347.5	4526.7	3384.6	3511.5
巴拿马	7219.2	7579.7	7788.3	8275.6	8477.3
巴拉圭	2901.3	2700.1	2739.4	2868.3	3256.2
秘鲁	31243.9	28656.6	28897.5	32894.4	34838.2
多米尼加共和国	6379.7	5847.1	6295.5	6555.6	7218.8
圣其茨—尼维斯	317.1	298.8	310.4	313	328.4
圣文森特和格林纳丁斯	218.9	231.3	220	218.9	234.7
圣卢西亚	344	387.6	404	415.4	364
苏里南	384.2	390.3	391.1	297.9	319.3
特立尼达和多巴哥	1364	1329.4	1261	1392.3	1445
乌拉圭	11593.1	11417.7	10559.6	12218.2	12021
委内瑞拉	43679	46427	44735	53855	53757

注：—表示数据无法获取，本表只列举了有数据的国家。
资料来源：ECLAC，Economic Indicators and Statistics。

附表 7 拉美各国国土面积

单位：平方千米

国家	国土面积	国家	国土面积
拉丁美洲	20142390	圭亚那	196850
安提瓜和巴布达	440	海地	27560
阿根廷	2736690	洪都拉斯	111890
阿鲁巴	180	牙买加	10830
巴哈马	10010	墨西哥	1943950
巴巴多斯	430	尼加拉瓜	120340

续表

国家	国土面积	国家	国土面积
伯利兹	22810	巴拿马	74340
玻利维亚	1083300	巴拉圭	397300
巴西	8459420	秘鲁	1280000
开曼群岛	240	波多黎各	8870
智利	743530	荷属圣马丁岛	34
哥伦比亚	1109500	圣其茨—尼维斯	260
哥斯达黎加	51060	圣卢西亚	610
古巴	106440	法属圣马丁	54
库腊索岛	444	圣文森特和格林纳丁斯	390
多米尼加	750	苏里南	156000
多米尼加共和国	48320	特立尼达和多巴哥	5130
厄瓜多尔	248360	特克斯和	950
萨尔瓦多	20720	凯科斯群岛	175020
格林纳达	340	委内瑞拉	882050
危地马拉	107160	美属维尔京群岛	350

资料来源：World Bank Database.

附表 8　1960~2011 年拉美 10 国人口数

单位：千人

年份	巴西	墨西哥	阿根廷	委内瑞拉	哥伦比亚	智利	秘鲁	巴拿马	乌拉圭	哥斯达黎加
1960	72759	38419	20625	7562	16005	7652	9929	1128	2538	1334
1961	74976	39684	20961	7853	16487	7848	10216	1162	2571	1381
1962	77280	40967	21297	8151	16985	8050	10516	1196	2603	1431
1963	79642	42264	21633	8454	17496	8254	10825	1231	2635	1482
1964	82022	43575	21966	8760	18020	8457	11143	1268	2665	1532
1965	84389	44898	22297	9067	18556	8656	11467	1306	2694	1582
1966	86735	46230	22622	9376	19104	8849	11796	1345	2722	1632
1967	89068	47572	22945	9686	19663	9037	12131	1385	2749	1680
1968	91395	48944	23273	10003	20226	9220	12474	1426	2774	1728
1969	93728	50370	23617	10333	20783	9400	12825	1468	2794	1775
1970	96078	51868	23983	10681	21330	9578	13187	1510	2809	1820
1971	98445	53442	24376	11046	21862	9753	13560	1552	2818	1865
1972	100829	55081	24792	11428	22382	9926	13942	1595	2821	1909
1973	103242	56772	25222	11828	22898	10095	14334	1639	2821	1953
1974	105703	58492	25654	12245	23422	10260	14735	1682	2823	1999
1975	108224	60225	26079	12681	23961	10419	15144	1727	2829	2049
1976	110805	61969	26493	13136	24517	10572	15562	1771	2841	2102

续表

年份	巴西	墨西哥	阿根廷	委内瑞拉	哥伦比亚	智利	秘鲁	巴拿马	乌拉圭	哥斯达黎加
1977	113442	63723	26899	13608	25090	10720	15988	1817	2856	2158
1978	116139	65461	27303	14089	25675	10867	16419	1862	2875	2217
1979	118896	67153	27712	14568	26271	11019	16853	1908	2895	2279
1980	121712	68776	28131	15036	26875	11179	17287	1953	2915	2343
1981	124588	70318	28562	15570	27486	11348	17720	1998	2934	2409
1982	127515	71789	29001	16048	28104	11527	18152	2043	2953	2478
1983	130459	73223	29448	16522	28729	11714	18585	2089	2972	2548
1984	133380	74673	29900	16993	29360	11908	19021	2134	2991	2619
1985	136247	76175	30354	17460	29994	12107	19460	2180	3011	2692
1986	139049	77741	30811	17923	30631	12311	19904	2226	3030	2766
1987	141791	79359	31270	18382	31271	12519	20350	2272	3049	2841
1988	144470	81010	31729	18839	31913	12733	20798	2319	3068	2917
1989	147089	82666	32187	19295	32558	12956	21244	2367	3088	2993
1990	149650	84307	32642	19750	33203	13188	21686	2416	3109	3070
1991	152147	85924	33094	20197	33850	13429	22122	2466	3131	3147
1992	154582	87523	33540	20659	34497	13678	22553	2517	3154	3225
1993	156986	89110	33982	21121	35146	13929	22980	2570	3177	3303
1994	159399	90691	34420	21583	35798	14175	23405	2623	3200	3384
1995	161848	92273	34855	22043	36453	14409	23827	2677	3223	3469
1996	164343	93858	35287	22502	37113	14631	24249	2732	3236	3557
1997	166869	95441	35715	22959	37775	14840	24667	2787	3256	3648
1998	169410	97002	36135	23413	38439	15039	25079	2843	3274	3741
1999	171936	98514	36541	23867	39103	15232	25479	2900	3289	3832
2000	174425	99960	36931	24311	39764	15420	25862	2956	3301	3919
2001	176877	101330	37302	24765	40423	15604	26228	3013	3308	4003
2002	179289	102634	37657	25220	41078	15784	26579	3069	3309	4083
2003	181633	103903	38001	25674	41732	15960	26916	3126	3304	4160
2004	183873	105176	38341	26127	42386	16132	27242	3182	3302	4236
2005	185987	106484	38681	26577	43041	16302	27559	3238	3306	4309
2006	187958	107835	39024	27031	43697	16469	27866	3295	3314	4382
2007	189798	109221	39368	27483	44352	16633	28166	3351	3324	4453
2008	191543	110627	39714	27935	45006	16796	28463	3406	3334	4522
2009	193247	112033	40062	28384	45654	16956	28765	3462	3345	4591
2010	194946	113423	40412	28834	46295	17114	29077	3517	3357	4659
2011	196655	114793	40765	29278	46927	17270	29400	3571	3369	4727

资料来源：World Bank Database。

参考文献

[1] 包群，许和连，赖明勇. 贸易开放度与经济增长：理论及中国的经验研究 [J]. 世界经济，2003 (2).

[2] 蔡同昌. 2004 年国内学术界对拉丁美洲研究综述 [J]. 拉丁美洲研究，2005 (4).

[3] 曹宏成. 中国出口贸易流量研究——基于引力模型的实证 [J]. 工业技术经济，2007 (1).

[4] 柴瑜. 经济危机冲击下的负重前行——2009 年拉美宏观经济形势述评 [J]. 拉丁美洲研究，2010 (1).

[5] 柴瑜. 拉美国家的贸易开放度研究 [J]. 拉丁美洲研究，2011 (8).

[6] 柴瑜. 外国直接投资对拉美和东亚新兴工业化国家和地区经济发展影响的比较研究 [D]. 天津：南开大学，1996.

[7] 陈才兴. 战后外国对拉美直接投资发展的变化 [J]. 拉丁美洲研究，1990 (2).

[8] 陈懋修. 中国与拉美关系：长期繁荣还是昙花一现 [J]. 国际政治科学，2011 (26).

[9] 陈舜英. 跨国公司在拉丁美洲的扩张 [J]. 拉丁美洲丛刊，1982 (1).

[10] 陈曦. 20 世纪 50~90 年代中国与拉美地区经贸关系研究 [D]. 长春：吉林大学，2009.

[11] 陈迎春，孙芳. 中国与拉美国家贸易摩擦：动因及应对之策 [J]. 北方经贸，2010 (2).

[12] 谌华侨. 中国与拉美地区国家间关系的地域性考量 [J]. 社会主义研究，2011 (4).

[13] 程洪，于燕. 试述中拉关系中的美国因素 (2001~2010 年) [J]. 拉丁美

洲研究，2010（10）.

［14］程洪，张庆文. 试论拉丁美洲国家现代化进程中的国家重建［J］. 拉丁美洲研究，2012（1）.

［15］程洪. 试论中国与拉丁美洲的文化贸易［J］. 拉丁美洲研究，2007（4）.

［16］褚夫志. 我国石油贸易流向研究［D］. 北京：对外经济贸易大学，2009.

［17］董国辉. 经济全球化与“中心—外围”理论［J］. 拉丁美洲研究，2003（2）.

［18］董杨. 中拉经贸关系现状及前景［D］. 北京：对外经济贸易大学，2004.

［19］窦望非. 解读美洲自由贸易区谈判的停滞——从拉丁美洲的视角进行分析［D］. 北京：外交学院，2007.

［20］樊璐. 中国和墨西哥经贸关系研究［D］. 北京：对外经贸大学，2010.

［21］高峰，朱玉阁. 中国出口贸易影响因素的洲际比较——基于引力模型的实证分析［J］. 求索，2001（11）.

［22］高静. 近年来外国在拉美的直接投资［J］. 拉丁美洲研究，2002（3）.

［23］高静. 以互利共赢的制度保障双边经贸的顺利发展——中智自由贸易协定的意义［J］. 拉丁美洲研究，2006（5）.

［24］高君诚. 美国跨国公司与拉美农业［J］. 拉丁美洲研究，1987（6）.

［25］高新峰. 20 世纪 90 年代以来巴西的经济外交分析［D］. 兰州：兰州大学，2008.

［26］耿晔强. 巴西农产品在中国市场竞争力分析. 中国农村经济，2009（1）.

［27］顾春芳等. 2012 年贸易摩擦研究报告［R］. 北京：中国商务出版社，2012.

［28］郭德琳. 拉美和加勒比地区国家外资政策的变化趋势［J］. 世界经济与贸易，2009（3）.

［29］哈基姆·彼得. 拉丁美洲：下任美国总统的议程［J］. 拉丁美洲研究，2008.

［30］哈拉. 哥伦比亚与中国的外交关系（1980~2010）：中国和拉美的非对称关系［D］. 长春：吉林大学，2010.

［31］韩琦. 跨国公司与墨西哥的经济发展（20 世纪 40 年代至 80 年代初）

[D]. 天津：南开大学，2009.

[32] 韩琦. 中拉关系与重视拉美“无形资源”的开发 [J]. 拉丁美洲研究，2011 (2).

[33] 贺钦. 新自由主义全球化与拉美一体化：危机与替代——《垂而不死的新自由主义》评介 [J]. 拉丁美洲研究，2010 (8).

[34] 贺双荣. 拉丁美洲国家对外关系的变化与调整 [J]. 拉丁美洲研究，2010 (1).

[35] 贺双荣. 美国对拉美政策的调整及拉美关系的走向 [J]. 拉丁美洲研究，2008 (6).

[36] 贺双荣. 欧盟东扩对拉美的影响 [J]. 拉丁美洲研究，2004 (4).

[37] 胡欣. 拉美局势引发美国关注 [J]. 当代世界，2009 (12).

[38] 黄红珠，张森根. 拉美国家对外资政策的调整 [J]. 拉丁美洲研究，1993 (5).

[39] 黄乐平. 试析自“门罗宣言”出台以来美国对拉美经济影响力的变迁 [J]. 拉美经济研究，2011 (6).

[40] 贾利军. 中国与拉美主要国家贸易互补性实证分析 [J]. 世界经济研究，2005 (11).

[41] 江时学. 拉美二百年发展进程中的五大难题 [J]. 世界历史，2011 (1).

[42] 江时学. 拉美发展的内外因素及其前景 [J]. 国际问题研究，2008 (3).

[43] 江时学. 拉美和东亚利用外资的比较 [J]. 拉丁美洲研究，2001 (3).

[44] 江时学. 新自由主义、“华盛顿共识”与拉美国家的改革 [J]. 当代世界与社会主义，2003 (6).

[45] 江时学. 中拉经贸关系的发展有利于推动南南合作 [J]. 当代世界，2007 (10).

[46] 江时学等. 拉美发展前景预测 [M]. 北京：中国社会科学出版社，2011.

[47] 江晓美. 金融微澜：拉丁美洲脆弱的握手 [M]. 北京：中国科学技术出版社，2011.

[48] 蒋鸿. 中国—智利自由贸易协定与收入再分配——基于特定要素模型的分析 [J]. 管理世界，2006 (10).

[49] 蒋荣艳. 全球化中的中墨经贸竞争与合作 [D]. 北京：对外经济贸易大学，2008.

[50] 金燕. 国际能源合作研究：中国与拉美合作案例分析 [D]. 北京：财政部财政科学研究所，2011.

[51] 经济合作与发展组织发展中心. 2009 年拉丁美洲经济展望 [R]. 北京：当代世界出版社，2009.

[52] 经济合作与发展组织发展中心. 2010 年拉丁美洲经济展望 [R]. 北京：当代世界出版社，2010.

[53] 经济合作与发展组织发展中心. 2011 年拉丁美洲经济展望 [R]. 北京：当代世界出版社，2011.

[54] 克莱格尔·简. 华盛顿共识脱魅 [J]. 拉丁美洲研究，2011（3）.

[55] 兰天. 北美自由贸易区经济效应研究 [D]. 长春：吉林大学，2011.

[56] 李晨，李淑贞. 中智自由贸易协定对中国对外贸易的影响——基于引力模型的实证研究 [J]. 北方经济，2012（11）.

[57] 李付忠. 中国对金砖国家出口贸易的研究 [D]. 南京：南京大学，2012.

[58] 李紫莹. 奥巴马政府拉美政策评析 [J]. 国际问题研究，2010（6）.

[59] 李紫莹. 中国企业在拉美投资的政治风险及其对策 [J]. 国际经济合作，2011（3）.

[60] 里昂. 中国在拉美的能源安全政策及其对美国的意义 [D]. 上海：复旦大学，2010.

[61] 林被甸. 独立革命：拉美国家现代化进程的起点——试析独立革命与拉美国家现代化的关系 [J]. 拉丁美洲研究，2010（6）.

[62] 林华，王鹏. 拉丁美洲和加勒比地区国际组织 [M]. 北京：社会科学文献出版社，2010.

[63] 林晶. 国际资本流动与拉美经济稳定 [D]. 北京：中国社会科学院，2002.

[64] 刘晨阳，宫占奎. APEC 拉美成员亚太区域经济一体化战略探析 [J]. 拉丁美洲研究，2010（3）.

[65] 刘维广. 中国拉美现代化研究评述 [J]. 拉丁美洲研究，2011（10）.

[66] 刘晓慧. 中国和墨西哥贸易关系的实证分析 [J]. 国际贸易问题，2007（7）.

[67] 刘岩，马建蕾，秦富. 中国与拉丁美洲国家农产品贸易前景与挑战——从中国角度对问题与机遇的分析 [J]. 世界农业，2012 (1).

[68] 刘玉树. 在拉丁美洲的外国直接投资 [J]. 国际经济合作，1987 (1).

[69] 柳明. 欧债危机对拉美经济的影响机制与拉美的政策措施及成效 [J]. 拉丁美洲研究，2012 (4).

[70] 楼项飞. 欧盟与拉美跨地区合作对发展中拉关系的启示 [J]. 拉丁美洲研究，2012 (2).

[71] 卢国正. 近十年拉美对外贸易和中拉贸易发展的特点 [J]. 拉丁美洲研究，2002 (6).

[72] 罗云. 中国与墨西哥贸易竞争性与互补性研究 [D]. 北京：对外经济贸易大学，2010.

[73] 欧阳婉鸿. 拉美近年吸收外国直接投资研究 [D]. 北京：对外经济贸易大学，2008.

[74] 浦军，李荧琳. 拉美国家发展服务业的政策 [J]. 拉丁美洲研究，2010 (3).

[75] 曲佳璐. 中国企业在拉丁美洲的直接投资分析 [D]. 北京：对外经济贸易大学，2010.

[76] 桑蒂索哈维尔. 拉丁美洲的经济政策务实性 [M]. 北京：世界知识出版社，2009.

[77] 沈安. 从经济一体化走向政治经济联盟——拉美团结自强争取独立的历史道路 [J]. 拉丁美洲研究，2011 (2).

[78] 沈安. 关于中国未来对拉美外交战略的思考（上）[J]. 拉丁美洲研究，2009 (8).

[79] 沈安. 关于中国未来对拉美外交战略的思考（下）[J]. 拉丁美洲研究，2009 (10).

[80] 盛斌，廖明中. 中国的贸易流量与出口潜力：引力模型的研究 [J]. 世界经济，2004 (2).

[81] 时宏远. 透析印度的拉美政策 [J]. 国际问题研究，2009 (6).

[82] 史智宇. 中国东盟自由贸易区贸易效应的实证研究 [D]. 上海：复旦大学，2004.

[83] 宋树理. 浙江中小企业拓展拉美市场的调查与分析 [J]. 对外经济实务，2012 (1).

[84] 宋小平、曹囡. 如何看待中国纺织品贸易的竞争优势——中拉纺织品竞争优势的比较 [J]. 拉丁美洲研究，2005 (4).

[85] 宋晓平. 中国开发拉美市场的重大战略决策 [J]. 中国社会科学院院报，2004 (11).

[86] 苏振兴，陈作彬. 评拉丁美洲的经济形势 [J]. 拉丁美洲丛刊，1983 (2).

[87] 苏振兴，江时学，蔡同昌. 从战略高度认识拉美，努力开拓中拉合作新领域 [J]. 求是，2005 (25).

[88] 苏振兴，徐文渊. 拉丁美洲国家经济发展战略研究 [M]. 北京：经济管理出版社，2007.

[89] 苏振兴，张勇. 拉美经济增长方式转变与现代化进程的曲折性 [J]. 拉丁美洲研究，2011 (10).

[90] 苏振兴. 对拉美国家经济改革的回顾与评估 [J]. 拉丁美洲研究，2008 (4).

[91] 苏振兴. 拉美国家工业化模式转型的经验教训 [J]. 中国改革，2003 (12).

[92] 孙洪波. 俄罗斯在拉美的利益及政策取向 [J]. 拉丁美洲研究，2008 (4).

[93] 孙洪波. 利益集团、政治分歧与贸易政策——奥巴马政府对拉美的贸易政策选择 [J]. 拉丁美洲研究，2008 (4).

[94] 孙洪波. 美国智库对中拉关系的新判断 [J]. 中国社会科学院院报，2008 (9).

[95] 孙洪波. 西半球国际关系新棋局：拉美与俄罗斯缘何外交互动频繁 [J]. 当代世界，2008 (11).

[96] 孙洪波. 中国对拉美援助：目标选择与政策转型 [J]. 外交评论（外交学院学报），2010 (5).

[97] 孙志宇. 影响中国出口贸易的主导因素分析 [J]. 经济评论，2010 (3).

[98] 滕智艺. 当前中国与拉丁美洲经贸关系分析 [J]. 特区经济，2010 (9).

［99］王金莲．“冷战”后巴西能源战略研究［D］．长春：东北师范大学，2011.

［100］王晋斌．对中国经济出口导向型发展模式的思考［J］．中国人民大学学报，2010（1）.

［101］王小刚．拉美国家“拉美化”的成因及教训［J］．学术探索，2008（5）.

［102］王新影．浅析欧盟对拉美援助政策的特征及前景［J］．拉丁美洲研究，2009（8）.

［103］王玉华，赵平．拉美国家经济开放度与经济增长关系的 VAR 分析［J］．拉丁美洲研究，2010（6）.

［104］王志浩．中国—巴西能源合作：现状、问题及解决途径研究［D］．武汉：华中师范大学，2011.

［105］魏浩．中国与巴西的经贸关系及其新的发展战略［J］．拉丁美洲研究，2009（6）.

［106］魏红霞，杨志敏．中拉关系的发展对中美关系的影响——从美国政策的角度分析［J］．拉丁美洲研究，2007（6）.

［107］魏红霞．美国在拉美软实力的构建及其对中国的启示［J］．拉丁美洲研究，2009（2）.

［108］魏红霞．“9·11”事件后美国对拉丁美洲的政策与拉美的反美主义［J］．美国研究，2007（3）.

［109］吴白乙．拉丁美洲和加勒比发展报告（2008~2009）［R］．北京：社会文献出版社，2009.

［110］吴白乙．拉丁美洲和加勒比发展报告（2009~2010）［R］．北京：社会文献出版社，2010.

［111］吴白乙．拉丁美洲和加勒比发展报告（2010~2011）［R］．北京：社会文献出版社，2011.

［112］吴白乙．拉丁美洲和加勒比发展报告（2011~2012）［R］．北京：社会文献出版社，2012.

［113］吴德进，陈捷．东亚与拉美经济增长的动力机制比较——基于资本积累的视角［J］．江西社会科学，2009（9）.

［114］吴国平．90 年代初以来外资流入的变化对拉美经济的影响［J］．拉丁美

洲研究，1994（6）.

［115］吴国平. 在变与不变中前行——2011 年拉美和加勒比形势回顾与展望［J］. 拉丁美洲研究，2012（2）.

［116］吴国平. 中拉经贸合作：在经济增长中实现良性互动［J］. 拉丁美洲研究，2008（6）.

［117］吴燕. “冷战”时期美国跨国公司在拉丁美洲的扩张及其策略的演变［D］. 济南：山东师范大学，2010.

［118］武锋. 如何应对拉美国家对华反倾销［J］. 拉丁美洲研究，2007（4）.

［119］谢康. 中国在拉丁美洲的贸易投资现状与前景［J］. 世界经济研究，2005（11）.

［120］徐世澄. 亚洲与拉美的关系：回顾和展望［J］. 拉丁美洲研究，2010（5）.

［121］徐世澄. 中国学者对拉美左翼政府的政策分析［J］. 拉丁美洲研究，2009（增刊 2）.

［122］阎博. 新世纪中国和拉丁美洲关系演进中的美国因素探析［D］. 广州：暨南大学，2008.

［123］颜岩. 中国对拉丁美洲直接投资的贸易效应实证分析［D］. 广州：暨南大学，2008.

［124］杨琳. 欧洲和拉美主权债务风险、趋势及其影响［J］. 财经问题研究，2010（4）.

［125］杨仕辉. 拉美对中国反倾销的特点、趋势和成因分析及中国对策研究［J］. 拉丁美洲研究，2002（4）.

［126］杨仕辉. 拉美反倾销与被反倾销实证比较研究［J］. 拉丁美洲研究，2003（1）.

［127］杨万明. 论拉美国家的发展模式转型与发展困境［J］. 拉丁美洲研究，2006（6）.

［128］杨威，贾根良. 拉丁美洲贸易保护主义的是与非——对拉美 19 世纪高关税低效益现象的分析［J］. 拉丁美洲研究，2011（2）.

［129］杨艳. 中国和拉美国家经贸关系发展研究［D］. 大连：东北财经大学，2007.

［130］杨志敏. 2002 年以来拉美吸收外国直接投资分析［J］. 拉丁美洲研究，2003（5）.

［131］杨志敏. 中拉经贸合作面临的新形势与政策选择［J］. 拉丁美洲研究，2009（10）.

［132］H. 叶菲莫娃，刘德，B. 洽林. 拉丁美洲的发展观点与制度主义［J］. 国外社会科学，1984（6）.

［133］叶谦，沈文颖. 拉美债务危机和欧洲债务危机成因的比较及其对我国的启示［J］. 经济问题探索，2011（10）.

［134］于峰，孙洪波. 新兴市场与中国地区贸易政策——拉美与非洲的比较［J］. 宁夏社会科学，2009（11）.

［135］于峰，孙洪波. 中国对拉美和非洲贸易政策的效果评估［J］. 对外经济实务，2010（2）.

［136］余前文. 中、美、拉三方贸易与投资展望［J］. 对外经贸实务，2011（5）.

［137］余文健. 拉美债务危机：成因与对策［J］. 求是学刊，1992（2）.

［138］远铜. 基于比较优势的中国——南美农产品贸易增长潜力研究［D］. 北京：中国农业科学院，2010.

［139］岳云霞. 拉美外向型发展模式的经济与社会成效研究［J］. 拉丁美洲研究，2008（5）.

［140］岳云霞. 中拉贸易摩擦分析——拉美对华反倾销形势、特点与对策［J］. 拉丁美洲研究，2008（12）.

［141］曾安乐. 中国与墨西哥电子信息产品贸易关系的研究［D］. 武汉：华中科技大学，2009.

［142］詹正华. 拉美产业集群发展的特点与启示［J］. 现代经济探讨，2011（3）.

［143］张洁，刘合光. 中国对拉美农产品出口的影响因素分析和前景展望［J］. 农业展望，2008（8）.

［144］张静. “冷战”时期美国拉丁美洲政策研究［D］. 济南：山东大学，2009.

［145］张明德. 浅析拉美国家政治、经济形势和对外关系［J］. 国际问题研究，

2004 (2).

[146] 张鸣. 出口依存度影响因素的实证分析 [J]. 世界经济研究，2005 (2).

[147] 张希良，张爱军. 中国与拉美的关系：以经济全球化为视角 [J]. 学术探索，2007 (5).

[148] 张湘莎. 中国对拉美出口：现状、成因及潜力的实证研究 [D]. 南京：南京大学，2011.

[149] 赵丽红. 危机后的拉美市场与中国贸易投资机遇 [J]. 对外贸易实务，2011 (3).

[150] 赵丽红. “资源诅咒”与拉美国家初级产品出口型发展模式 [M]. 北京：当代世界出版社，2010.

[151] 赵苗. 委内瑞拉油汽勘探开发投资环境研究 [D]. 北京：中国地质大学，2011.

[152] 赵雪梅. 拉丁美洲经济概论 [M]. 北京：对外经济贸易大学出版社，2010.

[153] 赵雪梅. 浅析跨国公司在拉美经济中的扩张趋势 [J]. 拉丁美洲研究，2007 (2).

[154] 赵雪梅. 中国企业在拉美投资的产业分布及动因分析 [J]. 拉丁美洲研究，2009 (10).

[155] 赵重阳. “2011 年拉美形势回顾报告会”综述 [J]. 拉丁美洲研究，2011 (6).

[156] 郑秉文，孙洪波，岳云霞. 中国与拉美关系 60 年：总结与思考 [J]. 拉丁美洲研究，2009 (10).

[157] 钟熙维，DABATA. 贸易政策、出口和经济增长——基于拉美国家实证数据的研究 [J]. 国际贸易问题，2007 (1).

[158] 周志伟. 当前拉美一体化现状及陷入困境的原因 [J]. 拉丁美洲研究，2007 (5).

[159] 朱海霞. 基于引力模型的中美农产品贸易边境效应模型研究 [D]. 上海：上海交通大学，2008.

[160] 朱鸿博. 拉美与欧盟重温“旧谊” [J]. 社会观察，2006 (7).

[161] 朱鸿博. 中、美、拉三边关系互动与中国的拉美政策 [J]. 拉丁美洲研

究，2010（8）.

［162］朱鸿博．“中国、拉丁美洲、美国：一个新的三角关系”国际学术研讨会综述［J］. 拉丁美洲研究，2009（8）.

［163］朱理胜. 外国投资与巴西的工业化［J］. 拉丁美洲研究，1986（1）.

［164］朱文晖. 全球化下中国与拉美贸易关系的新趋势［J］. 拉丁美洲研究，2004（3）.

［165］朱小梅. 拉美国家美元化问题研究［D］. 武汉：武汉大学，2004.

［166］左品. 影响中国与拉美贸易发展的问题与对策［J］. 对外经贸实务，2009(8).

［167］Aggarwal V.K.，Espach R.H. Diverging Trade Strategies in Latin America：An Analytical Framework［A］. California：CLAS Working Papers，Center for Latin America Studies，UC Berkeley，2003.

［168］Albaladejo S.，Moreira M. M. Latin American Industrial Competitiveness and the Challenge of Globalization［R］. Washington，DC：United States Inter-American Development Bank INTAL-ITD Occasional Paper No.SITI-05，2004.

［169］Avelino G.，Brown D. S.，HUNTER W. The Effects of Capital Mobility，Trade Openness and Democracy on Social Spending in Latin America 1980-1999［J］. America Journal of Political Science，2005（3）.

［170］Baer W.，Miles R. Foreign Direct Investment in Latin America［M］. New York International Business Press，2001.

［171］Balassa B. Comparative Advantage，Trade Policy and Economic Development［M］. New York：New York University Press，1991.

［172］Baquero R. Evolution of China's Policy towards Latin American Countries and Its Effects in China-Latin American Relations：Comparing the Cases of Brazil and Colombia［D］. Shang Hai：Fudan University，2010.

［173］Beck T.，Demirgu-Kunt，Levine R. A. New Database on Financial Development and Structure［R］. Washington，DC：World Bank Economic Review 2000.

［174］Benne D. C.，Kenneth E. S. Transnational Corporation Versus the State：the Political Economy of the Mexican Auto Industry［M］. New Jersey：Princeton University Press，1985.

[175] Biden J. R. China's Foreign Policy and "Soft Power" in South America, Asia, and Africa [R]. Washington, DC: US Senate Committee on Foreign Relations, 2008.

[176] Birdsall N, Wheeler D. Trade Policy and Industrial Pollution in Latin America: Where Are the Pollution Havens? [J]. the Journal of Environment and Development, 1993 (2).

[177] Blazquez-Lidoy J., Rodriguez J., Santiso J. Angel or Devil? China's Trade Impact on Latin American Emerging Markets [R]. Paris: OECD Development Centre Working Paper, 2006.

[178] Bolle M. J. U.S.-Colombia Free Trade Agreement-Labor Issues [R]. Washington, DC CRS Report, 2012.

[179] Bresser-Pereira L.C, Varela C.A. The Second Washington Consensus and Latin America's Quasi-Stagnation [J]. Journal of Post Keynesian Economics, 2004 (2).

[180] Brooks R., R. Tao. China' s Labor Market Performance and Challenges [R]. Washington, DC: International Monetary Fund Working Paper, 2003.

[181] Bruton G.D., Ahlstrom D., PukY. T. Institutional Differences and the Development of Entrepreneurial Ventures: A Comparison of the Venture Capital In dustries in Latin America and Asia [J]. Journal of International Business Studies, 2009 (4).

[182] Bulmer-Thomas V., Coatsworth J. H., Conde R. C. The Cambridge Economic History of Latin America [M]. New York: Cambridge University Press, 2006.

[183] Burki S. J., Perry G. Beyond the Washington Consensus: Institutions Matter. World Bank Latin American and Caribbean Studies [R]. Washington, DC: World Bank, 1998.

[184] Bussiere M., Schnatz B. Evaluating China's Integration in World Trade with a Gravity Model Based Benchmark [J]. Open Economics Reviews, 2005 (1).

[185] Callejas C. Implications of China's Emergence in the Global Economy for Latin America and Caribbean [D]. Shang Hai: Shanghai University, 2008.

[186] Calvo G. A., Talvii E. Sudden Stops, Financial Factors and Economic Collapse: A View from the Latin American Frontlines [R]. Washington, DC: Paper

Presented at the Conference "From the Washington Consensus towards a New Global Governance", 2004.

[187] Calvo G. Interview: Who Benefits From Trade with China [R]. Washington, DC: IDB America, 2007.

[188] Canova F. The Transmission of US Shocks to Latin America [J]. Journal of Applied Economics, 2005 (2).

[189] Casacuberta C., Gandelman N., Olarreaga M. Factor Adjustment and Imports from China and India: Evidence from Uruguayan Manufacturing. Background paper for the Office of the Chief Economist for Latin America and the Caribbean Regional Study, Latin America and the Caribbean's Response to the Growth of China and India [R]. Washington, DC: World Bank, 2006.

[190] Castro L., Saslavsky D. Tango with the dragon: Employment Effects of Trade Integration with China, The Case of Argentina. Background Paper for the Office of the Chief Economist for Latin America and the Caribbean Regional Study, Latin America and the Caribbean's Response to the Growth of China and India [R]. Washington, DC: World Bank, 2006.

[191] Cesa-Bianchi., Pesaran M. H., Rebucci A., Xu T. T. China's Emergence in the World Economy and Business Cycles in Latin America [R]. Washington, DC: Inter-America Development Bank, 2011.

[192] Chantasaaswa T. B., Fung K.C. IIZAKA H. SIU A. Foreign Direct Investment in East Asia and Latin America: Is there People's Republic of China Effect [R]. Manila: ADB Institute Discussion Paper, 2004.

[193] Cheng J.Y.S. Latin America in China's Contemporary Foreign Policy [J]. Journal of Contemporary Asia, 2006 (4).

[194] Chow G.C. Capital Formation and Economic Growth in China [J]. Quarterly Journal of Economics 1993 (3): 809-842.

[195] Cimoli M, Jorge K. Structural Reforms, Technological Gaps and Economic Development: A Latin American Perspective [J]. Industrial and Corporate Change, 2003 (12).

[196] Coatsworth J.H. Structures, Endowments, and Institutions in the Eco-

nomic History of Latin America [J/OL]. Latin American Research Review, 2005.

[197] Cravin J., Lederman D., Olarreaga M. Foreign Direct Investment in Latin America during the Emergence of China and India: Stylized Facts [R]. Washington, DC: World Bank, 2006.

[198] Cravin J., Lederman D., Olarreaga M. Substitution Between Foreign Capital in China, India and the Rest of the World: Much Ado About Nothing. Background Paper for the Office of the Chief Economist for Latin America and the Caribbean Regional Study, Latin America and the Caribbean's Response to the Growth of China and India [R]. Washington, DC: World Bank, 2006.

[199] Defelipe C. Culture and Ideology in China's Relations with Latin America. [D]. Chang Chun: Jilin University, 2011.

[200] Dimon D. EU and US Regionalism—the Case of Latin America [J]. The International Trade Journal, 2006 (2).

[201] Dominguez J. China's Relations with Latin America: Shared Gains, Asymmetric Hopes [R]. Washington, DC: Inter-American Dialogue Working Paper, 2006.

[202] Dumbaugh K., Sullivan M. P. China's Growing Interest in Latin America [R]. Washington, DC: Congressional Research Service, 2005 (4).

[203] Dussel P. E. Economic Opportunities and Challenges Posed by China for Mexico and Central America [R]. Berlin: German Development Institute, 2005.

[204] Dussel P. E. The Implications of China's Entry into the WTO for Mexico. Global Issue Papers [C]. Berlin: HBF. 2005.

[205] ECLAC. Foreign Direct Investment in Latin America and the Caribbean [R]. Santiago: UN Economic Commission for Latin America, 2005.

[206] Edwards S. Crisis and Growth: A Latin American Perspective, Working Paper 13019, National Bureau of Economic Research, April 2007.

[207] Ellis R. E. China in Latin America—The Whats and Wherefores [M]. Colorado: Lynne Rienner Publication, 2009.

[208] Ellis R. E. Chinese Soft Power in Latin America—a Case Study [J]. JFQ, 2011 (1).

[209] Elwell C. K., Labonte M. Is China a Threat to the U.S. Economy [R].

Washington DC：CRS Report，2007.

[210] Faaahini G.，Olarreaga M.，Silva P.，Willmann G. Substitutability and Protectionism：Latin America's Trade Policy and Import from China and India [J/OL]. World Bank Economic Review，2007 (4)：446–473.

[211] Ferranti D.，et al. Inequality in Latin America and the Caribbean：Breaking with History [R]. Washington，DC：World Bank，2003.

[212] Fiezzoni S. K. Study on the Challenges and Countermeasures of Latin America against ICSID [D]. Dalian：Dalian Maritime University，2011.

[213] Fleury A.，Fleury M. China and Brazil in the Global Economy [R]. London：IDS Bulletin，2006.

[214] Funakushi T.，Loser C. China's Rising Economic Presence in Latin America [R]. Inter–American Dialogue，2005.

[215] Gallagher K.，Polzecansk P. Climbing Up the Technology Ladder? Exports in China and Latin America [R]. California：CLAS Working Papers，Center for Latin America Studies，UC Berkeley，2008.

[216] Gallegos J. L. D. L. C.，Boncheva A. I.，Ruiz–Porras A. Competition between Latin America and China for US Direct Investment [J]. Global Economic Journal，2008 (2).

[217] Garcia–Herrero A.，Santabarbara D. China's FDI in Latin America [R]. Madrid：Bank of Spain，2004.

[218] Goldstein A. Rising to the Challenge：China's Grand Strategy and International Security [M]. California：Stanford University Press，2005：17，29–30.

[219] Gonzalez A. Revitalizing the US Trade Agenda in Latin America–Building FTA Platform [J]. Journal of International Economic Law，2009 (12).

[220] Gpbierno D. C. Joint Feasibility Study on a Free Trade Agreement between Chile and China [R]. Santiago：Chilean High Level Study Group，2004.

[221] Grubel G.，Lloyd P. Intra–Industry Trade：The Theory and Measurement of International Trade in Differentiated Products [M]. London：MacMillan，1975.

[222] Hakim P. Is Washington Losing Latin America? [J]. Foreign Affairs，2006 (1).

[223] Hanson G., Robertson R. China and The Recent Evolution of Latin America's Exports [R]. Washington, DC: World Bank, 2006.

[224] Hoffmaister A. W., Roldos J. Are Business Cycles Different in Asia and Latin American? [R]. Washington, DC: International Monetary Fund Working Papers, 1997.

[225] Hornbeck J. F. The U.S.-Panama Free Trade Agreement [R]. Washington, DC: CRS Report, 2011.

[226] Hornbeck J. F. U.S. Trade Policy and the Caribbean from Trade Preferences to Free Trade Agreements [R]. Washington, DC: CRS Report, 2011.

[227] Hornbeck J. F. U.S.-Latin America Trade: Recent Trends and Policy Issues [R]. Washington, DC: CRS Report, 2010.

[228] Hornbeck J. F., Cid M. U.S.-Latin America Trade Recent Trends [R]. Washington, DC: CRS Report, 2008.

[229] Hsiao R. China's Strategic Engagement with Latin America [J]. China Brief, 2008 (22).

[230] Hummels D. Understanding the Extent and Nature of Recent Changes in The Structure of Mexico's Comparative Advantage [R]. Washington, DC: Paper prepared for the Inter-American Development Bank, 2006.

[231] Izquierdo A., Talvir R. E. Booms and Busts in Latin America: The Role of External Factors [R]. Washington, DC: RES Working Papers 4569, Inter-American Development Bank, Research Department, 2008.

[232] Jenkins R., Peters E. D, MOREIRA M M. The Impact of China in Latin America and the Caribbean—an Agenda for Research [R]. St. Petersburg: In Seventh Annual Global Development Conference, pre-Conference Workshop on Asian and Other Drivers of Global Change, 2006.

[233] Jiang W. R. China and India Come to Latin America for Energy [R]. Cananda: University of Alberta, 2006.

[234] Jiang W. R. China's Energy Engagement with Latin America [J]. China Brief, 2008 (16).

[235] Johnson I. Wild Grass: Three Stories of Change in Modern China [M].

New York: Pantheon Books, 2004.

[236] Johnson S. Balancing China's Growing in Latin America [R]. Washington, DC: The Heritage Foundation, October 24, 2005.

[237] Johnson S. Balancing China's Growing Influence in Latin America [R]. Backgrounder (Vol.1888). Washington, DC: The Heritage Foundation, 2005.

[238] Johnson S. Helping Colombia Sustain Progress Toward Peace [R]. Washington, DC: Heritage Foundation Backgrounder No.1887, October 19, 2005.

[239] Jorge I., Dominguez. China's Relations with Latin America: Shared Gains Asymmetric Hopes [R]. Washington: Inter-American Dialogue, 2006.

[240] Kaufmann D., Kraay A. Growth without Governance [R]. Washington, DC: World Bank Research Working Paper, 2002.

[241] Kuwayama M., Ueki Y., Tsuji M. Information Technology for Development of Small and Medium-Sized Exporters in Latin America and East Asia [R]. Santiago: ECLAC, 2005.

[242] Lai H. H. China's Oil Diplomacy: Is It a Global Security Threat? [J]. Third World Quarterly, 2007 (3).

[243] Lall S., Weiss J. China's Competitive Threat to Latin America: An Analysis for 1990~2002 [R]. Oxford: Oxford Development Studies, 2005.

[244] Lall S., Weiss J. People's Republic of China's Competitive Threat to Latin America: An Analysis for 1990-2002 [R]. Washington, DC: ADB Institute Discussion Paper, 2005 (2).

[245] Lederman D., Olarreaga M., Perry G. Latin America and The Caribbean's Response to The Growth of China and India: Overview of Research Findings and Policy Implications [R]. Draft Version. Washington, DC: World Bank, Office of the Chief Economist—Latin America and the Caribbean, 2006.

[246] Loayza N., Fajnzylber F., Calderon C. Economic Growth in Latin America and the Caribbean: Stylized Facts, Explanations, and Forecasts [R]. Washington, DC: World Bank, 2002.

[247] Lora E. Should Latin America Fear China [R]. Washington, DC: Inter-America Development Bank, 2005.

[248] Loser C. The Growing Economic Presence of China in Latin America, China-Latin America Task Force [R]. Miami: Center for Hemispheric Policy, University of Miami, 2006.

[249] Louis W. S. Analysis on FDI in Latin America and the Caribbean Area [D]. Jinan: Shandong University, 2010.

[250] Low P., Marcelo O., Javier S. Does Globalization Cause a Higher Concentration of International Trade and Investment Flows? [A]. Working Paper, 1998.

[251] Lum T, Fisher H, Gomez-Granger J. Leland A. China's Foreign Aid Activities in Africa, Latin America, and Southeast Asia [R]. Washington, DC: CRS Report, 2009.

[252] Lum T. China's Assistance and Government-Sponsored Investment Activities in Africa, Latin America, and Southeast Asia [R]. Washington, DC: CRS Report, 2009.

[253] Lum T., Naoto D. K. China' s Trade with United States and The World [R]. Washington, DC: CRS Report, 2007.

[254] Malamud C. The Extra Regional Actors in Latin America (1): China [J]. Real Institute Elcano, 2007 (11).

[255] Manisalva Trillos S. China's Economic Involvement with Latin America [D]. Jilin University, 2009.

[256] Manriquez L., Luis J. China-Latin America: A Different Economic Relation [J]. Nueva Sociedad, 2007 (5).

[257] Milers S. Cooperating with China in Latin America [R]. Washington, DC: Center for American Progress, June3, 2009.

[258] MOFCOM. Statistical Bulletin of China's Outward Foreign Direct Investment [R]. Beijing: Chinese Ministry of Commerce, National Bureau of Statistics State, Administration of Foreign Exchange Statistical, 2006.

[259] Moreira M. M. Fear of China: Is There a Future for Manufacturing in Latin America [J]. World Development, 2007 (3): 355-376.

[260] Morrison W. M. China-U.S. Trade Issues. [R]. Washington, DC CRS Report, 2011.

[261] Nikandrov N. Russia–Latin America: the Union of Solidarity and Pragmatism [J]. International Affairs Magazine, 2010 (6).

[262] Nogueir U. China–Latin America Relation in the XXI Century: Partners or Rivals [R]. Washington, DC: United Nations University, CRIS Working Paper, July, 2007.

[263] Oppenheimer A. China' s Foray into Latin America May Be Mixed Blessing for Region [N]. The Miami Herald, 2005–02–24.

[264] Osvaldo R. V. Globalization and the New International Trade Environment [R]. Santiago: ECLAC Review, 2009. [R]. Caracas: SELA, 2011.

[265] Oterholm P., Zettelmeyer J. The Effect of External Conditions on Growth in Latin America [R]. Washington, DC: International Monetary Fund Working Papers, 2007.

[266] Permanent Secretariat of SELA. Recent Developments in Economic Relations between Russia and Latin America and the Caribbean [R]. Caracas: SELA, 2011.

[267] Ratliff W. China's Latin American Tango [N]. The Wall Street Journal Online, 2008–11–27.

[268] Rosales O. India and Latin America and the Caribbean: Opportunities and challenges in Trade and Investment [R]. Santiago: UCLAC, 2011.

[269] Saez S. Trade Policy Making in Latin America: A Compared Analysis [R]. Santiago: UNECLAC, 2005.

[270] Salas Alvarado L. China's Energy Security toward Latin America and Its Implications for the U.S. [D]. Shang Hai: Fudan University, 2010.

[271] Santiso J. E. The Visible Hand of China in Latin America. Paris [R]. Paris: OECD Development Centre, 2007.

[272] Schott J. J. Free Trade Agreements and US Trade Policy: A Comparative Analysis of US Initiatives in Latin America, the Asia–Pacific Region, and the Middle East and North Africa [J]. International Trade Journal, 2008 (4).

[273] Schott P. K. The Relative Revealed Competitiveness of China's Exports to the United States vis–à–vis other Countries in Asia, the Caribbean, Latin America, and the OECD [R]. Washington, DC: Inter–American Development Bank, Integra–

tion and Regional Programs Department, 2004.

[274] Segal A. Practical Engagement: Drawing a Fine Line for U.S.-China Trade [J]. Washington Quarterly, 2004 (3).

[275] Shambaigh D. China's New Foray in Latin America [J/OL]. Yale Global Online, 2008 (11).

[276] Sudarev V. Is Russia Returning to Latin America? [R]. Moscow: Russian International Affairs Council, 2012.

[277] Sullivan M. P. Argentina: Background and U.S. Relations [R]. Washington, DC: CRS Report, 2008.

[278] Sullivan M. P. Cuba: Issues for the 112th Congress [R]. Washington, DC: CRS Report, 2012.

[279] Sullivan M. P. Latin America and the Caribbean: U.S. Policy and Key Issues for the Congress in 2012 [R]. Washington, DC: CRS Report, 2012.

[280] Sun H. B. Tapping the Potential of Latin America Relation [R]. Washington, DC: Institute of Latin America Studies, 2010.

[281] Vacca A. M. Let's Balance the Trade Balance [R]. Chile: Sergio Arboleda University, School of International Business, 2006.

[282] Vilarreal A. The U.S.-Colombia Free Trade Agreement-Background and Issues [R]. Washington, DC: CRS Report, 2011.

[283] Vilarreal A. U.S.-Peru Economic Relations and the U.S.-Peru Trade Promotion Agreement [R]. Washington, DC: CRS Report, 2007.

[284] Wolf M. The Long March to Prosperity: Why China Can Maintain its Explosive Rate of Growth for Another Two Decades [J]. Financial Times, 2003 (11).

[285] Yang Y. China's Integration into the World Economy: Implications for Developing Countries [R]. Washington DC: IMF Working Paper, 2003.

[286] Zhou W. T. Cultural Characteristics of South American Markets and their Influences on Chinese Export Businesses [D]. Tian Jin: Tianjin University of Finance and Economics, 2009.

后 记

经过多年的准备和积累，这本以中国与拉美贸易为主题的书终于完稿并可以顺利出版。自 2005 年在硕士研究生阶段将中国与美国的经济、贸易和投资等作为自己的研究方向之后，2010 年，自己在博士研究生阶段又将目光转向了美洲的南部——拉丁美洲这一神奇的土地。可以说，将拉美作为自己的研究对象并非偶然。

回想起上大学的时候，突然有一天心血来潮，全宿舍同学掀起了学习地理的热情，集体决定每人从世界地图中划定一片地区作为自己的研究对象，然后将其作为“卧谈会”的内容与大家分享。我拿起地图随便一指，不知道是巧合还是注定，选中的是拉丁美洲。以背诵每个国家的首都名为起点，我开始了对拉美各国经济、政治和风土人情的研究，那段日子里，每天晚上睡前大脑里浮现的都是糅合着拉美各个国家地理、经济、政治的立体式地图，这就奠定了自己与拉美的第一段情缘。

2010 年 12 月博士在读第一年的第一个学期，我在张汉林导师的帮助之下选定自己博士论文研究内容的时候，正式与拉美结下了不解之缘。拉美这片对大多数人来说并不熟悉的土地，当时在我心中倒是有着几分" 老熟人" 的感觉。选题确定后，就开始了自己的拉美学术之旅。从重新拿起世界地图对着拉美的那片土地发呆开始，到对国内外拉美大小研究机构网站的浏览和备注，再到对各种拉美研究报告和学术论文的阅读和综述，最终用双手在已经被磨光的电脑键盘上打下将近 14 万字的博士学位论文。

在此基础上，毕业之后，我又用了近两年的时间将博士学位论文进行扩充和改进，从仅仅研究中国与拉美贸易关系拓展到了研究中国与拉美贸易战略。于是经过一年多的努力终于使得本书与读者见面。

在本书的出版过程当中，得到了河南财经政法大学国际经济与贸易学院的资助，在此表示感谢。

任保显

2015 年 10 月